法学研究的
多学科视角

余地 ◎ 著

知识产权出版社
全国百佳图书出版单位
—北京—

图书在版编目（CIP）数据

法学研究的多学科视角 / 余地著. —北京：知识产权出版社，2023.11
ISBN 978–7–5130–8871–8

Ⅰ.①法… Ⅱ.①余… Ⅲ.①法学—研究 Ⅳ.①D90

中国国家版本馆 CIP 数据核字（2023）第 153920 号

责任编辑：刘　雪　　　　　　　　责任校对：王　岩
封面设计：杰意飞扬·张悦　　　　责任印制：刘译文

法学研究的多学科视角

余　地　著

出版发行：	知识产权出版社 有限责任公司	网　　址：	http://www.ipph.cn
社　　址：	北京市海淀区气象路 50 号院	邮　　编：	100081
责编电话：	010–82000860 转 8112	责编邮箱：	jsql2009@163.com
发行电话：	010–82000860 转 8101/8102	发行传真：	010–82000893/82005070/82000270
印　　刷：	天津嘉恒印务有限公司	经　　销：	新华书店、各大网上书店及相关专业书店
开　　本：	720mm×1000mm　1/16	印　　张：	15
版　　次：	2023 年 11 月第 1 版	印　　次：	2023 年 11 月第 1 次印刷
字　　数：	238 千字	定　　价：	69.00 元
ISBN 978–7–5130–8871–8			

出版权专有　侵权必究

如有印装质量问题，本社负责调换。

本书系国家社会科学基金重大项目"中国共产党司法政策百年发展史研究"（批准号：21ZDA120）阶段性成果

本书系宁波大学"四新"教学改革研究项目"多学科融合视域下的中国法律史教学研究"（编号：SXJXGG2023004）阶段性成果

前　言

"视角"是看问题的角度，人作为精神性的高等动物，看待问题必然会有其独特的视角——每个人基于生活工作经验、知识多寡和结构、认知方式等因素的不同而对认知事物的角度有所不同。"视角"既是人类必有的精神世界，也是推动事物认知以及事物运作的基础。

科学研究工作本质上也是研究者运用某种"视角"看待特定研究对象的过程。就本书的"法学"而言，历史上我们曾将其作为哲学、神学等学科的附庸，但随着人们逐步认识到"分析法学"的重要意义，法学才得以独立于其他学科。但随着时代的变迁，社会的复杂性加剧，人们又发现应将法学与其他学科进行交叉式研究……整个法学研究的演变过程其实可以看成是对法学问题的视角变迁的过程——注释法学和评论法学就直接呈现出注释者和评论者对法律规范的视角，自然法学的"恶法非法"与分析法学的"恶法亦法"呈现出对法律与道德关系的视角。中国古代的"春秋决狱"也同样体现的是从《春秋》等儒家经义的角度审视司法。中国法系的"巅峰之作"《唐律疏议》中的注文和疏文同样呈现的是对法律条文的解读视角。可见，法学与视角之间是须臾不可离的。很多法学研究者、法律实务工作者和法科学生都没有意识到这个问题，因此，其往往处于"日用而不察"的境地。

对"视角"本身的解读，是个较为复杂的过程，它需要上升到诠释学哲学的层面：既涉及对诠释的客观对象的揭示，又涉及诠释主体视域的释放。这一哲学原理体现在了法学研究领域——对法学的研究也需要基于研究者的视域实现对法学问题本身的揭示。笔者毕业于中南大学法学院，获得法学博士学位，现就职于宁波大学法学院，主攻方向为法社会学和法语言学。在读博期间，笔者的指导老师谢晖教授建议笔者的博士毕业论文研究法律条文中的"视为"二字。笔者经过反复斟酌，最终将毕业论文题目定为《论作为法律拟制的"视为"规范》，并顺利获得博士学位，博士毕业论文也已出版。在写作过程中，笔者对"视为"二字的意涵做了全方位且较为深入的思考，其中一个值得深思的问题是："视为"的意思是"把……看成……"，这就意味着"视为"体现了立法者在条文中释放了看待社会关系的视角，也只有对这些视角展开详尽的解析，我们才能认识到立法者拟制性立法的进路。这个过程促使笔者进一步思考不同学科"视角"在法学研究问题的运用。带着这样的问题，笔者结合法学与其他学科之间的可能交叉领域，完成了本书的撰写。

本书涉及的他者学科的"视角"包含了政治学视角、逻辑学视角、修辞学视角和心理学视角，这里面有的部分是笔者对读研读博期间的课程作业的加工，有的部分则是笔者对本科毕业论文的加工，也有的部分体现的是笔者博士毕业后对现实社会问题的进一步思考，它们都体现了法学与多元学科的交叉，也都体现了从其他学科的视角看法学。期望通过其他学科的视角对法学的关切，法学的研究能够从中汲取更多的养分，同时，法学的独立性也因与他者的互动而凸显。二者的辩证关系，在本书中会充分地体现出来。而这正是对法学学科的定位需要确立的基础。

随着生产力的发展，5G开始高速运行，数字货币和大数据已被广泛应用，人工智能不断取得新的突破……我们逐步进入了数字治理的时代。这就意味着法学研究在未来会面向新兴科技，尽管本书鲜少提及这一领域，但本书所呈现的法学与其他学科的交叉意味着他者视角的法哲学问题得以彰显，这无疑将在未来的实践层面助益于法学和新兴科技的结合。事实上，在理论层面法教义学与社科法学之争早已成为国内著名的法学论战，它引发我们的思考是：法学与其他学科究竟在什么情况下会相遇？相遇之后又会碰撞出怎样的火花？这会对法学研究带来什么样的走向？这里面有些问题通过理论交锋得到了解决，但也有很多悬而未解的问题。希望本书的撰写能够解决一部分问题，并切实为法学理论研究的精细化和法律实务的科学化之推动做出贡献。

希望广大读者有愉快的阅读体验，能从中形成获得感；也希望广大读者多提宝贵意见和建议，为了我们共同的、未竟的法学事业！

目 录
CONTENTS

第一章　法学研究的政治学视角 …………………………………… 1
　第一节　习近平法治思想中基于公民德性的法治建设路径 ………… 1
　第二节　基于文化安全的国际规则制定参与研究 …………………… 10

第二章　法学研究的逻辑学视角 …………………………………… 27
　第一节　吴家麟法律逻辑思想述评
　　　　　——兼论语言逻辑与事理逻辑在法律语境的调和 ………… 27
　第二节　新型权利与司法拟制 ………………………………………… 41
　第三节　论科学证据认证观念的重构 ………………………………… 51

第三章　法学研究的修辞学视角 …………………………………… 60
　第一节　制度传播的诗性修辞
　　　　　——以新型冠状病毒防疫制度宣传为视角 ………………… 60
　第二节　法律文本中"视为"一词的法理疏释 ……………………… 68
　第三节　论法律的预设修辞
　　　　　——以"视为"规范为视角 ………………………………… 94
　第四节　论法的"镜喻"
　　　　　——以"视为"规范为视角 ………………………………… 121
　第五节　论"视为"规范的三重维度 ………………………………… 145

第四章 法学研究的心理学视角 ······················· 170
第一节 论未成年犯社区矫正中军训营项目的引入 ············ 170
第二节 司法场域的"法感情"研究
——以司法功用为视角 ························· 183

第五章 法学研究的制度诠释和方法体系 ·············· 200
第一节 制度的诠释与应用：第十六届全国法律方法论坛述评 ····· 200
第二节 社会科学方法体系及其法学意义 ················· 215

第一章

法学研究的政治学视角

第一节 习近平法治思想中基于公民德性的法治建设路径

习近平法治思想既总结了中国法治建设的经验,也综合了中国特色社会主义语境下的法治理论。基于习近平法治思想,我们明确了中国未来法治建设的方向。不可否认的是,中国法治建设的路径确立是一个高度综合、复杂的问题。习近平法治思想中的要素应以怎样的方式作用于这种路径的生成,是值得我们思考的。另外,道德与法律的关系在实践中有很多需要厘清之处,落足于习近平法治思想的语境,对二者关系进行系统梳理,将为中国法治建设开辟新路径。

一、习近平法治思想中公民德性与法治建设路径的体现

习近平法治思想的内容涵盖面广,既涉及法律规范本身,也涉及对法律背后的理念诠释,还涉及法律与其他领域(诸如政策、习俗等)的关联。其中,道德与法律的关系在习近平法治思想中得以体现,而这种关系的背后,指向了公民德性与法治建设路径的关联。公民德性指的是确立对公民整体的道德期待,期望通过培育公民的道德修养,实现公民整体的道德目标。公民德性的实现与法治建设的路径在习近平法治思想中都有所体现。后者自不待言,法治建设问题本身就是习近平法治思想的应有之义。公民德性的确立意味着公民应遵循的价值观的确立,这种价值观的核心就是忠诚于党、拥护党的领导。因而,共产党对国家和社会的治理,需要确立公民德性、培育公民德性,这是推动民众对共产党执政高度认同的体现。习近平法治思想中公民德性对

法治建设路径的具体体现，通过以下三个方面呈现出来。

第一，习近平法治思想强调了道德教化对依法治国的人文环境的打造，他指出，要"坚持依法治国和以德治国相结合，就要重视发挥道德的教化作用，提高全社会文明程度，为全面依法治国创造良好人文环境"。① 法治建设不能只依靠法治本身的力量，还需要外部环境的支持。作为社会重要组成部分的公民，其德性的养成本身就是法治外部环境的体现，这种养成意味着人文环境的改善。法治建设是嵌于环境中的而不是与环境隔绝的，只有良好的人文环境才能促进良法的形成与运行，才能推动民众对良法的认同。

第二，习近平法治思想强调了道德对法治精神和法治文化的滋养与强化。必须以道德滋养法治精神、强化道德对法治文化的支撑作用。② 没有道德滋养，法治文化就缺乏源头活水，法律实施就缺乏坚实社会基础。③ 法治精神的养成和法治文化的强化指向的是对社会主义法治建设中的理念问题的回应，只有通过公民德性的培育，内蕴于法治、体现法治价值取向的法治精神与法治文化方能得以完备。

第三，习近平法治思想强调了道德对法律活动的正当性指向。立法、执法、司法都要体现社会主义道德要求，都要把社会主义核心价值观贯穿其中，使社会主义法治成为真正的良法善治。要把实践中广泛认同、较为成熟、操作性强的道德要求及时上升为法律规范，引导全社会崇德向善。④ 通过对法律职业共同体的德性培育——这也是公民德性的一部分，因为法律工作者本身也是公民的一部分——将实现法律生成与实施的良善。这种良善的价值也是法治建设需要实现的，它关涉法律规范对社会需求的回应度。

总之，习近平法治思想彰显了对公民的良善道德之期待及其对法治建设的意义。习近平法治思想主张培育公民德性，主张通过公民德性推动依法治国，并且从现有的法律规定来看，有很多义务性规定——道德更强调人的义

---

① 习近平：《习近平谈治国理政》（第二卷），外文出版社2017年版，第134页。
② 习近平：《论坚持全面依法治国》，中央文献出版社2020年版，第109页。
③ 习近平：《论坚持全面依法治国》，中央文献出版社2020年版，第110页。
④ 习近平：《习近平谈治国理政》（第二卷），外文出版社2017年版，第134页。

务——是通过引介公民美德形成的。① 如《宪法》(2018修正)第54条规定:"中华人民共和国公民有维护祖国的安全、荣誉和利益的义务,不得有危害祖国的安全、荣誉和利益的行为。"该条款反映了公民热爱国家的美德。又如《民法典》第1042条第3款规定:"禁止家庭暴力。禁止家庭成员间的虐待和遗弃。"该条款体现的是公民关爱家庭成员的美德。公民德性对法治建设的意义是中国法治建设经验和法治理论思辨的结晶。结合习近平法治思想的提出背景,公民德性与法治建设路径之关联背后的意义需要我们进一步探索,这种探索指向的是这种关联在法治意义上的重要性,以及具体的关联路径之建构。

二、习近平法治思想中公民德性对法治建设路径的意义

(一) 依法治国与以德治国的结合是公民德性作用于法治建设的必然

公民德性的确立需要以"以德治国"为依托,习近平法治思想对"以德治国"的论述如下:"道德是内心的法律"②"德润人心"③"国无德不兴,人无德不立"④"以德治国是维护社会秩序的柔性手段"。⑤ 德的本质在于人的内心世界确立的准则,面向的是内心所想。有学者指出,德治的本质是自治而不是他治,体现的是自我对心灵活动的规制。⑥ 公民德性也是如此,体现的是对公民整体的内心活动运行准则的确立,同样反映的是公民对心灵世界的自治。中国当下的公民德性体现在社会主义核心价值观上,⑦ 社会主义核

---

① 胡玉鸿就忠诚义务、守法义务和参与义务指出,这些义务属于公民美德在法律上的转化。参见胡玉鸿:《公民美德与公民义务》,载《苏州大学学报(哲学社会科学版)》2013年第2期。
② 习近平:《论坚持全面依法治国》,中央文献出版社2020年版,第109页。
③ 习近平:《论坚持全面依法治国》,中央文献出版社2020年版,第165页。
④ 习近平:《青年要自觉践行社会主义核心价值观——在北京大学师生座谈会上的讲话》,人民出版社2014年版,第4页。
⑤ 习近平:《之江新语》,浙江人民出版社2007年版,第206页。
⑥ 孙莉就德治问题指出:"道德在本质上是自治、多元的,因而道德的统治必须着力解决的是:以某种方式形成或确立一统化的道德模式,再以某种力量强制推行。如此之操作在现代法治或以法治为进路的国家是极其难为的。"参见孙莉:《德治与法治正当性分析——兼及中国与东亚法文化传统之检省》,载《中国社会科学》2002年第6期。
⑦ "核心价值观,其实就是一种德,既是个人的德,也是一种大德,就是国家的德、社会的德。"参见中共中央文献研究室编:《十八大以来重要文献选编》(中),中央文献出版社2016年版,第3页。

心价值观全面体现出党中央在国家、社会和公民层面确立的道德理想标准，其中从公民层面提出的爱国、敬业、诚信、友善彰显了公民通过对国家的忠诚、对事业的热爱、对他人的真诚和善良以实现德性的理想。而社会主义核心价值观的提出本身就体现了以德治国，因为它是通过中央的顶层设计在全国范围内推行的道德准则，且都体现出德治的本质——基于精神层面的道德标准认同以及通过这种认同指引内心世界。因而，公民德性是以德治国的应有之义，其意味着在国家治理的语境下确立公民的道德理想并基于该种理想实现公民心灵活动的向善性。

依法治国与以德治国是需要相互结合的。一方面，要发挥好法律的规范作用；另一方面，要发挥好道德的教化作用。要促进法律和道德、法治和德治形成相辅相成、相得益彰的格局。道德是法律的基础，只有那些合乎道德、具有深厚道德基础的法律才能为更多人所自觉遵行。[1] 这种结合使得法治建设的精神土壤更加丰厚，法治建设的目标之确立更易为人民所接受。中国的文化传统强调人情在人际关系中的作用，在很多领域，人们主张通过人情纽带实现人际秩序的形成，并通过人情关系维系这种秩序，加上法律的规制，由之形成的是情、理、法交融的制度景象。依法治国与以德治国的结合，将推动传统的情理对人心的凝聚力与正式规范的调整作用之间的转化，能够基于制度传统促进当下制度的效果之形成。而情理发挥调整作用的前提，在于公民认同了特定道德且公民之间的道德观能够达成一致。[2] 这就意味着，公民德性的形成是公民被整合到规范场域的重要前提，德性是人情与法律结合的重要联结点，也是在中国语境下，法律被认定为良法的重要认知标准，它将推动中国特色社会主义法治的形成。因而，实现公民德性的全面养成，是以德治国的重要目标。

依法治国与以德治国的结合表明，法治与德治应相辅相成地作用于国家

---

[1] 张文显：《习近平法治思想的基本精神和核心要义》，载《东方法学》2021年第1期。
[2] 瞿同祖通过对中国古代法律精神的剖析，得出了如下结论："家族主义和阶级始终是中国古代法律的基本精神和主要特征，它们代表法律和道德、伦理所共同维护的社会制度和价值观念……"基于家族的特性，中国古代的法律传统必然离不开人情的因素，因为"人情"是维系家族成员关系的重要纽带。基于"人情"本身形成的行为准则，可归结为道德和伦理。参见瞿同祖：《中国法律与中国社会》，中华书局1981年版，第327页。

的治理。这时，以德治国会推动对公民德性的培育，将基于道德的全面完善面向具体的法治建设路径，从而为法治建设提供思想土壤。例如，公民德性会体现在公民对国家的忠诚上：法律的产生源自国家立法机关的立法活动，因而本质上是国家行为，这时，公民对国家的忠诚接引为对法律的忠诚，后者则是法治建设的精神动力。又如，公民德性还会体现在对他人的友爱上，事实上，"友爱"的本质，就在于想他人之所想，而法治所包含的正当法律必然是实现人际和谐的法律而不是背离人际关系的法律，当公民以相互之间考虑对方利益、尊重对方主体性的和谐局面作为人际交往的理想时，良法在人际交往层面的制定就有了方向，良法的效果就能实现。同时，依法治国也应作用于德性的培育，使得美德的塑造能够借由良法善治得以实现，而这也是依法治国的重要使命。总之，德性能够推动法治的全面建设，法治建设的基础之一是公民内生的美德，基于美德型塑的法治路线意味着需要依法治国与以德治国的相辅相成，而依法治国与以德治国的结合也就成了公民德性作用于法治建设的必然。

（二）良法善治的理念是公民德性作用于法治建设的前提

公民德性意味着对"善"的推崇。"善"的实现前提在于确定自身对他人、对社会和对国家的价值。"善"意味着一种标准，只有基于对特定价值的满足方能被评价为"善"。亚里士多德在《尼各马可伦理学》中阐释了"善"的最高境界："幸福是所有善事物中最值得欲求的、不可与其他善事物并列的东西。"[1] 将福祉置于"善"的最高位阶，说明了"善"的取向在于人的价值之实现。拉兹在论及"共同善"时曾就"善"的传统意义作出了解读："我将在传统的意义上不固定地使用'普遍的或共同的善或利益（general, or common good or interest）'，即它不是指人们所拥有的善的总和，而是指这样一些善，在一个特定社群中，一般来说它们以一种无冲突的、共享性的以及非排他性的方式服务于人们。"[2] 这时，"善"的服务性，就体现出对人的

---

[1] [古希腊]亚里士多德：《尼各马可伦理学》，廖申白译，商务印书馆2003年版，第19页。
[2] Joseph Raz, *Rights and Individual Well-Being*, Ratio Juris, Vol. 5, No. 2(1992), p. 135.

价值意义。格里塞茨提出，共同善是共同体中个体的繁荣和福祉的最基本方面。① 繁荣和福祉，也凸显了善的价值意义。菲尼斯所列举的几种"共同善"——生命、知识、实践合理性、审美、游戏体验和友谊——体现了人类幸福所需。② 幸福又何尝不意味着人的价值之满足呢？落实到道德实践领域，公民对国家的忠诚是一种"善"，因为这种"忠诚"会推动国家凝聚力的形成，凝聚力的形成就可归结于国家利益的满足——国家在某种程度上意味着人的聚合形成的共同体；尊老爱幼是一种"善"，这种"善"同样可以用价值来解释，它的形成意味着尊重了很容易被忽视的广大社会弱势群体，从而实现了尊严在全社会的普遍享有，尊严的享有同样可归于人性利益的满足。李德顺对"价值"的解读是："'价值'是对主客体相互关系的一种主体性描述，它代表着客体主体化过程的性质和程度，即客体的存在、属性和合乎规律的变化与主体尺度相一致、相符合或相接近的性质和程度。"③ 因而，是客体对于主体愿望的满足度决定了客体之于主体的价值。而上述对"善"的解析指向的正是国家、社会的发展对于人的尺度的满足，是我们努力追逐的建设高度。若站在法治的角度上，法治建设需要以良法善治为前提，这就意味着我们要探求治理之"善"，上述"善"的价值意义也需要通过对关于"善"和"善治"的理论探求得以凸显。良法善治意味着治理的人文维度，意味着通过将具有价值意义的法律作用于国家、社会和公民，围绕三者的正当利益实现法律上的调整，从而将国家、社会和公民纳入良善的治理轨道，以实现自由、秩序、效率等人类渴求的基本价值。良法善治的目标是法治建设所追求的，同时，公民德性作用于法治建设的前提，正是对良法善治理念的确立。因为只有良法善治观念的形成，公民对于普遍的"善"才能形成具体的认知方向，也才能因之形成行动的准则。反之，如果良法善治理念未能确立，公民德性的养成都难以做到，那么将公民德性作用于法治建设也就成了奢谈。

习近平指出："推进国家治理体系和治理能力现代化，要大力培育和弘

---

① ［美］格里塞茨：《实践理性的第一原则》，吴彦译，商务印书馆2015年版，第96~97页。
② See John Finnis, *Natural Law and Natural Rights*, Oxford University Press, 1980, pp. 86-90.
③ 李德顺：《价值论》（第3版），中国人民大学出版社2013年版，第53页。

扬社会主义核心价值体系和核心价值观,加快构建充分反映中国特色、民族特性、时代特征的价值体系。"① 社会主义核心价值观面向的是能够反映中国时代特征和中华民族特色的美德,而这种美德的培育也是治理完备化的重要体现。因而,我们要通过良法善治滋养公民德性,要基于良善的治理规则和治理模式探求对人的美德的型塑路径(这也是治理的必然,因为治理本身就是要面向人性的),将良法善治的价值辐射到对大众美德的养成上,即将之推广到公民整体层面以形成公民美德,最终实现的是公民美德对中国特色社会主义法治建设的全面推动。

(三)法治信仰的形成是公民德性作用于法治建设的目标

法治的形成需要内因的作用,这种内因体现在民众对法治的认同上,"信仰"是一种积极的情感,意味着对事物的认同达到了相当的高度。因而对法治的信仰,意味着对法治的情感升华到一定的程度,是对法治的心理体认达到较高的境界,体现了人们对法治的高度推崇。② 这种推崇无疑是法治建设的内在动因,对法治建设的推动起到了重要作用。习近平指出:"法律要发挥作用,首先全社会要信仰法律……要加强法治宣传教育,引导全社会树立法治意识,使人们发自内心信仰和崇敬宪法法律。"③ 法律信仰乃是实现法治的必要条件,而良法是法治的不可缺少的部分,对法治的信仰包含了对宪法法律的信仰——从立法经验来看,我国宪法法律的制定大多是围绕国家发展需要形成的良法。以习近平同志为核心的党中央提出的"制度自信"也体现了法治信仰。就"制度自信"的意义,习近平曾指出:"全会(中共十九届四中全会第二次全体会议)系统总结我国国家制度和国家治理体系的发展成就和显著优势,目的就是推动全党全国各族人民坚定制度自信,使我国

---

① 习近平:《习近平谈治国理政》(第一卷),外文出版社2017年版,第106页。
② 刘旺洪对"法律信仰"的阐释是:"法律信仰是社会主体对社会法的现象理性认识基础上油然而生的一种神圣体验,是对法的现象的一种心悦诚服的认同感和依归感,是人们对法的理性、感情和意志等各种心理因素的有机综合体,是法律的理性和激情的升华,是主体对法的心理体认的上乘境界,是主体对社会法律现象的全身心的推崇。"参见刘旺洪:《法律意识论》,法律出版社2001年版,第210页。对法治的信仰也遵循同样的心灵体验路径。
③ 习近平:《习近平谈治国理政》(第二卷),外文出版社2017年版,第135页。

国家制度和国家治理体系多方面的显著优势更加充分地发挥出来。"① 制度自信意味着民众对制度的强烈认同，是公民内生出对制度的自豪感，也自然就形成了对制度的推崇，对法治的信仰也是基于对各种具体制度的推崇形成的，这也是党中央的治理目标。法治信仰的形成表明，民众能够高度地认同法治并自发地参与到法治建设的推动上，这就意味着法治建设的内驱力需要借由公民德性得以形成，因而是法治建设的必要条件。公民德性作用于法治建设的目标之一在于推动法治信仰的形成，亦即，是通过作为内因的法律信仰推动法治建设。

法律信仰在法治建设中是具有重要意义的，它在一定程度上意味着，通过对公民德性的塑造产生了对法治的积极情感，这种积极情感也成了公民德性的组成部分。德性本身就意味着社会主体对特定价值的信念，这是由道德的自治本质和价值属性所决定的。公民德性的形成意味着民众整体的道德素养的形成，而这种素养在作用于法治建设的时候，更多面向的是法治的内在精神——尽管在法治的外在建设上，公民德性也发挥着重要作用，但是道德本身的精神意义和内在面向，在法治层面关联更多的是法治的价值理念。公民德性作用于法治建设时，意味着将人的美德所关涉的价值通过法治的接引体现在社会建设上。社会建设是目的性的活动，是为了特定的社会价值，这种价值的本质是人的利益取向。这就意味着，社会建设的每个方面几乎都融入了人的德性，同时也意味着，围绕人的"善"性形成的准则为社会建设的价值理念与思想提供了指引。所以，用"善"的精神意义统合治理活动的时候，人们会因这种精神性价值而逐步强化对治理活动的认同，甚至对治理产生心理层面的升华，而我们当下采取的治理方式是法治，这使得"善"必然需要通过人们对良法治理的信仰呈现出来，公民德性在法治层面的目标才能真正被体现出来。

习近平法治思想对法治建设的要求上升到了一定的高度。公民德性与法治建设路径之间的紧密关系是习近平法治思想的应有之义。当然，公民德性和法治建设各自的意义需要置于中国当下的发展境况予以审视。才能确定我

---

① 习近平：《习近平谈治国理政》（第二卷），外文出版社2017年版，第121页。

们具体的法治建设路径的方向。

三、习近平法治思想中公民德性对法治建设路径的铺设

习近平法治思想指导下的公民德性指向的是公民整体的道德素养，并且，这种整体意义上的道德修养指引着法治建设的方向。结合公民德性的意义，我们应构建以下四种法治建设的具体路径。

第一，对公民德性的培育目标的确立要与法治建设的目标紧密结合，要将中华民族传统美德与当代社会道德追求的优势结合起来（对应于法治建设需要的传统法律观与现代法律观的结合）。围绕中国特色社会主义法治建设，我们对公民德性的培育要立足于良法善治，培育广大公民形成人人平等意识，将尊重他人与自我尊重结合起来；增强公民诚信意识，通过培育公民的信誉，实现诚信在各领域人民群众中广泛确立与推行；强化公民自律意识，通过自我约束的习惯实现对法律的敬畏；培育公民的学法知法用法意识，将对良法的认知、遵循与信仰作为公民德性的重要组成部分。

第二，将公民德性的培育纳入依法治国的范畴。无论是良法善治的理念，还是科学立法、严格执法、公正司法、全民守法的具体要求，都应将公民德性的培育涵盖进去。良法善治理念要体现对公民美德的培育，科学立法要包含鼓励性立法以鼓励民众自觉形成善德。执法和司法体现的是抽象的法律与具体案件事实的对接，抽象与具体之间的接榫需要依托方法论，而这种对接所遵循的方法论，需要围绕公民德性所形成的道德准则作为法律方法的运用准则。全民守法本身也应被纳入公民德性，同时结合公民德性宣传法律以寻求守法与道德养成的聚合点。

第三，通过公民德性实现对依法治国的推崇。借由公民德行生发对他人、社会、国家的真诚热爱，并且由此生发一种使命感，即能实现对依法治国——本质是通过良法实现国家治理——的推崇，也就是通过公民德性的培育唤起家国情怀和对他者的关怀。由此辐射到国家治理上，形成对依法治国的高度认同。这时，依法治国与以德治国之间相互引介共同作用于治理活动。

第四，通过公民德性本身对依法治国的意义形成一种诠释路径。法治和

很多领域一样,需要经过诠释才能形成对法治的理解,而通过公民德性的要义——基于美德产生的价值,我们对法治之下的具体制度的设立目的、具体制度的功能、法治本身的理念形成全方位的解读,在法治的各领域将良法善治的意义呈现出来。这时,公民美德形成了诠释法治的"前见",借由这种"前见",我们与法治之间形成对话关系,呈现出法治的意义世界。

四、结语

黄文艺针对德治与法治关系的理想指出:"道德是无处不在的规范,德治是无影无形的力量。坚持以德治国增进法治信仰,以公认的情理释放法律的温度,以严谨的法理彰显法律的理性,让法律叩开心扉、撞击心灵、走进心田。"[①] 德治与法治的相互作用,使得良法能够深入人心并辐射到社会的各领域,而这也是习近平法治思想的应有之义。根据上述论证,公民德性的养成可以通过对习近平法治思想的诠释实现,实现的公民德性又将进一步促进中国特色社会主义法治事业的发展。因而,围绕公民德性,习近平法治思想将对法治国家、法治政府、法治社会建设发挥出更大的引领作用。

第二节 基于文化安全的国际规则制定参与研究

无论是在传统安全领域还是在非传统安全领域,文化安全问题都是大量存在的。文化安全问题是值得国际社会关注的问题,原因就在于,文化在人类的生存与发展中扮演了重要角色。就如泰勒所说:"文化或文明,就其广泛的民族学意义来说,是包括全部的知识、信仰、艺术、道德、法律、风俗以及作为社会成员的人所掌握和接受的任何其他的才能和习惯的复合体。"[②] 克鲁格洪就文化的性质提出的八个方面的内容也几乎将人类生存发展的所有

[①] 黄文艺:《习近平法治思想要义解析》,载《法学论坛》2021年第1期。
[②] [英]爱德华·泰勒:《原始文化——神话、哲学、宗教、语言、艺术和习俗发展之研究》,连树声译,上海文艺出版社1992年版,第1页。

方面都涵盖进去了。① 文化的包容性之强意味着人与文化是须臾不可离的——或者说，文化出自人们在生活各领域的主观体验，是基于人的特性而形成的对社会现象和心理现象的总结。基于文化形成的人类文明之记忆塑造了我们所能够理解的历史和现实，也提供了我们反观自身和世界的崭新视角，它或许才是我们之为我们的真正的"根源"。② 一国文化的传承与维护，关涉的是国家的精神命脉。③ 一国之精神命脉，又关涉主权国家的尊严，甚至关系到综合国力。文化遗产承载着一个民族的文化基因，折射出了一个民族的精神特质。《人民日报》发表了针对文化遗产保护问题的时评。它强调，保护历史文化遗产，有助于增进文化认同、增强文化自信。④ 尽管该篇文章只是针对文化遗产而论的，但通过对遗产的载体的探究折射出的精神意义，即文化的意义，也得以展现出来。而如何通过参与国际规则的制定以保护文化安全，是需要我们探究的问题。因为相应国际规则的保护范围和保护力度，将影响国内文化安全的实现。这其中，需要重点解决的问题是，中国应如何通过文化事务的国际条约制定掌握国家话语权？以及中国如何在坚守本土文化自信的同时，与他国文化共存，以达成世界文化共识？

一、文化安全规则的内在面向与外在面向

党的十八大召开后，以习近平同志为核心的党中央设立了国家安全委员会，提出并贯彻总体国家安全观，初步构建了国家安全体系主体框架，形成了国家安全理论体系，完善了国家安全战略体系，建立了国家安全工作协调

---

① 这八个方面分别是：文化是习得的；文化是由构成人类存在的生物学成分、环境科学成分、心理学成分以及历史学成分衍生而来的；文化是结构化的；文化具有类型化，可被分为各部分；文化是动态的；文化具有可变性；文化具有内在规定性，是可认知的，只要方法得当；文化是个人适应其环境之工具，是表达其创造性的手段。参见［美］克莱德·克鲁克洪等：《文化与个人》，高佳等译，浙江人民出版社1986年版，第5~32页。
② 赵静蓉：《文化记忆与身份认同》，生活·读书·新知三联书店2015年版，第17页。
③ 马林诺夫斯基提出，文化包含了物质设备、精神、语言、社会组织。参见［英］马林诺夫斯基：《文化论》，费孝通译，华夏出版社2002年版，第4~9页。
④ 张蕊：《保护好传承好历史文化遗产》，载《人民日报》2020年11月20日。

机制，致使国家安全工作得到全面加强。① 如果从语义上分析"安全"一词，其是指没有危险、平安的状态，② 表明安定、保全。国家安全表明国家处于没有危险的安定状态。的确，文化安全是国家安全的重要组成部分。习近平就国家安全的外延问题强调，既要重视传统安全，又要重视非传统安全，构建集政治安全、国土安全、军事安全、经济安全、文化安全、社会安全、科技安全、信息安全、生态安全、资源安全、核安全等于一体的国家安全体系。③ 对于文化安全而言，也存在传统文化安全与非传统文化安全之分。但无论是哪个领域的文化安全，其重要性都是不言而喻的。

文化安全的实现意味着我们能够对一国之文化形成强有力的保护。对文化安全的规则研究的前提是确定"文化安全"中的"文化"的含义。这里的文化所蕴含的是国家和民众的价值理念和精神意蕴，关联着人作为高等动物的主体性，强调的是人们通过文化实现个体或族群的精神共享。施韦泽对文化的论述是："最为一般地说来，文化是进步，是个人以及集体在物质和精神上的进步。"④ 施韦泽的观点和上述泰勒、克鲁格洪一样，都是力图将"文化"的概念涵盖人类生活的所有领域。但和他们有所不同的是，他的界定融入了对"文化"的价值评判。的确，文化需要关联人类文明，亦即在性质上是人类价值的凝结。但文化中也有糟粕，这需要我们对之保持警觉。因而，如果文化得不到保护，意味着文化的流传容易中断，导致后人对积累的文化逐步走向遗忘，也意味着文化载体容易被外力破坏，还意味着文化观念容易被外力扭曲。⑤ 但笔者之所以将本书的"文化安全"定位为对人的精神领域的面向，原因在于，国家所保护的文化安全，是独立于政治安全、经济安全等其他领域安全的。既然这种划分在逻辑上是以具体的保护对象为划分标准，就意味着如果在保护对象上存在交叉，划分出的子项之间没有形成互相排斥

---

① 本书编写组：《中国共产党简史》，人民出版社、中共党史出版社2021年版，第496页。
② 中国社会科学院语言研究所词典编辑室：《现代汉语词典》，商务印书馆2012年版，第7页。
③ 习近平：《习近平谈治国理政》（第一卷），外文出版社2018年版，第201页。
④ ［法］阿尔贝特·施韦泽：《文化哲学》，陈泽环译，上海人民出版社2008年版，第141页。
⑤ 梁治平认为："文化的差异乃是基于不同的选择……文化的合理性首先应当由其自身加以认识。"参见梁治平：《法律的文化解释》，载梁治平编：《法律的文化解释》，生活·读书·新知三联书店1994年版，第35页。

的关系,也就存在着逻辑错误。① 结合党中央对"文化自信"的论述②和对"传统文化"的论述,③ 对于"文化安全"的"文化"而言,其指向的是人的精神性要素。事实上,有的国际规则的制定主体在规则中也有意无意地凸显文化的精神属性而淡化其物质属性。世界旅游组织(UNWTO)对"文化旅游"中的"文化"的界定是"涉及一系列与众不同的物质、智力、精神和情感特征,包括艺术和建筑、历史和文化遗产、烹饪遗产、文学、音乐、创意产业,以及生活文化的生活方式、价值体系、信仰和传统的名胜/产品"。④倘若"文化安全"得不到保障,意味着人类会因精神利益得不到满足而走向一种主体性的黄昏,甚至导致人类文明难以延续下去。对一国国力的发展而言,文化承担着国家精神供养的使命。人们往往通过一国之文化,实现对这个国家尊严的认知以促进对该国的精神认同。对外的意义在于,人们通过文化所代表的一国尊严,对文化赋予国家主权意义的象征性符号,从而推动主权国家在国际交往中自信感的提升。李雪峰将"公共安全"界定为"公共风险的可控、可容忍状态,是一种总体性的和平安定状态"。⑤ 李雪峰对文化安全的看法紧扣了它的语义。的确,只有当文化对人的精神给养能够保持在一

---

① 1952年,美国文化人类学家克鲁伯和克鲁克亨在合著的《文化:关于概念和定义的检讨》一书中,列举了西方学术界从1871年到1951年80年间出现的各种"文化"定义,有164种。1965年,法国心理学家莫尔斯在《文化的社会进程》一书中又提供了一组统计数据,他发现在20世纪70年代以前,世界思想文献中已出现的文化定义已达到了250余种。之后,俄罗斯学者克尔特曼在从事文化定义的对比研究时,发现文化的定义已逾400种。我国学者季羡林认为,世界上给文化下的定义有500多种,胡潇认为,文化定义已经超过了10000种以上。参见吴桂韩:《文化及其相关概念阐释与辨析》,载《江苏省社会主义学院学报》2013年第3期。文化定义之多元,使得在论证文化问题时,对"文化"所处语境的解读显得尤为重要。
② 习近平指出:"文化自信,是更基础、更广泛、更深厚的自信,是更基本、更深沉、更持久的力量。坚定文化自信,是事关国运兴衰、事关文化安全、事关民族精神独立性的大问题。"参见习近平:《习近平谈治国理政》(第二卷),外文出版社2017年版,第349页。
③ 习近平指出:"优秀传统文化是一个国家、一个民族传承和发展的根本,如果丢掉了,就割断了精神命脉。"参见习近平:《习近平谈治国理政》(第二卷),外文出版社2017年版,第313页。
④ 原文是 These attractions/products relate to a set of distinctive material, intellectual, spiritual and emotional features of a society that encompasses arts and architecture, historical and cultural heritage, culinary heritage, literature, music, creative industries and the living cultures with their lifestyles, value systems, beliefs and traditions。See UNWTO, *TOURISM AND CULTURE*, UNWTO(Oct. 8, 2021), https://www.unwto.org/tourism-and-culture.
⑤ 李雪峰:《中国特色公共安全之路》,国家行政学院出版社2018年版,第2页。

种安定平和的状态，才意味着文化安全的实现。

以上两点关涉的就是文化的内在面向和外在面向。它表明，文化的安全关乎一国的国民幸福和综合国力。文化能够流传、保存下来并发挥出应有的精神利益的促进作用，是文化价值彰显自身的理想状态。但从现实情况来看，人们对文化价值的期望往往不能落到实处。全球化的不断推进虽然一方面推动了文化事业的发展，但另一方面也使得文化的安全保护出现了诸多问题。主权国家之间对文化归属的争夺、对文化遗产的破坏等问题的出现，使得文化价值有时并不能被有效、全面地实现。即便有的文化归属问题、文化载体或文化传播虽尚未受到影响，但也存在其功能被破坏的风险。这就意味着文化的安全问题需要我们深思。保障文化安全需要诉诸制度的调整，[①] 尤其是作为正式制度的国家法要发挥调整的作用。在调整机制和制度地位上，法律通过权力、权利、义务、责任的利益调整机制，通过国家的权威，实现文化相关利益的确定、整合、保护与修复。所以从这个角度上看，全球化所导向的文化间的"趋同性"可能会加速每个文化对自身源头的忘却，那样，我们就只有一大盆共同的"汤"，一种建立在最平庸的参照和产品上的普遍的"伪文化"。[②] 习近平就国际法的重要性强调："我们要坚定维护以联合国为核心的国际体系，坚定维护以国际法为基础的国际秩序，坚定维护以联合国宪章宗旨和原则为基础的国际法基本原则和国际关系基本准则。"[③] 这体现了国际规则的权威。各国有义务尊重国际规则所导向的利益关系，国际规则对文化安全的调控所形成的权威秩序使得文化安全的保障有了制度上的依凭。另外，文化在对内向度和对外向度上形成的综合体，推动了文化价值的实现。因而我们对文化安全规则的解读，也要从规则的内在面向和外在面向展开。

[①] 约瑟夫·奈提出，制度体系能增强一个国家的软实力。而且他同时也指出，文化在能发挥其魅力的地方是国家软实力的来源之一。参见［美］约瑟夫·奈：《软实力——权力，从硬实力到软实力》，马娟娟译，中信出版社2013年版，第15页。

[②] 魏明德：《全球化与中国——一位法国学者谈当代文化交流》，商务印书馆2002年版，第7页。

[③] 习近平：《坚定不移走中国特色社会主义法治道路　为全面建设社会主义现代化国家提供有力法治保障》，载《求是》2021年第5期。

中国当下保护文化安全的法律，是以宪法为核心所形成的体系性规范结构。该结构具体包括了：文化保护观念体系、公民文化权利保护体系、文化的公权力管理体系、文化的公权力监督体系。对文化保护的法律体系涵盖了对文化传承的保护、对文化载体——文化遗产——的保护、对文化交流的保护。较为严密的文化安全法网意味着成熟的文化保护体系的形成。五千年的文明形成了博大精深的中国文化，孕育了中华民族精神，而这也意味着中华文化保存与传承的重要性。不仅如此，随着社会生产力的发展，新生事物不断涌现，人们的价值观念不断更新，新的文化也层出不穷。如19世纪的"新文化运动"给中国带来了文化变革，现在自媒体、元宇宙的发展使得人们获取信息的渠道增加。同时，视野的拓展使得人们的生活观念发生了变化，法律对新生的、符合人类价值需求的文化的保护也同样是文化安全的体现。的确，从现有文化法律体系的严密度来看，中国对文化的保护是非常重视的。而正是由于立法者对全面依法治国的重要治理理念的重视，使得立法者期望通过严密的法律实现对文化本身与文化传承制度性的保护。

国家法通过权威的利益分配机制固然能实现对国家内的文化安全的保护。但问题在于，国家法的权威覆盖面是有限的，其仅仅在主权国家范围内有效力，所以落实到文化层面的法律制定上，国家法针对的也只能是主权国家范围内的民众精神利益。事实上，文化的广泛流传使得国与国的交往不可避免地涉及文化利益的纠葛，因而在国与国之间，往往存在着不同文化的冲突——包括文化归属的冲突、一国对他国文化载体的破坏等，这些也正是文化安全遭受威胁或破坏的表现。在信息化程度高度发展的当下，不同国家文化越来越容易被相互感知，甚至被深度了解，同时也意味着一国文化的安全越来越容易受到威胁——信息传播的先进性使得文化的公开性加强，信息手段本身又容易形成对文化的歪曲。这时候，需要不同主权国家之间就文化安全保护问题形成特定规则，以使国家安全在国际语境下能够得到有效保障。这就涉及国际规则对文化安全的保护问题。因此，我国对文化安全的国际保护越来越重视。中国已于1997年加入了《经济、社会及文化权利国际公约》，于2003年加入了《保护非物质文化遗产公约》，于1985年加入了《保护世界文化和自然遗产公约》，于1989年加入了《关于禁止和防止非法进出口文化财产和非法转让其所有权的方法的公约》，于2005年加入了《保护和促进文化表现形式多样性公约》。中国加入这些公约当然意味着对上述国际规则的认同。从内容上看，这些公约表现出加入国致力于全球文化保护并试图推动其他国家参与到文化保护中来。进而通过文化保护的理念、文化本身、文化载体、文化权利和对文化的保护方式等方面的全面努力，实现世界范围内的文化安全的保护。同样地，中国加入上述公约一方面说明了中国在努力通过文化层面的国际规则实现对自身文化的保护，另一方面也说明中国对世界文化保护的关注，也同时说明在世界范围内的文化保护离不开中国的参与。

文化安全规则的内在性和外在性维护了一国的文化并大力促进了文化价值的实现。相对而言，国际文化规则的制定更具复杂性。因为一方面国际规则的制定本身面向的就是不同国家的利益，而另一方面文化自身的多元化性质（从上述对文化的内涵分析情况来看，相比于政治、经济领域，这种多元性更加明显）使得在国际语境下，对不同种类、不同表现形式的文化之考量具有高度复杂性。李德顺曾对"价值"的多维性提出了看法："价值的多维性是指，每一个活生生的个人或个人的社会共同体，它自身结构和规定性的每一点、每一方面和每一过程，都会产生对客体的需要，都可能形成一定的价值关系。"[①] 评判事物是否有价值，重心在于评判客体性质是否能满足主体的利益需求。而特定客体对不同主体或同一主体在不同阶段的需求究竟是否能够满足以及应通过何种方式来满足，是很难通过单一的标准来衡量的。通过价值论哲学的角度，我们进一步明确了文化的复杂性。探究制度对文化利益的调整，意味着我们要考量不同国家与民众的价值观，要考量不同国家之间文化利益的平衡，也要考量世界范围内文化安全问题的底线共识。

二、基于文化安全的国际规则制定参与的法理意义：文化保护与国际话语权确立

规则的形成与运行应具有正当性，否则难以实现人类所需要的价值。而探寻制度的生成所应遵循的法理，是证成该正当性的路径所在——法治的本

---

① 李德顺：《当代中国人文大系·价值论——一种主体性的研究》（第3版），中国人民大学出版社2013年版，第63页。

质在于"良法与良法的普遍治理",这是法治成为人类普遍认同的治理方式的重要原因。所以在法治背景下,何为"良法"是需要结合规范性质和调整对象确定的问题。对于与文化安全相关的国际规则而言,其制定的意义,要落足于国际规则的特性与特定文化价值的关联上,方能显其"良法"的意蕴。而探寻文化的制度之维与规则对文化的形塑,尤其要探究文化保护的国际规则在制定程序上的意义,挖掘出"参与制定"背后的法理。

国际规则与其他规则一样,需要回应现实的需求。对于文化安全而言,国际规则的回应性体现在对全球文化的存在形态(包括载体和文化本身)的考量与人们对文化的诉求上。对文化安全问题的探究,要回归到"安全"的语义上,即文化的"安定与保全"之义上,因而制度的建构要实现这种目的。文化安全的国际规则的制度作用力与作用范围指向的是不同主权国家共同关注的文化如何被"安定与保全"的问题。需要我们注意的问题是,不同主权国家之间往往基于特定利益有意或无意地贬损其他主权国家的文化,导致他国文化的生存空间堪忧,或是不同主权国家之间争夺文化资源,或是一国的文化因该国自身的原因而面临消亡的危险。但因为该种文化有可能会涉及他国的利益,甚至会波及全人类的利益,因而需要国际规则的出台加以维护。本顿提出:"整合文化差异的惯例拥有了制度化的形式,以及文化结构可以重复出现,它们也成了国际连贯性要素。"[1] 尽管本顿在这里仅是在论述"惯例"的整合性,但惯例的规则性表明,通过包括但不限于惯例的国际规则对文化的调整,文化能够在全球性事务上发挥精神纽带作用,因而文化国际规则体现出全人类的利益导向。对国际规则制定的参与意味着推动制度对上述国际文化安全问题的解决。只有通过对国际规则制定的参与,才能表达对文化安全的保护理念和保护方式;也只有通过对国际规则制定的参与,才能有机会听取其他主权国家对文化安全问题的意见,并通过这些信息了解相应文化可能会有的处境。制度的修辞性正体现在——制度并非一定指向对客观世界的描述,毕竟人们的视野是有限的,对客观世界不能全面认识。认知

---

[1] [美]劳伦·本顿:《法律与殖民文化——世界历史的法律体系(1400—1900)》,吕亚萍、周威译,清华大学出版社2005年版,第284页。

的局限性使得有的制度的产生需要基于协商以达到"多数决"的理性。甚至在很多情况下，制度产生所依托的协商理性本身的重要性有时候大于制度对客观事实的探求。① 在现代民治国家，立法活动每每集中地表达着政治问题。政治，在一定意义上讲，就是"国家意志的表达"。而"国家意志的表达"，又集中体现在立法活动中。② 因之，立法过程中的立法参与者发表意见并与其他参与者之间就立法实质问题的交涉，是所立之法具有效力的必要条件。这种相互交涉意味着不同的参与主体处于平等的地位，坚决摒弃话语垄断的层级制。③ 这种协商往往需要遵循"少数服从多数"的规则，因为协商也不一定能形成一致意见而立法活动终究又要形成决定。所以在其他方法不能迅速形成定论的情况下，采取"少数服从多数"的裁决方法具有一定的说服力。协商的前提则在于参与，毕竟只有通过参与，不同主体才能发表意见并形成对话。胡克就法律创制的沟通问题说过："它们（创制和适用法律的机构——笔者注）必须通过相互之间的沟通行动，以及与包括公民、媒体和法律学说在内的一般社会之间的沟通行动而'建构'和发展法律系统。沟通行动（据此，不同的人和机构在法律系统内互动起来）创造了'一个共同的、不间断的和全方位的意义循环过程'；这样，它就超越了纯粹双向的沟通或任何形式的游戏或决策。"④ 规则的制定需要通过沟通形成全面的信息交互，由之形成的规则乃是理性的决策。对文化安全的保护而言，参与相应国际规则的制定就意味着对自身文化安全诉求的提出和对他国文化安全诉求的听取，

---

① 休谟经典的价值-事实关系命题可以对制度的修辞性作出诠释，他对道德问题的看法是："我所遇到的不再是命题中通常的'是'与'不是'等词，而是没有一个命题不是由一个'应该'或一个'不应该'联系起来的。"参见［英］休谟：《人性论》（下），关文运译，商务印书馆1996年版，第509页。制度的正当性问题属于道德范畴，其不是从"是"与"不是"推出来的，而是从"应该"与"不应该"推出来。

② 谢晖：《法律哲学——司法方法的体系》，法律出版社2017年版，第255页。

③ 彼得斯在论证"参与式国家"的时候指出："如同垄断是市场模式的主要障碍一样，参与模式的倡导者认为层级节制是最直接的罪恶。"参见［美］B.盖伊·彼得斯：《政府未来的治理模式》（中文修订版），吴爱明、夏宏图译，张成福校，中国人民大学出版社2013年版，第41~42页。尽管彼得斯是站在政府治理的角度上论述的，但"参与"与平等相联系的原理已经体现在他的论述中了，而这也同样适用于国际社会。

④ ［比］马克·范·胡克：《法律的沟通之维》，孙国东译，刘坤轮校，法律出版社2008年版，第155页。

以及国与国之间就文化安全问题的交涉。就如约瑟夫针对国际合作的重要性所言："在分享信息和装备的同时，合作双方能形成一种共同的视野和方法，从而提高应对新挑战的能力。实力就是这样因吸引力而产生。"[1] 另外，参与制定文化问题的国际规则所提交的书面意见，在规则的解释上也具有与规则同等的效力。如，专门针对条约制定程序的《维也纳条约法公约》第31条规定，除指连同弁言及附件在内之约文外，并应包括：一个以上当事国因缔结条约所订并经其他当事国接受为条约有关文书之任何文书。因而"参与"时的意见需要一以贯之地体现在国际规则的适用当中，因为只要适用国际规则，规则都存在被解释的可能，毕竟"适用"意味着抽象的、类型化的规则与具体的事实之间形成对话。

　　文化问题因其具有很强的精神属性，当其被提升到国际关系层面上时，会关涉主权国家自身的尊严问题（毕竟尊严的本质在于主体地位被充分认可，主体性"被充分认可"是一种精神价值的实现），也因而涉及国家治理需要涉及的国际话语权问题。不可否认的是，任何事项的国际规则的制定，都要建立在尊重主权国家尊严的基础上。[2] 并且，在文化事务的国际规则制定方面，这种尊严是否被确立起来的问题体现得尤为显著。因为一国之文化关联更多的是一国的精神底蕴，甚至在很多时候，只有基于文化，我们才能形成一种国家层面的代表性符号。而尊严的本质也在于精神层面的"被认同"，亦即国家尊严是依托于国民的精神利益凝聚而形成的。同时，国民的精神利益又是推动文化形成的重要动力，这就意味着文化与国家尊严在精神性利益的层面形成了汇合。在国际交往层面，一国文化的形态在很大程度上确立了该国的形象，因而在参与维护国家安全的国际规则制定时，一国向国际社会主张文化安全保护的规则制定在实质上也是对国家尊严的维护——对文化的形态、意义、保护措施的论证必然会将文化所关联的国民精神的重要

---

[1] ［美］约瑟夫·奈：《软实力——权力，从硬实力到软实力》，马娟娟译，中信出版社2013年版，第181页。

[2] 米尔恩认为，人的尊严在肯定意义上意味着"把一个人尊为自主者，就是把他作为具有自我的内在价值的人来对待"。参见［英］A. J. M. 米尔恩：《人的权利与人的多样性——人权哲学》，夏勇、张志铭译，中国大百科全书出版社1995年版，第102~104页。对于一国而言也是一样，在肯定意义上，尊重一个国家的主权，就是尊重这个国家的内在价值。

意义体现出来。与此同时，国家尊严本身就是论证国家文化安全需要通过国际规则予以保护的重要依据。因为尊严的核心是指人在精神世界的需求通常外化于文化层面，因而国家公民往往通过国家文化寄托国家自豪感。而国家尊严如果能充分确立起来，其在与其他国家的交往层面也就有了话语权，而话语权的形成，又意味着国家的主体地位在国际交往中被充分地认同，也因而能推动更多利益诉求的实现。

即使不考虑基于对国际规则的参与制定的诉求满足与否，参与制度本身也意味着参与主体的言论自由的保障性制度。"参与"意味着观点的表达，将"参与"作为国际规则具有效力的必要条件，意味着缔约国表达意见的权利受到了相应的尊重。密尔论证了表达言论需要遵循的规则："如果他戒免了在涉及他人的事情上有碍于他人，而仅仅在涉及自己的事情上依照自己的意向和判断而行动。那么，凡是说明意见应有自己的理由，也同样足以证明他应当被允许在其自己的牺牲之下，将其意见付诸实践而不至于遭到妨害。"[①] 谢小瑶对言论自由的极简主义理论的批评，更能说明参与活动对言论自由的重要意义。他从言论关涉的价值问题角度指出，"极简理论"通过"发意行为"和"发音通道"即可实现言论自由，但这忽视了言论行动关联的价值多元问题。[②] 通过"参与"行为，表达自由的保护面更加广了，在制定国际文化规则时，缔约国通过参与形成表意—听取的交流机制，制度对其的保护使得话语的有效传递、他者对话语的回应也纳入保护范围。言论的意义——信息的有效传递因而得以彰显。缔约国对文化利益的表达只要不妨碍其他缔约国的正当利益，就应被尊重。"参与"被纳入制定程序中，意味着言论自由得到了国际法层面的保护。

很多文化公约对缔约国的"参与"程序作了翔实的规定。其中，专门规定条约缔结程序的《维也纳条约法公约》第16条规定，除条约另有规定外，批准书、接受书、赞同书或加入书依下列方式确定一国承受条约拘束之同意，其中之一是"由缔约国互相交换"。第23条规定了保留的程序："保留、明

[①] [英] 约翰·密尔：《论自由》，许宝骙译，商务印书馆2007年版，第66页。
[②] 谢小瑶：《表达权的语义学阐释：一个批判的视角》，载《法制与社会发展》2019年第1期。

示接受保留及反对保留,均必须以书面提具并致送缔约国及有权成为条约当事国之其他国家。"即使表面上是针对文化保护的实体性事项的公约,也包含了一些关于缔结程序的规定。《保护世界文化和自然遗产公约》第29条第1款规定"本公约缔约国在按照联合国教育、科学及文化组织大会确定的日期和方式向该组织大会递交的报告中,应提供有关它们为实行本公约所通过的法律和行政规定和采取的其他行动的情况,并详述在这方面获得的经验"。《关于禁止和防止非法进出口文化财产和非法转让其所有权的方法的公约》第16条规定:"本公约缔约国应在向联合国教育、科学及文化组织大会提交的定期报告中,提供它们已经通过的立法和行政规定和它们为实施本公约所采取的其它行动以及在此领域内取得的详尽经验的资料,报告的日期及方式由大会决定。"可见,现有的公约形成在参与程序上表现为,各缔约国需要根据自身的利益向相应的国际组织提供报告。书面形式的报告意味着缔约国的需求表达应以文字为载体,因为文字的固定性能促进讨论的便捷。当然,使用文字表达思想本身也是文明的象征。① 而报告内容也应充分体现缔约国对本国文化问题的治理情况,包括治理文化事务所采用的规则和治理产生的效果,并且要充分论证文化本身之于缔约国的意义。这些都会成为国际层面的、文化制度形成的依凭。并且,从现有的文化性国际规则制定程序来看,报告的撰写和报告提交所产生的制度效果,正是缔约国的观点充分表达与国际社会对缔约国的国际话语权予以尊重的体现。报告撰写的翔实度,也反映出缔约国观点表达的充分程度与国际社会对这种表达的尊重度。这些都反映出当下国际文化规则的制定与国际社会文明发展之间的关联。因而,对报告的撰写和报告提交制度,我们要在现有的基础上将其坚持运转下去。

从程序正义(这也是良法的重要组成部分②)上看,③ "参与"是"自然

---

① 摩尔根提出,文明时代"始于标音字母的使用和文献记载的出现"。参见[美]路易斯·亨利·摩尔根:《古代社会》(上),杨东莼、马雍、马巨译,商务印书馆1977年版,第11页。
② 法律程序正义是一种不完全正义,程序本身具有一种标准,程序之外还有其他标准。对于国际规则制定的参与而言,其也是独立于国际规则的标准之外的另一种标准。
③ John Rawls, *A Theory of Justice*, Harvard University Press, 1971, p. 362.

公正"价值的重要体现。这在司法上表现为，任何一方的诉求都应被法官听取①——"听取诉求"的前提自然是"一方表达了诉求"。国际规则要发挥对文化安全的保护作用，需要主权国家对文化本身的正当性、文化已采用或准备采用的法律保护方式和文化保护的国际法意义等作出论证，从而向国际社会呈现国际规则保护该国文化的必要性和可行性。而论证本身又能对国家的尊严形成证成，这是参与国际规则的制定实现文化安全的法理所指。因而切实参与国际规则的制定以保护国家文化，是主权国家通过制度维护国家尊严的重要方式。

三、基于文化安全的国际规则制定路径：文化伦理底线与国际文化共识

对文化的甄别是我们制定文化安全国际规则的前提，因为"只有合伦理的文化概念才有权利存在"。②对其中的"合伦理"标准之确定，要充分结合文化所蕴含的精神意义，毕竟价值评判的说服力只有建立在对事实的充分了解基础上才能形成，其说服性也与对事实的了解度呈正相关——正所谓"事实胜于雄辩"。但问题在于，在国际语境下，对文化内容的解读，各缔约国之间会存在较大差异。哪怕是在一国之内，不同国民对所处国文化内涵的理解都有可能千差万别。其中，不同主权国家对同一文化的解读会带有不同的"前见"，而这些"前见"往往关涉的是这些国家各自的文化——不同国家的价值理念会渗透到认知系统，促使其对文化的理解代入了这种"前见"。正如伽达默尔在解读诠释事物的原理时所说，读者的理解也是经常地由先验的意义预期所引导，而这种先验的意义预期来自与被意指的东西的真理的关系。③海德格尔也指出："把某某东西作为某某东西加以解释，这在本质上是通过先行具有、先行见到与先行掌握来起作用的。"④对文化的理解也遵循上述诠释学的原理，人的认知所关联的先验性指向了一种伦理上的预期，这种

---

① 孙笑侠：《程序的法理》，商务印书馆2005年版，第107页。
② [法]阿尔贝特·施韦泽：《文化哲学》，陈泽环译，上海人民出版社2008年版，第171页。
③ [德]汉斯·格奥尔格·伽达默尔：《真理与方法——哲学诠释学的基本特征》，洪汉鼎译，上海译文出版社1999年版，第377页。
④ [德]海德格尔：《存在与时间》，陈嘉映、王庆节译，生活·读书·新知三联书店1987年版，第184页。

预期自然包含了各国通过时间的沉淀形成的伦理标准——这同样源自不同国家固有的价值理念。伦理标准也同样源自生活在特定环境中的人们在认知上的先有、先见与先行，这是基于认知的先验性形成了一种能够判别是非感的惯习。但不同的"前见"并不代表文化的底线不能确定。对于文化背后伦理底线的论证，各缔约国将结合各自的角度形成理解并以妥当的方式表达出这种理解，进而通过协商机制的完善实现对事物不同理解的"视域交融"。

文化的伦理底线是必然要遵循的标准，但对该标准的确立无法做到高度精确化，因为这个标准关联着本土性与全球性之间的逻辑辩证。对国家自身而言，一国的文化能够、也需要围绕本国的伦理观方能得以正名。但在全球语境下，这种正名需要通过各国之间的沟通才能得以实现。换句话说，文化能否得到其他主权国家的认同——不只是文化内容，也包括文化背后的伦理是否能被其他国家认同，需要的不只是一国的文化自信与对国家对本土文化的单方面论证，尽管这两者也是证明其伦理价值的重要前提。然而，在国际规则的制定上，这种论证通向的目标在于促进不同主权国家之间形成文化的伦理性共识。对于一国之文化特性，具体到规则的制定上，有文化保护诉求的国家需提供相应文化的演变历史、文化的理念、文化的内涵、文化的社会影响等围绕文化价值的信息，其他参与国则需要对上述要素予以全面的评价。国与国之间的沟通，也应围绕这几个要素展开。就如哈贝马斯所言："在运用性商谈中，具体的参与者视角必须同时保持与那些在论证商谈中被认为有效的规范背后的普遍视角结构的联系。"[1] 的确，互动的形成也要建立在传播的基础上，否则无法产生主体间的共性，互动也无从谈起。[2] 这里的"共性行为"，也就是形成保护文化安全的国际条约的行为。对文化安全的国际规则的制定，缔约国之间需要就文化背后的理念和治理文化所需的规则形成统一的视角。当一国所提出的保护对象背后的理念——文化理念契合了普世价值观，并且围绕对该种文化保护的规则，制定者试图传递的也是被他国认同

---

[1] [德] 哈贝马斯：《在事实与规范之间——关于法律和民主法治国的商谈理论》，童世骏译，生活·读书·新知三联书店2003年版，第281页。

[2] George Mead, *Mind, Self and Society from the Standpoint of a Social Behaviorist*, University of Chicago Press, 1967, p. 81.

的价值观和利益，那么双方就会就该种文化建立一种兼具吸引力和责任感的关系，该国得偿所愿的可能性也会相应大大增加。① 通过交涉实现对文化的普适价值的确认，是国际文化安全规则制定的重要路径。而对于关涉人类底线问题的文化，国际规则要明确其内涵和外延，并坚持立场——坚决摒弃反人类底线的文化，并坚决维护契合人类底线的文化。对于已经发生的或可能会出现的文化危机，国际规则同样要通过对底线伦理的坚守，实现对文化安全问题的有效回应，并发挥出制度对已破坏文化的修复机制与未来可能出现的文化危机的防范机制的作用。

同时，对参与文化规则制定活动的尊重，本身也是规则制定的伦理底线。因为参与活动关联着参与主体的表达权，"表达"行为本身的自由是规则必须保护的利益。倘若对该种利益的保护力度不足，就表明文化规则的制定本身就是建立在制度伦理的底线未能坚守的基础上的，如此形成的文化规则也就失去了正当性。所以，国际规则的制定程序应向各国提供参与和发表意见的机会。现有的报告制度强调了一国在提请保护文化安全的规则制定时，对文化所涉问题的全面论证，亦即，在通过对信息呈现渠道的畅通化的同时，实现了对表达自由的尊重，因而应沿用下去。如果缔约国对该种文化已经形成了国内立法或是立法的草案，也应向相应国际组织和其他参与缔约的国家提交、呈示相应的立法文件；而如果已经就该文化形成了重要判例，相应的裁判文件也应提交上去（当然对英美法系国家而言，立法和判例是同一的）。因为国内的文化立法和文化法律的实施，反映了一国在文化上的价值取向，对国际规则的制定方向是一项重要的参考。并且应在此基础上扩大各缔约国就文化报告问题的意见发表渠道，通过程序制度广泛开展围绕文化安全问题的议题进行范围更广、时限更宽松的沟通。对于国际文化规则的解释，要充分考量缔约国在参与规则制定环节所提交的意见，将其面向的利益诉求作为解释工作所要考虑的第一要素。

所以，关于文化安全的国际规则的制定需要围绕着文化伦理的底线和已

---

① [美]约瑟夫·奈：《软实力——权力，从硬实力到软实力》，马娟娟译，中信出版社2013年版，第16页。

经形成的文化问题的国际共识展开。柏克针对立法者的立法标准问题指出，幸福和痛苦就是立法者的行动涉及人民时应该遵循的标准。这一准则将自然而然、不可避免地引导我们面对一个民族独特的情况，引导我们了解人民的想法、爱好、习惯和一切使生活千差万别、各具特色的环境条件。① 对于国际文化安全规则的制定而言，我们自然要以民众幸福的满足作为基本准则，同时也要推动不同主权国家的不同民众的文化共存。底线的确立与共识的形成都要通过对国际规则制定的参与实现。事实上，现有的国际文化规则制定程序已经较为成熟。从上文对其的介绍可以看出，各国需通过向组织机构提交相应的报告，以推动各国对相应规则运行的参与。但从现有规则上看，对文化安全国际规则的制定程序尚未形成明确的规定。尽管对规则运行的程序性规定可以作为很重要的参考——这也是笔者的观点，因为提交的书面报告确乎能充分、明确地反映各国的文化形态和文化诉求，但需要完善之处在于报告撰写本身的要求。毕竟文化问题的复杂性使得对文化的论证成为一个复杂的过程。因为对文化问题采用规则保护的形式，又涉及规则本身是否理性的问题；对于制定国际规则所提交的报告，也要求其覆盖详细的文化价值、文化伦理、提请采用何种国际规则予以保护以及该种国际规则对文化调整的必要性和可行性这几个方面。

四、结语：国际规则下的文化安全对人类命运共同体的塑造

国际规则作为规则的一种，通过形式理性实现国际层面的科学治理。当站在国际规则的高度看待文化安全时，文化安全的调整面向的就是全球性的利益。全球语境下的文化安全落足于制度的正当性上，这种正当性指向的是国际规则对人类整体命运的关怀。文化安全关涉的全球利益使得国际法在其间的重要价值得以凸显，教育部网站公布了《教育部对十三届全国人大四次会议第8342号建议的答复》（教高建议〔2021〕120号），支持有条件的高校在法学一级学科下，自主设置国际公法、国际私法、国际经济法等二级学科。对国际法学科的支持力度体现了国家对国际法问题的重视。2021年，中

---

① ［英］埃德蒙·柏克：《自由与传统》，蒋庆等译，译林出版社2014年版，第271页。

共中央办公厅、国务院办公厅印发《关于进一步加强非物质文化遗产保护工作的意见》，其原则之一即是"铸牢中华民族共同体意识"。而对于全球层面的文化保护而言，国际规则的制定也同样需要面向人类整体的命运。人类命运共同体的概念本身也已经说明了人类作为整体性的意义所在以及这种整体性意义的重要性，这也使得制度的发展需要落足于人类的整体性，以关照相对抽象的人类整体利益。其中，人的精神利益也是人类整体利益的公约数，对其的规范调整意味着，人类命运共同体的建设离不开文化安全的保障。同时，人类共有的精神性利益也因而是文化安全的国际规则所指，正如习近平总书记对遵守国际法的重要性所强调的那样："我们要坚持以国际法则为基础，不搞唯我独尊。"① 国际法则意味着规范要面向人类整体利益。主权国家选择用国际法调整文化安全，旨在超越主权的语境下实现全球层面的共同价值。各主体之间的平等性因而在国际法则视野下得以充分体现。

笔者对国际规则的制定的参与前提的强调，旨在通过完善信息的交涉机制实现对人类共同文化利益的维护。毕竟，法理的目的首先不在于歌功颂德，而在于干预法律生活。② 对于中国的文化建设而言，将本土文化安全所关涉的利益提交到国际层面是必要的，这是推动实现人类共同体的精神利益满足的使命所在。反过来，只有证成文化安全的普适性，中国的文化才能被国际社会所认可，文化安全才能在国际层面得以保障。这就需要我们切实推动中国对文化安全国际规则制定的参与力度，结合国家利益和全球利益斟酌哪些文化需要提交国际社会用以探究立法。国家在参与活动中，要释放出对人类命运共同体的尊重姿态，实现法治对人类幸福的终极追求。

---

① 习近平：《让多边主义的火炬照亮人类前行之路——在世界经济论坛"达沃斯议程"对话会上的特别致辞》，人民出版社2021年版，第6页。

② 谢晖：《价值重建与规范选择：中国法制现代化沉思》，法律出版社2019年版，第278页。

第二章

法学研究的逻辑学视角

第一节 吴家麟法律逻辑思想述评
——兼论语言逻辑与事理逻辑
在法律语境的调和

吴家麟先生出生于1926年6月,本科就读于北大法律系,毕业后成为中国人民大学攻读宪法学方向的硕士研究生之一,师从张志让先生。吴家麟先生于1951年在中国人民大学任教,主要从事宪法学教学研究工作,并且于1961年冬被分配至宁夏大学任教,所教科目为形式逻辑学,后成为宁夏大学特聘教授,兼任中国法学会、中国政治学会理事,中国法学会宪法学研究会副总干事,宁夏法学会、宁夏高教学会名誉会长,宁夏写作学会会长,《中国大百科全书·法学卷》编委兼宪法、行政法分支副主编。20世纪50年代后期,因当时特殊的时代背景,吴家麟先生中断了宪法学教学和研究工作,转向形式逻辑研究。[1] 然而,吴家麟先生并没有割舍与法律的感情,因而将逻辑学与法律结合起来形成法律逻辑学的研究。吴家麟先生在法律逻辑领域形成了相应的研究成果,这些学术成果充分反映了其对法律逻辑思想的独特见解,而这些见解也对中国法律的实践形成了指导。透过吴家麟先生的法律逻辑思想,我们将反思法律逻辑的理论完备性,也将在中国法律语境下实现法律逻辑及相关理论推动法律的制定与运作的理性。法律与逻辑应有的亲和力也使得我们重视逻辑在法律中的体现,法治之所以作为被文明社会推崇的

---

[1] 吴家麟:《吴家麟自选集》,宁夏人民出版社1996年版,序言,第3页。

治理方式，重要原因就在于法治意味着我们的行为在很多领域要遵循逻辑以实现人类应有的秩序价值。法律逻辑的研究有两个向度——这也是笔者就吴家麟法律逻辑思想形成的总结——形式层面的语言逻辑向度和实质层面的事实逻辑向度。

一、吴家麟法律逻辑思想

（一）语言逻辑在吴家麟法律逻辑思想的体现

在形式层面，法律的表述需要依托语言的编排，这也就对语言本身的理性形成了特定的要求。吴家麟在法律逻辑研究上也会寻求语言表达的合逻辑性。因而，其着重研究了"只有……才……"和"只要……就……"这两组关联词的逻辑意蕴。具体而言吴家麟认为用"只有，才"联接起来的复句，是既表达必要条件又表达充分条件的，而不主张传统逻辑学提出的将其认定为必要条件假言判断的观点。并且，其区分了"只有，才"与"只有，才能"，提出以"只有，才能"为联接词所形成的假言判断，前件只是后件的必要条件。原因是，"才能"中的"能"是可能、能够的意思，这就使得"才能"后面所引出的条件的满足之标准更为苛刻，而"才"所引出的条件则相对容易满足。① 就"只要……就……"句式所表现的假言判断而言，吴家麟认为该语句所表现的判断是充分条件假言判断，也就之批评了一些学者将之看成必要条件假言判断和充要条件假言判断的看法，理由源自"只要"的语义本身，在一些语言环境的使用情况表明"只要"的意思是"有这个就够了，不需要别的"。② 这种分析进路表现的是吴家麟从逻辑词项本身的内涵出发形成的就词项逻辑性质的判断。吴家麟在语义逻辑的分析上也结合了一些例子，因时代的影响，这些例子多反映的是当时中国的政治性话语。

吴家麟还从具体的情境中分析了语言逻辑的意义所在，他分析了经济基础是否包含了生产力的问题，他通过对马克思、恩格斯、列宁以及斯大林就

---

① 吴家麟：《谈谈"只有，才"》，载《宁夏社会科学》1988年第2期。
② 吴家麟：《谈谈"只有，才"和"只要，就"》，载北京市逻辑学会编辑组：《全国逻辑讨论会论文选集》，中国科学出版社1981年版，第334页。

经济基础和生产力的定位问题,提出了生产力应包含在经济基础之中的观点。① 这体现的是吴家麟通过马克思主义哲学以及我国宪法就基本经济制度的规定语境,整合出相应的语言表述之逻辑。如,就"真理"和"阶级性"的概念,吴家麟借助真理的主观性和客观性问题、毛泽东《实践论》语境下的阶级性含义界定了这些概念契合逻辑的内涵和外延。② 这些体现了吴家麟从词项在政治与法律语境的引用情况出发,解读其逻辑性质。

因而尽管词项的逻辑意义表面上是形式层面的问题,然而吴家麟分析相应语言逻辑并非停留于语言形式的外表,而是融合了政治语境——其实语言本身就是要面向具体情境的,所以语言逻辑也不能离开情境本身的"真"与"假"的问题。这与吴家麟所处的年代相关,因为20世纪50年代中国的政治是以强烈的"左"倾色彩为主导的,这种思想压制了其他政治思想,加之吴家麟在法学的学术旨趣在于宪法方向,而宪法又是关联着国家基本政治问题的法律,这种社会背景使得吴家麟的关注点聚焦于当时的政治性话语。然而吴家麟在面对这些在实质内容上具有明显价值倾向的政治性话语的时候,尽可能保持着逻辑学应有的价值中立,由之形成了具有学术说服力而不是政治说服力的严谨论述。

(二) 事理逻辑在吴家麟法律逻辑思想的体现

法律是为了调控相应的社会事实而存在的,因而进入法律场域的社会事实向法律受众的呈现也需要遵循法律的逻辑。吴家麟先生的著作《故事里的逻辑》通过具体的场景阐明了逻辑学的基本知识。这里的"故事"有民间传说,也有真实史料,涉及的人物古今中外都有,其中有不少场景也与法律的制定或是运用相关。吴家麟将逻辑学知识全面地串联起来,在该领域实现了理论与现实的结合。面对具象化的不同人物与故事情节,吴家麟以学科中立的态度,用逻辑工具予以翔实分析并得出相应结论。如在评析昆曲《十五贯》里面况钟的判案采取的事实认定方法时,吴家麟就指出要通过调查研究

---

① 吴家麟:《吴家麟自选集》,宁夏人民出版社1996年版,第643~648页。
② 吴家麟:《吴家麟自选集》,宁夏人民出版社1996年版,第622~629页。

才能确立论据的真假性。① 如在分析考茨基在第二国际巴黎代表大会针对米勒兰的修正主义问题作出了含糊其词的决议案时，吴家麟提出"橡皮决议"违反了排中律而背离了逻辑。② 这体现了吴家麟能够通过扎实的逻辑学功底关照具体的情境，实现理论实践的互动。在分析过程中吴家麟非常注重逻辑形式的提炼，将情境里的人物采用的思考路径通过逻辑分析的格式充分呈现出来，这既反映了吴家麟自身就相应问题的思考，也让读者能够一目了然地感知他的思维运行方式。

事理层面的逻辑研究尽管看上去是实质内容层面的问题，实则没有离开形式意义上的语言，如吴家麟在对人物对话的逻辑分析就是通过紧抓具体人物语言实现的，在提炼逻辑形式的时候，尽可能直接将人物语言丝毫不差地代入其间，在分析文本资料的时候也同样尽可能将原文直接反映在逻辑公式里面，这样的分析无疑使得事理本身与逻辑工具之间能够产生紧密联系，因而将逻辑学的实践价值展现出来。同时这也说明了逻辑学必然是面向词项的，在逻辑学教学与研究中词项的内涵和外延问题之所以被强调，就在于其关于逻辑分析的立足点问题。脱离语言的逻辑分析则是无法形成说服力的，事实上也是无法展开的。因而，看似事理逻辑面向的是具体的情境，实则关联着语义所指。

研究法律问题意味着，要关注法律的调整方式和内容。这就使得我们的目光要在形式规范和法律所调整的实质性事实之间流转，法律逻辑研究也需要遵循这种形式与实质之间的辩证。因为法律逻辑的实践本质就在于，以逻辑工具作用于具体的法律现象，这使得逻辑形式与法律现象之间的契合性问题是我们的关注重心。吴家麟的法律逻辑研究就体现出他在努力寻求这种契合并就特定情形的"契合情况"给予相应的评价。我们梳理其法律逻辑思想，就在于实现对之的理论评判，也将以之指引中国法律的具体实践。中国就法律逻辑领域的研究早已将视角放在法律制定和运行的逻辑结构上，并从形式逻辑、实质逻辑等层面予以详尽解读，结合了数理、语言学和人工智能

---

① 吴家麟编著：《故事里的逻辑》，宁夏人民出版社1979年版，第276页。
② 吴家麟编著：《故事里的逻辑》，宁夏人民出版社1979年版，第375页。

知识不断实现理论突破与现实关照,然而吴家麟作为老一辈法律逻辑学家,其观点具有一定的奠基作用,也是未来在展开相应领域探究时所不应忽视的。

二、吴家麟法律逻辑思想评析

(一)语言逻辑的"低位"

吴家麟的法律逻辑研究也在一定程度上着眼于语言逻辑,然而,其语言逻辑的探究主要是将语言置于具体的场景中分析的,这种场景主要体现的是政治与法律事项形成的语境。其总结了相应的逻辑词项在具体语境中的运用情况得出逻辑上的结论,而很少通过将语言学作为分析工具以实现对词汇的逻辑定位,亦即语义学或者语用学的知识在吴家麟的语言逻辑研究中并未充分体现。这两者也是需要被关照的,"形式逻辑要在人们的思维能力方面起重要作用,就必须和自然语言相结合,就必须和语形、语义和语用相结合"。① 通过语境探究逻辑词项的必要性在于,其使得研究更具有现实性意义因而使得逻辑研究能够有效推动实践,也因这种现实性使得结论具有更强的说服力。西方哲学在 20 世纪的语言学转向已经表明,语言不只是表述事物的工具,其本身是哲学认识论的基点,这形成了对传统哲学强调的科学性认知的转变。罗蒂在提及这种转向的时候就说过:"语言不仅体现了现实世界,本身也是现实世界的一部分。"② 塞尔也曾提出:"一种语言的语词和语句的传统的意向性可以被说话人用来执行某个言语行为。"③ 然而因为关乎语义或者语用的语言哲学在吴家麟的法律逻辑领域没有充分体现,所以笔者认为吴家麟的逻辑研究在法律语境下将语言本身置于了相对较低的位置,这难免令逻辑关照的深度不足。吴家麟曾提出"如果连起码的逻辑要求都做不到,连使用的概念都不明确,那势必会降低(学术)讨论的质量",④ 这表明了吴家

---

① 周礼全主编:《逻辑——正确思维和成功交际的理论》,人民出版社 2001 年版,序言。
② Richard M. Rorty, *The Linguistic Turn: Essays in Philosophical Method*, The University of Chicago Press, p. 338.
③ [美]约翰·塞尔:《心灵、语言和社会——实在世界中的哲学》,李步楼译,上海译文出版社 2001 年版,第 135 页。
④ 吴家麟编著:《故事里的逻辑》,宁夏人民出版社 1979 年版,第 629 页。

麟已经意识到了语言在逻辑推理中的重要角色，然而相较于他在事理逻辑上的研究，其在语言本身的逻辑上的着墨就显得有些简略，尽管他也就之形成了相应的思考。另外具体至专门的语言逻辑的探究上，虽然吴家麟在论及"只有……才……"的逻辑意义时也分析了"只有""才"的词性，[1] 然而词性意味着基于词汇的功能所体现的词汇之性质，所以如果只探究词性问题就难免忽视了语言的使用规范所结构的惯习问题。而这又是个重要的语言学问题，尽管笔者前文提及了哲学的语言学转向问题意味着用非工具的视角审视语言，然而这并不意味着语言的指示性功能不复存在，我们不能否认语言的主要功能仍然在于实现人们对事物的指称，事物与语言的对应关系本身并不能用科学的方式证成，索绪尔指出"语言是一种形式而不是一种物质"，[2] 他这里强调的形式表明语言出自人的"设计"而非客观实存，是人主动作用于现实世界形成的"文化性"产物，具体说来语言的使用是基于人们约定俗成而形成的在特定范围内的符号性共识，并且，这种共识性的认知也并非在所有场合都只有一种理解，同样的词汇在不同地区就会因方言的原因而具有不同的意思。语言的共识性意味着，语言的运用方式也是重要的社会习惯，因而关涉语言的研究不能回避语言的修辞性面向——语言的取效是因为他者的话语系统能够接纳语言的所指，在研究语言表述的逻辑意义的时候，尽管要充分运用逻辑学的原理，然而既然以语言为出发点，就需要考量该语词的使用习惯探究语用者的所指。就逻辑学的学科发展情况来看，形式逻辑最初是和哲学、语言学的研究混杂在一起的。[3] 语言本身具有的形式性，其实也在逻辑研究中具有重要地位。因而由语言的运用惯习出发探究其逻辑意义乃是重要的研究路径。

另外，语言是法律的重要载体，这也更加说明了法律逻辑的研究需要结合语言逻辑的，而法律语境下的语言又意味着语言的施效在于推动法律的取效，因而相应的研究也要回应这种规范的实质目的。就吴家麟的研究而言，

---

[1] 吴家麟：《谈谈"只有，才"》，载《宁夏社会科学》1988年第2期。

[2] ［瑞士］费尔迪南·德·索绪尔：《普通语言学教程》，刘丽译，中国社会科学出版社2009年版，第150页。

[3] 吴家麟：《吴家麟自选集》，宁夏人民出版社1996年版，第679页。

其语言逻辑的"低位"特点还表现在未能将作为研究对象的语言与法律本身的意义形成联系。如,他在研究苏联宪法条款中的"只有……才……"以探究其逻辑意义的时候,仅是从规范的语言载体本身着手予以分析而没有考量规范整体意旨下的语言所指通往哪些意涵①。立法者的措辞选择是围绕所立之法调整目标形成的,并且要契合立法语言本身的要求②。吴家麟并没有将法律语言背后的法理与逻辑形式有机联系起来,不得不说是其研究不足之处。并且,吴家麟在语言逻辑的研究上需要更多关注能反映法律特性的虚词,如"应当""可以"等模态词汇,因为这些词汇能够体现法律的具体调控方式,也正因为这种"体现",这些词汇的逻辑意义多少是关涉法律的正当性的。

从整体上看,吴家麟的法律逻辑学研究将语言逻辑置于相对较低的地位,其努力凸显语言的情境化以实现逻辑分析的现实性,却在不觉间在具体研究成果上忽略了语言本身在法律逻辑层面自身的价值,尽管并非完全地忽略,但至少因为过多侧重于实质的语境而显得语言的关照有所疏漏。笔者认为法律逻辑学的研究应重视语言形式的逻辑定位,这关乎法律自身的理性,也终会涉及法律的实质取效问题。

(二) 事理逻辑的"高位"

相较于语言逻辑在吴家麟法律逻辑思想中的"低位",事理逻辑的分析在他的研究成果中则显得"地位较高"。笔者之前也已经提出,吴家麟的语言逻辑往往融入了具体的语境,而相较于这种具体语境的探究,其在语言本身的研究上相对较少,这也同时意味着,具体的事理是否契合逻辑是吴家麟更为关注的问题。就专门的事理逻辑研究而言,吴家麟的关注度明显更高。情境化的探究也是在法律问题的研究上具有重要意义的,因为人类之所以需

---

① 吴家麟:《谈谈"只有,才"》,载《宁夏社会科学》1988年第2期。
② 吴家麟的研究在语言逻辑层面主要表现为对关联词的逻辑展开研究,而在立法中这些关联词属于法律虚词,法律虚词本身的法理是值得探究的,结合规范分析方法,法律虚词能够体现出规范的特性。关于具体法律虚词的研究可参喻中:《论授权规则——以"可以"一词为视角》,山东人民出版社2008年版,第1~339页;魏治勋:《禁止性法律规范的概念》,山东人民出版社2008年版,第1~448页;周赟:《"应当"一词的法哲学研究》,山东人民大学出版社2008年版,第1~320页;钱锦宇:《法体系的规范性根基:基本必为性规范研究》,山东人民出版社2011年版,第1~324页。

要法律的调整，就在于法律能够为具体的行为提供指引并就具体的行为形成评价，如果脱离具体的生活生产情境，法律的功能难以有所体现，研究法律也就失去了意义。法律逻辑研究的情境化分析主要体现在，探究以逻辑查明事实和以逻辑评价相关行为是否符合法律的问题，吴家麟在涉及法律的事理层面之逻辑意义给予了很高的关注度，这在笔者所说的两个方面都有所体现。

就事实查明的逻辑研究来看，吴家麟收集的素材有很多体现在刑事案件的侦破方面，这也是人们广泛关注的逻辑在法律事实查明层面需要发挥作用的重要场域，他站在案件侦破主体的角度来审视案件的事实全貌，并就之分析了案件侦破主体所采用的逻辑。前文笔者已经论及了吴家麟分析了昆曲《十五贯》里的案件事实的推理，其就是站在知府况钟的角度上探究证据的完整性——通过现场的铜钱和筛子锁定娄阿鼠。① 如吴家麟分析了越剧《胭脂》里知县张宏和知府吴南岱对卞三被杀一案各自形成的推理路径，他们针对案件真凶问题形成的直言三段论推理和充分与必要条件推理否定式都被吴家麟整理出来。② 比如吴家麟还就溺死者内脏中的硅藻含量为例说明科学归纳推理的内涵。③ 这些事例都直观地体现了吴家麟将逻辑形式融合在具体法律情境里面从而形成自己的思考。

就合法性问题作出评判所依托的推理，其本质在于以逻辑为工具判断案件事实是否符合相关规范的构成要件，毕竟在中国，制定法是重要的法律渊源，因而制定法是演绎推理的大前提，形成完整的推理过程意味着制定法是要面向具体情境的。吴家麟就该种情境推理也做了一定的实证工作。他在《法律逻辑学》中就《中国法制报》上报道的抢劫（夺）案的审理与读者探讨法院在定罪时的推理三段论所犯逻辑错误，④ 这就是针对行为是否契合《刑法》抢劫罪或者抢夺罪的构成要件而运用了逻辑工具。吴家麟曾针对放映淫秽影片并谋利的行为运用类推的逻辑评析行为的归罪情况，⑤ 其也同样

---

① 吴家麟编著：《故事里的逻辑》，宁夏人民出版社1979年版，第276页。
② 吴家麟：《吴家麟自选集》，宁夏人民出版社1996年版，第691页、第694页。
③ 吴家麟主编：《法律逻辑学》，群众出版社1998年版，第199~200页。
④ 吴家麟主编：《法律逻辑学》，群众出版社1998年版，第180~181页。
⑤ 吴家麟主编：《法律逻辑学》，群众出版社1998年版，第229~230页。

表现为凭借逻辑工具实现行为与规范构成之间的对接。在法律适用的情境下，逻辑所提供的认知力使得事实所蕴含的法律意义与法律所规定的事实类型发生联系，这种联系或者是直接地对应，或者是通过相对复杂的规范解释形成的"加工"之后的对应。这里也反映出吴家麟较强的法理功底，其在事实和规范之间的来回流转，充分着眼于法律调控具体事实遵循的抽象–具象互接之法理。

可以说，情境化场域的逻辑运用更能体现吴家麟的逻辑学功底，也充分表明吴家麟更热衷于将逻辑学知识运用于具体的社会场景，而这种运用也更能体现法律逻辑学的功用——法律本身是因为现实的治理需要才被制定以及被实施的，因而法律的调控是面向现实世界的，这种调控需要面向的核心矛盾在于，独特的个人应当适用独特的规则，如此才能真正体现法律与人性的契合。但是普遍性在一定程度上所反对的恰恰就是独特性：法律设想的人是同样的人、相似的人，因而以普遍的规则来统率千千万万个不同的个人。[①]所以逻辑工具的使用自然应直入相应情状所蕴含的实质性问题，从而实现事中之理的凸显。这种将事和理的充分结合所形成的逻辑学分析进路反映了吴家麟就现实问题形成的思考，也因而能够推动现实问题的解决。吴家麟本人就实践学习的地位是这样表述的："学习者不仅要坐而言，而且要起而行。"[②]然而，这并不是说吴家麟的事理逻辑分析没有任何缺陷。法律逻辑问题要以法律自身为基点，这必然需要回应我们就法律现象所提炼的法理问题。就上述法律与事实的对接问题，我们在使用逻辑的时候要充分结合法律解释、法律论证等法律方法的运用，要阐明法律规范所提及的概念在具体情境中的含义，从而实现法律—事实之间的理性联结，而这事实上又回到了前文论述的语言逻辑问题，也是吴家麟的研究相对而言没有投入足够关注的问题，关键在于这个问题关乎的是法律逻辑能否全面关照规范与事实的问题。然而，吴家麟就情境问题背后的逻辑运用路径及对之的评价，已经能为我们的相关研究提供启示了。逻辑本身是认知事理的工具，我们对现象世界背后的因果关

---

① 胡玉鸿：《个人独特性与法律普遍性之调适》，载《法学研究》2010年第6期。
② 吴家麟：《吴家麟自选集》，宁夏人民出版社1996年版，自序，第11页。

系的思考需要凭借逻辑工具。法律逻辑问题的研究面向法律事实，因而既要我们解读出事实所反映的法理，也要我们解读出事实进展所遵循的逻辑，所以逻辑原理要与法理要充分结合起来，而这也是形成法律逻辑学学科的重要原因。

三、语言逻辑与事理逻辑在法律语境的调和

法律通过语言载体表现其是就特定事实调整形成的规范整体，法律逻辑需要面向语言和事理，并且二者之间是能够相互关联的，这种关联应推动我们就语言逻辑和事理逻辑相互调和，"法律逻辑学的任务，在于把逻辑学和法学紧密地结合起来，把形式逻辑知识具体地应用于法学研究和法律工作"，① 这表明逻辑学与法学的特性都需要被关照。就上述吴家麟的法律逻辑学思想而言，其在语言逻辑和事理逻辑的学术贡献将促进这种调和。

（一）法的语言形式逻辑之完善

语言作为法律的载体，关联着法律相关概念的含义、价值与调整方式，法律语言的使用本身是要被逻辑指引的。就法律概念问题，吴家麟就曾提出"概念是语词的思想内容，语词是概念的语言形式，它们是内容与形式的关系"。② 而法律概念是法律逻辑学研究的重要对象，也就意味着概念的语词表现必然会被引入法律逻辑学的研究。另外，这种透过逻辑探究形成的语用进路与日常语言的使用情况在很多情况下具有一致性，因为立法所使用的语言在很多地方吸收了日常语言的用法，而日常词项的所指，尤其是关联词的所指——关联词的含义本身源于关联词在日常语用形成的惯习——具有较强的逻辑导向，如吴家麟所研究的"只有……才……"和"只要……就……"的问题。回到法律层面，法律语言本身的构造推动了法律的指向与其蕴含的价值理念的浮现。而法律逻辑的研究在面向法律语言的时候——这也是很重要的，我们不能只局限于语言本身的逻辑意义而忽视语言指向的法律效果之逻辑，而在具体的执法或司法领域，法律推理的运用目标在于推动具体法律结

---

① 吴家麟：《吴家麟自选集》，宁夏人民出版社1996年版，第679页。
② 吴家麟：《法律逻辑学》，群众出版社1998年版，第25页。

论的生成以实现个案的法律效果之实现，法的外在形式会通过法律逻辑的应用转化为实质性的法律调控问题。笔者之前就吴家麟的观点作出了整理，显然，吴家麟分析语词含义本身的逻辑也同时将视角渗入语词指向的具体情境，实现了明确的推理实践指向。

这种实践指向使得我们在立法实践上要注重立法语言的编排。既然透过法律语言我们能够结合其含义探求立法者遵循的逻辑，这就意味着立法者自身也应注重语言可能的逻辑指向。同一词汇在不同的法律或者在同一部法律里应尽可能表现同一含义，如果需要改变含义则应有所说明。立法者还应在法律虚词的编写上注重其既有的惯习，如在"只要……就……""只有……才……""但是"这样的语词运用上，具体要结合人们在日常领域使用的这些词汇的逻辑意义整合相应的立法逻辑以实现法律调整相应的事物能够合乎逻辑。其中模态虚词的使用是最值得注意的，吴家麟曾提出"既然法律是强制人们遵守的行为规范，那就必须严格分清哪些行为是允许人们做的，哪些行为是禁止人们做的"。[①] 立法者要通过准确运用"可以""应当""必须""不得"这样的模态词汇表现出法律就人们行为的指引。并且由于这些词汇的含义源于人们的日常语用，所以事实上我们还是因为引介模态虚词的日常性用法，甚至是词汇本身，才得以推进法律充分发挥这种指示功能。就立法的逻辑意义来看，其会成为法律适用的前提。就使用了模态虚词的法律条款而言，其在回应具体情境的时候发挥的指引功能所形成的结论能否契合相应立法的效果，也是立法者需要认真斟酌的问题。

在法律方法的运用上，法律语言所蕴含的逻辑以及其应遵循的逻辑规则旨在推动法律方法的理性使用，然而无论是法律解释强调的对文义的尊崇还是法律论证强调的法律与事实之间的有效对接，其都离不开法律语言的逻辑构造。在法律推理上，语言与事理之间的逻辑关联也是十分重要，通过法律语言的含义我们能够探求规范前提能否用于评判相应事实，以及能否通过推理格式的准确应用形成契合逻辑的结论。运用这些法律方法的前提是，我们要充分了解相应法律语言的具体所指，只有语言本身具有的指向性——这也

[①] 吴家麟：《吴家麟自选集》，宁夏人民出版社1996年版，第683页。

是语言应有的效能——才能让我们了解规范在面向具体情境的时候存在的不足以及运用法律方法的具体应对路径。因而，法律逻辑的研究所着眼的法律语言和法律事实之间的逻辑关联，以及它们各自具有的逻辑属性，都是法律方法的运用所需要遵循的。

总之，法律逻辑的运用需要将视角置于法律语言的具体意指上，结合相应的语义指向推动其背后的事理之挖掘，语言本身具有逻辑意义并且这种意义与语言的指示功能相关，因而使得语言和事理之间能够形成交汇，并且这种交汇也是非常必要的。胡塞尔认为"认识并不只是完全依照顺序相继产生的，它们在逻辑关系中相伴出现，它们相互产生于对方之中，它们相互'肯定'，它们相互证明，仿佛在相互加强它们的逻辑力量"。① 语言与事理的交汇也是人们在这种不同层面具有的认识相互性的作用，推动了逻辑证成。笔者在下文将会站在实质性事理的视角上探究语言逻辑，而这种角度也同样意味着"相互性"的角度。

（二）法的事理实质逻辑之完善

法律调整要面向具体的社会现实，社会现实是客观真实的，法律的这种面向本身自然也要契合逻辑的进路，因为这关乎人类在利用法律调整现实的时候必然要具备的认知理性。另外，法律因需要凭借语言的表述而具有形式上的价值，所以，其调控社会而推动的实质利益之满足应体现在具体的规范表达上，并且，在通过逻辑工具实现法律自身以及法律运用的正当性评价的时候，我们也离不开语言的运用。这就要求我们注重语言表述的理性。就前者而言，我们在制定法律的时候，要结合法律调整的目的和民众的表达惯习以选择相应的词汇。不能忽视的是，既然法律本身的存在具有逻辑自洽性的要求——法律的体系性使得其应合乎逻辑，法律语言的编排就要充分体现法律内部的这种自洽。在语义上要结合具体语境遵循矛盾律、同一律和排中律，因为法律内在价值是通过语言表现出来的，所以自然应契合语义应遵循的理性。而在面对所需调控的具体社会事实的时候，语言的使用也应依循社会事实的本体和调控社会事实所欲实现的价值。就后者而言，就如笔者在前文所

---

① ［德］胡塞尔：《现象学的观念》，倪梁康译，商务印书馆2017年版，第27页。

言，评析相关法律，要着眼于法律本身的语言，结合语言探求立法者以及法律适用者在相应的法律活动中所体现的价值取向以及其逻辑正确性，在形成相应结论时，也必然要诉诸语言。

这里需要强调的问题是，语言呈现出来的是将法所结构的事理，这种呈现必须体现事理本身的逻辑。事物被吸收至法律的调整，意味着围绕该事物已经形成了权利义务的结构，而这种结构就使得我们在洞悉其逻辑属性的时候要结合这种利益的分配，这就回到了法理上的"良法"确立问题上，也表明法律逻辑的研究不是纯粹的着眼于逻辑科学的研究，而是面向法律在特定时空下调控的利益选择问题，我们的研究起点也不能离开这种利益的正当性。所以法学并不是自然科学，其主要不是通过对客观真理的确立实现逻辑自洽，而更多的是通过人类的共识性、诠释性遵循的理性实现人类价值的满足，而这种价值既包含物质性价值也包含精神性价值，而价值意味着多元理解与不同时空下的差异。这也是法律的修辞性。[1] 法律论证具有的似真性和可废止性也说明了法律所具有的价值在调控相应事理的时候发挥的作用，因为这两个理论意味着法律推理的前提并不是严格的科学意义上的前提。而在法律层面，这种"非严格性"在很多时候就源于事理的价值意义的非单调属性。[2] 法学着眼于制度事实的研究因而超越了自然科学的真理，我们在面向其逻辑属性的时候，也应将之与价值理念的因素结合起来，语言的表述也应将法的价值实质体现出来。法律条款的模态虚词因而又显得很重要，其在使用上是需要面向法律的价值理念的。用"可以"表示立法者允许法律受众为或不为相应行为以表现意思自治的理念，用"必须"或是"不得"表示立法者针对法律受众作出命令，而这些词汇就能够体现法律的强制性，这些都意味着立法者在行为模式方面而不是在客观事实方面体现其权威，而这种行为模式的表现形成法律逻辑的基点，吴家麟的研究并没有在这些方面予以着墨，这

---

[1] 谢晖就法律价值问题表现出的制度修辞性予以详细阐述，参见谢晖：《论法律价值与制度修辞》，载《河南大学学报（社会科学版）》2017 年第 1 期；谢晖：《论立法与制度修辞》，载《甘肃社会科学》2015 年第 6 期。

[2] Gerard Vreeswijk, *Studies in Defeasible Argumentation*, phD Dissertation, VU University Amsterdam, 1997; Leon van der Torre, *Reasoning about Obligations. Defeasibility in Preference – Based Deontic Logil*, PhD Dissertation, Erasmus University Rotterdam, 1997.

不得不说是研究不足之处,因为这关乎的是法律自身的特性与法律的调控方式。

  法律逻辑的发展前景之一在于其将面向人工智能语言,这也是生产力发展与人类的需求所在。而这种面向具体也体现为将法的内在价值通过法律语言表现出来。吴家麟尚没有考量机器语言与法律价值的关联,然而,吴家麟的法律逻辑研究所形成的基础性地位能够推动我们思考该问题。人工智能从事法律活动意味着规范和事实之间的关系联结未来有可能通过机器来完成,毕竟,伴随着科技的进步,机器的工作所遵循的路径与人类的思考之间形成了高度相似性,也在很大程度上因这种相似性而具备了高效性。在需要运用法律逻辑的场合,法律的前提性标准使得其在评判社会事实的时候,人工智能也需要遵循逻辑上的法则。然而,人工智能需要在处理法律问题上形成对法律特定语言的理解,如,笔者强调的模态词问题,就需要人工智能在处理法律问题的时候在相关词汇的法律语境与词汇本身具有的逻辑指令之间寻求契合关系,实现人工智能就法律调整相应事理的实质性理解,这种理解意味着我们在设计并输入指令的时候,要围绕模态词的逻辑意义才行,而这种逻辑意义的解读又要结合模态词本身的含义与模态词在法律语境下形成的行为指引功能。这些意味着吴家麟的法律逻辑研究所涉及的法律事实的语言表述非常有必要与人工智能的程序设计相结合。

  笔者在详尽解读了吴家麟的法律逻辑思想之后,结合法律逻辑学的原理,得出的结论是,吴家麟在法律逻辑的研究体现其在该领域的全面理解与深入思考,之所以表现出较为广阔的关照面与深厚的思考度,就在于其研究能够关照规范表现的形式与规范所调控的事理实质,这两者也是法律逻辑的研究所围绕的领域。我们将会在吴家麟的研究基础上逐步形成更为成熟的见解,这既是因为法律逻辑理论本身需要完善,也取决于具体社会发展推动下的人类需求的改变。所以我们在法律逻辑未来的探究上,要努力在学科理论的传统和现实的变化之间寻求平衡,在法律形式和实质之间探求辩证,在法理学和逻辑学之间实现自洽。法律逻辑研究本身是具有复杂性的,其对法治建设而言也具有重要性,前人的研究成果形成的奠基作用是需要重视的,这种重视既包括充分准确地认知前人的思想实质,也包括反思并探究这种思想的正当与否，而在整合前人观点的时候，事实上也意味着我们也在努力形成自己的观点。未来我们还将更为深入地探究吴家麟的法律逻辑思想，从而实现法治建设应有的理性。

第二节　新型权利与司法拟制

历史上中国的法律制度长期以维护权力秩序为使命，但随着内忧外患局面的浮现大众普遍的意识觉醒，中国的法律制度逐渐表现出权利本位属性，从法律内在精神上看，立法者越来越表现出权利性价值取向；从外显的法律条款来看，越来越繁杂的权利种类被固定在条款中。社会发展之快不断冲击并提升着人们的权利意识，越来越多的民众认为现有法律文本未能直接表述确权利诉求。由此，学界提出了新型权利的概念，并由此提出了诸多观点以实现对之的理性保护，而其中司法层面的保护承担着重要的角色，但司法对新型权利的保护也不能离开司法特性。

一、正当化利益：新型权利本质属性的坚守

新型权利的实质依然是权利，所以对新型权利认知的着手不能离开对权利本性的认知。但这是个难以形成定论的问题。学界对权利的本质形成了多种学说，有"意志说"[1]"利益说"[2]"资格说"[3]等。这之间已形成了不少理论争鸣。我们需要结合权利背后的问题，对这些学说予以全方位梳理，以探求权利的本质属性。对词项的内涵的理解不能离开对种差与邻近属的理解，而其中的种差是表明这个词项特性的，邻近属则指向这个词项的本质。对"权利"而言，种差和邻近属的分析需要从语源上展开。在古汉语中，"权"

---

[1] 方新军：《为权利的意志说正名——一个类型化的视角》，载《法制与社会发展》2010年第6期。
[2] ［英］边沁：《道德与立法原理导论》，时殷弘译，商务印书馆2000年版，第58页；［英］约翰·密尔：《论自由》，许宝骙译，商务印书馆1959年版，第11页；［美］罗斯科·庞德：《通过法律的社会控制》，沈宗灵译，商务印书馆1984年版，第46页。
[3] Theodore M. Benditt, *Rights*, *Rowman and Littlefield*, Totowa, 1982, p.17.

和"利"组合在一起使用时，人们表达的是"权势和财物"。① 而权势表达的是人的政治地位，财物表现的是人的经济状况。因而古汉语中的权利指代的正是人的利益。然而在西方国家，"权利"是和"法"相伴相生的概念。② 丁韪良在翻译《万国公法》时发现很难找到对应的汉语词汇去翻译英文单词"right"，其最后选择了"权利"一词表达人们的利益之"名分"。③ 所以现代汉语中的"权利"表达的是正当利益的归属。而这种理解也能与"法律"的意义产生勾连。毕竟，先秦的法家思想对"名分"问题有着深入的论述。④ 名分是为了实现生活秩序的安定而通过法律确定的，这也是法律成为人们须臾不可离之物的原因。

回到对权利本性的界定上，我们应当从西方世界的权利语源问题入手。"正当性"是权利的重要特征，英语"right"表现出"正当的、正确的"之意。从中国语境的"名分"出发，只有为人们所认同的资源归属方式，才可能符合"名分"。而这种符合，也是一种"正当性"。康德经典的权利的普遍法则更是将权利的"正当性"凸显出来：

"外在要这样去行动：你的意志的自由行使，根据一条普遍法则，能够和其他人的自由并存。"⑤

权利法则凸显了权利的正当性——行使自由时要与他人的自由并存，否则这种自由就不能成为权利。而上述的"名分"问题是事物被人们接受的基础，这就表现出"名分"与"正当"的相伴相生关系。

---

① 《荀子·劝学》有云："是故权利不能倾也，群众不能移也。"

② 帕多瓦的马西利乌斯认为 ius（法）有两层含义，第一种和 lex（律）一致，是对处于他人的某种意志下的行为的要求、禁止或允许，第二种意义是与第一种意义相一致的人们自愿的行为、力量或生成的习惯。See Marsilius of Padua, *Defensor Pacis*, Translated by Alan Gewirth, University of Toronto Press, 1980, pp. 187 – 192.

③ 李贵连：《话说"权利"》，载《北大法律评论》第 1 卷第 1 辑，法律出版社 1998 年版，第 116 页。而丁韪良之所以使用"权利"二字去翻译 Right，赵明认为这是一种"不得已"的选择，因为这是所有词汇中相对地最能解决"可翻译性"问题的词汇。参见赵明：《近代中国对"权利"概念的接纳》，载《现代法学》2002 年第 1 期。

④ 正如《商君书·定分》所言："一兔走，百人逐之，非以兔可分以为百也，由名分之未定也。夫卖兔者满市，而盗不敢取，由名分已定也。……故夫名分定，势治之道也；名分不定，势乱之道也。"《吕氏春秋·慎势篇》也援引了慎子的同类观点。

⑤ ［德］康德：《法的形而上学原理——权利的科学》，沈叔平译，商务印书馆 1991 年版，第 41 页。

"正当性"是权利概念的"种差",我们还需要理解其"邻近属"。范进学提出,只有且唯有"正当"或"正当的"才是权利内在本质的构成要素。①但"正当的"事物不限于权利,仅论证"正当性"不足以阐述权利的特质。因而,回到上文的几种关于权利的学说争论上,"意志说"的观点在于,权利的产生源自人的自由意志。康德的权利学说就可归结为"意志说":"不论是从外在的或内在的意志行为来观察自由,它的诸法则,必须同时是意志作出决定的内在的原则,虽然这些法则可能不会总是按照这种关系来考虑的。"② 他以个人的意志作为前提,推导出权利的科学。但他并没有将个人意志作为权利本身,在他那里只有"意志的自由行使"才能成为其权利概念的"所指"。方新军努力为"权利意志说"正名:"权利是法律为了保护特定主体的特定利益而赋予其基于自己的自由意志为一定行为或不为一定行为的法律上的资格。"③ 上述定义的问题是,"自由意志"只是权利的"出发点"罢了,权利的邻近属在于"法律上的资格","意志"在其间不是作为权利的邻近属。"资格说"表明一个人享有权利就意味着这个人拥有从事某种行为的资格。格劳秀斯提出过此种学说:"由于它(权利),一个人有资格正当地占有某种东西或做某种事情。"④ 然而,"资格说"的表达也漂浮于"权利"之外。因为"资格"也是获得利益的前提。然而,权利的本质意义在于"利"。意志和资格仅仅意味着形成权利的前提而不是权利本身:自我的选择意志意味着其自身客观上具备享有权利的条件,而"资格"意味着制度上具备享有权利的条件,都没有触及"利"的意义。法律的运作需要游走于不同利益之间以实现利益的协调,而"权利"作为法律的重要概念,使得法律的重要功能在于以"权利"之名固定这些利益。

如果仅仅论述至此,我们还仅仅停留在权利的设置目的上,还没有切中权利的本质。庞德还专门对利益学说发表过看法,认为"通过使人们注意权

---

① 范进学:《权利概念论》,载《中国法学》2003年第2期。
② [德]康德:《法的形而上学原理——权利的科学》,沈叔平译,商务印书馆1991年版,第18页。
③ 方新军:《为权利的意志说正名——一个类型化的视角》,载《法制与社会发展》2010年第6期。
④ H. Grotius, *On the Rights of War and Peace*, in C. Morris, The Great Legal Philosophers: Selected Readings in Jurisprudence, University of Pennsylvania Press, 1959, p. 86.

利背后的利益，而改变了整个的权利理论"。① 范进学也认为"权利享有与行使在很多时候是基于利益之目的，利益关系上升为法律就是权利义务分配与衡平关系"。② 而这一看法就体现出"利益说"的实质。但范进学本人并不认同"利益说"："权利并不总意味着利益，也意味着利益的付出"③ "权利能带来利益，义务同样能产生利益"。④ 前一理由混淆了权利本身和对权利的行使产生的利益，而这一利益即使未能实现不意味着权利本身不是利益。后一个理由也不成立，因为义务和权利是两码事，义务能否产生利益不影响权利邻近属的界定。"利益说"则相对严谨。

而即使从"权利"的语源入手，其"利益性"也是十分明显的。丁韪良使用"权利"翻译"Right"时，反映出古汉语"权利"一词本身蕴含的核心意义——"利益"被嫁接到西方权利观的理解，所以我们对现代汉语"权利"的理解也应以利益为重心，因为这最接近当时语境下对"权利"的理解。

权利的本质是"正当的利益"，法律应保护这些利益。然而法律不可能将现实存在的所有权利都固定下来。这与法律自身特点有关：法律是以文字为媒介，文字作为静止的符号不能将复杂的权利全面记载下来。考夫曼认为立法者制定规范，实际是在描述生活事实中反复出现的各种类型，以此抽象出规范的形式。⑤ 所以法律并不直接反映事物本身，而是总结出事物的共性，并将该类型下的事物纳入调整系统中。另外，法律的制定需要遵循程序的规则，这使得其相较于现实的发展而言是滞后的。很多新兴的事物来不及进入立法者的视域，或者未能被立法者察觉。本书探讨的新型权利就属于法律未规定的权利。刁芳远认为新型的权利"实质上是道德权利、习惯权利以及自然权利等非法定权利形态的混合体"。⑥ 姚建宗从新兴权利的实质标准上提

---

① ［美］罗斯科·庞德：《通过法律的社会控制》，沈宗灵译，商务印书馆1984年版，第46页。
② 范进学：《权利概念论》，载《中国法学》2003年第2期。
③ 范进学：《权利概念论》，载《中国法学》2003年第2期。
④ 范进学：《权利概念论》，载《中国法学》2003年第2期。
⑤ ［德］考夫曼：《类推与"事物本质"》，吴从周译，学林文化事业有限公司1999年版，第47页及译者序。
⑥ 刁芳远：《新型权利主张及其法定化的条件——以我国社会转型为背景》，载《北京行政学院学报》2015年第3期。

出:"在权利的实质内容上,我国既存的法律权利类别都无法加以涵盖和纳入其中的那些内容,这些内容有些是完全崭新的,有些内容本身并没有什么变化但是这些内容的适用范围或者适用条件发生了变化。"① 郭道晖从权利推定的角度论及"新生权利",认为"这种潜在的原始权利不可能为法律所穷尽;各种利益事实也无必要都转化为法律上的权利"。② 谢晖对新型权利的理解是:"所谓新型权利,就是指在国家实在法上没有规定,但在司法实践中当事人向法院诉请要求保护,法院或以推定和裁定的方式肯定之,或尽管未予肯定,但该请求得到了社会的普遍理解、默认和接受而形成的权利。"③ 我们可以看到学者们在措辞上的不同并不妨碍概念的实质理解。因为"新兴"、"新生"和"新型"用来修饰权利都表达了国家法未能涵盖的利益,且这种"未能涵盖"并非立法者有意沉默,而是立法者确乎未能料到情状。谢晖的观点更为全面地表现了权利的本质,也就是"正当性利益"。刁芳远只是简单地描述了新型权利的形态却没有触及新型权利的特质。郭道晖的观点将"新生权利"归于"无必要转化为法律上的权利"的范畴,这显然忽视了"权利"的正当性利益的本质,既然"权利"是于人类文明而言值得追逐的,就应当尽可能地由法律这一权威性的制度予以保障,那么"法律上的转化"就不可能"无必要"。姚建宗提出的概念仅仅强调"无法涵盖",这从逻辑上无懈可击,但新型(兴)权利没有离开权利的"正当性利益"本质。

笔者采用的概念是"新型权利"而非"新兴权利"和"新生权利",因为笔者认为权利在法律中是以类型化的方式表现的,如果诉争的权利能够为现有的权利类型所涵盖,就直接适用该权利条款调整即可。结合笔者对权利本质的界定,"新型权利"的概念为,"在法律中没有相应类型予以规整的正当性利益"。而"正当性利益"就意味着法律应予以规制,这是良法善治的体现。笔者将结合这一概念的提出以论证对新型权利纠纷的应对之道。强调"新类型"和"正当性利益",使笔者决定借助司法拟制技术予以认定。因为既然是"新类型",就表明法条没有明示以推定的方式解决。推定意味着存

---

① 姚建宗等:《新兴权利研究》,中国人民大学出版社2011年版,第26页。
② 郭道晖:《法的时代精神》,湖南出版社1997年版,第301页。
③ 谢晖:《论新型权利生成的习惯基础》,载《法商研究》2015年第1期。

在推定事物和被推定事物,而且二者具有逻辑上的关系——二者在经验上相伴相生的概率较大,而存在的权利类型和不存在的权利类型之间不宜套用这种评价标准。

二、克制化叙事:司法戏剧的应然表演方式

司法的原理在于将抽象的规范运用于个案,法官经过了专业的训练拥有技艺理性而有能力实现这种"运用",这使得司法在社会分工的细化下具有极强的专业性。对法官而言,认定事实和适用法律的独特视角、司法运作的程序、司法职业伦理使其在司法中具有独立的品性。当然,司法的独立性源于司法本身的性质——判断。拉德布鲁赫说过:"司法的任务是通过判决确定是非曲直,判决为一种'认识'。"[①] 孙笑侠对人们大力提倡司法独立的根本原因的分析就是定位于司法权的判断权属性上,认为"既然司法权是一种判断权,那么它就要求法院排除不利于进行准确、公正判断的因素"。[②] 而且,司法意义上的判断,是建立在法官的专业素养意义上的判断。司法推理、司法论证、司法文书的写作等一系列司法活动都立足于法官特有的思维。同时,司法权也是权力的一部分,而权力是应当被限制的。法官的判断行为事实上也构成了对法官的思考与行动的限制,笔者以司法权的谦抑性[③]为出发点,将司法场域的技艺理性的克制化叙事体现出来,为新型权利的保护提供正当制度的支持。

司法的隐喻也是来自法官本身的专业性和司法程序的独特叙事,舒国滢从广场和剧场的隐喻生动形象地论述了司法的性质,在他看来司法的演变是一种广场化模式到剧场化模式的发展。"马锡五审判方式"就是典型的司法广场化模式,是将司法置于露天的空间,司法的全过程暴露在大众视野。舒国滢指出了司法广场化的缺陷:首先,现代法治所要求的冷静、谦抑和客观

---

① [德]拉德布鲁赫:《法学导论》,米健、朱林译,中国大百科全书出版社1997年版,第101页。
② 孙笑侠:《程序的法理》,商务印书馆2005年版,第130页。
③ 陈兴良将刑法的"谦抑性"定义为立法者以最小的支出,即少用或者不用刑罚,获得最大的社会效益,即有效预防和控制犯罪。参见陈兴良:《刑法的价值构造》,中国政法大学出版社1988年版,第353页。而笔者在这里使用的"谦抑性"不是像陈兴良所言从经济效益的角度出发解读的,而是从权力不能任意扩张的层面所言的,亦即从"谦抑"的字面含义解读。

公正的判断能力是难以从中培养的；其次，司法的广场化很难适应法治所需的专业性，从而背离了法治的本性；最后，它会使我们过分依赖由广场的表演生发的本地的经验和礼俗或本民族的精神和意志，从而忽视了法的可通约性。① 司法剧场化是以剧院的庄重比拟法庭的庄重，以剧场表演的角色分工比拟司法场域的角色分工，以剧场的阻隔化比拟司法场域与外界的阻隔。司法剧场化的优势在于，它"内化人们的理性精神和品质、凸现程序和秩序观念、促成法律活动的技术化和专门化，增强法律的神圣性和权威性"。②

司法从广场化到剧场化的历史进路是我们对司法文明的选择。我们需要从制度设计上保障这种理性司法技艺的运作。司法剧场化就为这种技艺理性的施展提供了极佳的场域。既然司法需要的技艺理性使得司法判断乃是他人不能胜任的技术，我们就需要以剧场化的司法将法官和其他角色阻隔开来，法官只应也只能承担审理者的角色。反观司法的广场化，角色的分化不明显，法官的技艺理性极易受到其他诉讼参与人或是旁听民众的干扰，司法也容易背离本性。同时，司法场域的言辞要求，如同剧场的表演要遵循剧本一般。司法广场化的敞开性容易使得其应有的程序结构被破坏，因为程序意味着行为在空间和时间层面的要求，如果司法之外的话语大量涌入司法的语境，司法的时空秩序将会受到冲击。

司法剧场化导致的司法与民众的疏离是否会带来司法权的非公开化也是我们要思考的问题。表面上看，司法剧场化的"阻隔"会将大众对其的监督也一并阻隔。事实上不然，因为这种"阻隔"仅仅是在司法技术意义上的，即在每一个具体的审判环节，诉讼参与人之间、诉讼参与人与民众之间是相互隔阂的。但宏观层面的司法，是向大众敞开的。因为司法权是需要社会监督的。

因此，从利弊衡量的角度来看，司法广场化的弊端可以由司法剧场化解决，而司法剧场化的劣势可以由司法监督制度的完善予以弥补。所以司法剧

---

① 舒国滢：《从司法的广场化到司法的剧场化——一个符号学的视角》，载《政法论坛》1999年第3期。

② 舒国滢：《从司法的广场化到司法的剧场化——一个符号学的视角》，载《政法论坛》1999年第3期。

场化模式是明智选择，我们将围绕对剧场的比拟去整合司法环节。

法治的形式理性价值和权威能够整合我们的多元利益。就本书探讨的新型权利而言，规范没有将案件当事人提出的利益类型化，而当事人又确乎以此为对象向法院提出给予保护的诉求。对新型权利而言，其之所以没有被立法所涵摄却能够被人们发现，就在于其在司法层面被提出。

司法剧场化反映司法的本性。所以，我们需要依托司法的戏剧范式，探求新型权利的保护路径。新型权利的司法应当借助司法的技艺理性和司法权的谦抑性这两重法理。法官应当以基于法律思维和职业伦理推动个案新型权利的定位，而法官在发挥技艺理性的时候，司法权的抑制是非常重要的。因而以司法拟制保护新型权利乃是契合司法剧场化品性的司法技术，背后的法哲学意义也与司法理性相容，从功效上也能促成对新型权利的保护。

三、拟制的必要：司法拟制涵摄新型权利的意义

拟制与司法的密切关联是法学家早已关注到的，梅因在《古代法》中提出："'拟制'（fictio）在旧罗马法中，恰当地讲，是一个辩诉的名词，表示原告一方的虚伪证言是不准被告反驳的……但我现在应用'法律拟制'这一个用语，是要以表示掩盖，或目的在掩盖一条法律规定已经发生变化这事实的任何假定，其时法律的文字并没有被改变，但其运用则发生了变化。"[①] 庞德认为，在19世纪，程序性拟制作为创造性立法活动往往被用来弥合机械的实证法的不足，这种拟制也是在具体情形中"著名人士为了满足具体案件中的明确要求而刻意创制的"。[②]《牛津法律大辞典》对"拟制"的解读是"任何隐瞒或倾向于隐瞒一种法律规则已经发生了的变化，即其文字虽未变，但其作用却被修改了的事实的拟制"。[③] 这些拟制的概念被置于以判例为主的英美法系司法语境下，强调在审判活动以对既有规则的尊重和查明的事实为前提，对规则未涵摄的事实的处理的变通方式，司法的重要性使得个案中的司法拟制能够获得普遍的效力，从而使这种变通化的处理方式在类似或相同情

---

① ［英］梅因：《古代法》，沈景一译，商务印书馆1959年版，第18页。
② ［美］罗斯科·庞德：《法律史解释》，邓正来译，商务印书馆2013年版，第175页。
③ ［英］戴维·W.沃克：《牛津法律大辞典》，李双元等译，法律出版社2003年版，第423页。

况下的处置成为常态，因而最终会转化为普遍的规则而不再是个案的变通，毕竟中国大陆地区采用制定法法源，司法拟制的个案意义更强。而回到司法拟制本身，这种变通的本质乃是一种视域的转换。

基于拟制的法理，笔者得出司法拟制的定义：在案件不能被现有规范涵摄时，法官假定此一案件乃是符合某一与之高度相关的规范的构成要件并以此种规范涵摄处理的司法技术。就新型权利而言，既有的权利规范无疑形成法官的前见，司法权的谦抑性使得规则本身应被放在核心位置。司法者目光流转于规范和事实之间以实现调适，因此司法主体对事实的解释也是必不可少的，要借助证据规则与诉讼参与人在法庭提交的证据形成对事实的客观描述，但对事实的毫无差池地描述是难以实现的，因为人们不可能对发生过的事实完全复原。司法重心在于事实所涉及的权利性质是需要法官认定的。原告方的权利诉求这会使得法官形成对权利性质的"前见"，当原告的权利诉求针对的是一项新型权利时，司法本身的被动性机制使得法官应对之予以正视。回到司法拟制的概念上来，法官对法律的解释和对事实的解释都应尽可能地立足于法律条文的表达。处理个案中的新型权利需要司法确立"特定的目的"，但不能将其解读为背离司法本性的能动式处理。

司法拟制本身是难以用逻辑证成的，而是司法者对既有的规则或查明的事实作出主观性诠释，并且，司法本身应当遵从的谦抑性也没有因司法拟制的应用而被破坏。这正是司法拟制就司法的僵化和现实多样性之间调和之功能所在。因而拟制的前提在于立法确实滞后于现实的发展。司法面对规范中的权利规定的有限性和现实权利的无限性之间的张力，使用拟制的方式予以弥合是司法技艺的理性。

综上，笔者认为用司法拟制的方式涵摄新型权利的必要性就体现出来了：

首先，司法拟制作为一项技术能够实现对司法权谦抑性的坚守。面对新型权利的诉求，司法拟制技术使得司法能够遵循其应有的法理。

其次，司法拟制能够在面对新型权利的诉求时发挥权力的回应功能。司法权作为权力的一部分因司法拟制技术的运用，实现了权力行使的主动。司法的目的就在于通过公权力化解人类纠纷，面对新型权利产生的纠纷，司法权当然需要发挥其解纷的功效。

最后，司法拟制对新型权利的面向实现了司法技术对规范和事实的对接。司法意味着法官在事实和规范之间来回思考构成要件的对应关系，而司法拟制能够实现的新型权利与既有规范之间的调和，这种调和实现了以新型权利为中心的案件与规范的互相嵌入，从而实现了司法活动对案件的有效评价。

总之，司法拟制的机理契合了司法的剧场化意义，面对新型权利的"剧本"，司法活动依然要遵循剧场表演的进路，以特定程序和角色扮演推动司法结论的证成。司法的剧场化是司法理性的隐喻，而这种隐喻却深蕴着司法的理想路径。面向新型权利，解决之道离不开司法的剧场性表演，司法基本原则意味着一种对司法"剧场化"运作的坚守。这种拟制技术，体现出司法本身的性质。

四、拟制的可能：司法拟制保护新型权利的实践

既然司法拟制对新型权利的保护具有正当性，我们在司法实践中也应推行这一技术。结合笔者在上文对司法拟制和司法剧场化的定位，我们在新型权利的保护引入司法拟制技术是具有现实可能性的，因为，司法本身的剧场化特性使得司法对法律的援引在于毫无差池地接入条款的表述。这对经历过专业培训的司法者而言并非难事，结合新型权利在当事人的表述中寻求与之相关的权利规范，这在本质上还是法律思维的运用。

首先，司法主体应当以拟制的方式面向基于新型权利而产生的纠纷。这就意味着其面对新型权利要首先寻求规范中已经规定的与之相关的权利作为拟制的本体，"相关性"的探究必须从权利本身的构成入手，探求其和新型权利的构成之间的相似性。如，在"接吻权"相关的纠纷处理上，法官就应将这一权利拟制为涵摄了心理健康的健康权。而相似性的结论必须依托于协商程序。同时，将新型权利拟制为法律设置的何种权利，也是个存在主观判断的问题，需要依托于以协商为核心的正当程序。

其次，司法拟制是一种诗性的判断，并不是对客观事实的描绘，而是在释放某种价值。所以，司法活动如果要运用这种拟制技术的话也应在个案中证成这种价值。另外，价值是具有主观性的，司法的剧场化表演使得法官既

要立足于个案的语境考量当事人在其中的具体价值诉求，也要立足于通过可能援引的规范去考量这一规范背后蕴含的价值。这同样可以诉诸司法程序的过滤作用，形成司法拟制遵循何种价值进路的共识。

再次，我们要以恰当的语言表达这种拟制，在司法文书的表达中应选择准确将这种拟制思路表现出来的措辞。在面对新型权利的时候，新型权利本身是当事人提出的，亦即是客观存在的，而被拟制的传统权利乃是法官对新型权利的看法，其裹挟着权利的价值和性质，因而这种拟制乃意味着法官的视域。而使用何种语词能将司法者的主观视域恰当地表现出来呢？笔者认为应当是"视为"。从含义上看，这一词汇表达了言说者对事物的看法，而从感情色彩上看，这一词汇具有较强的书面性因而不失司法庄重。另外，这一词汇在日常用法中是普遍存在的，因此其能够促进司法拟制的正当修辞。

最后，在法官的培养与考核方面，我们也应培养法官将这种技术运用于新型权利的个案中的能力并作为法官的考核标准。司法拟制反映的是司法所需的技艺理性，如何看待新型权利问题需要法律思维发挥作用。司法改革使得审判机关的职责明晰化，而司法拟制对新型权利纠纷的应对，就充分体现了这种司法职责的明确。因而我们应以司法权本身的权力内容和属性为抓手，努力推动法官运用这种方式实现对新型权利问题的理性面向。现有的法律职业资格考试的题目设置，可以考虑在主观题部分设置新型权利纠纷案例考生，以判别考生是否能够利用法律思维予以应对。而在考量法官业务的时候，也需要考量其在处理新型权利案件的时候是否采用了这种思维。

第三节　论科学证据认证观念的重构

生产力的发展推动着科学技术水平的提升，科学技术水平的提升则是人类文明进步的重要标志。欧洲大陆风起云涌的产业革命逐步更新了人类的科技观念，人类社会经历了对鬼神敬仰到对科学崇拜的"除魅化"过程，科学也顺理成章地与理性高度契合。落实到司法审判的证据规则层面，借助科学技术形成或是须利用科学技术予以认识的证据正一件件地摆在法官和当事人面前，我们究竟应怎样利用这些证据查明案件事实呢？

一、科学证据本体论问题

若要理解科学证据的内涵，首要任务是厘清何谓"科学"。生活在数千年前的希腊先哲们在自然科学方面形成了一定的建树，其中的代表人物亚里士多德认为："科学的重要功能在于解释，即从有关某种事实的知识过渡到关于这个事实的原因的知识。"[1] 先哲们把科学作为推知已知事物的未知本原的手段。英国哲学家罗素则认为"凡是诉诸人类的理性而不是诉诸权威的一切确切的知识，称之为科学"。[2] 事实上，对于科学的概念可谓"仁者见仁，智者见智"，笔者认为在此无必要一一列举。但通过总结我们可以发现，一方面，科学是系统的知识。科学的英文是 science，源自拉丁文 scientia，意为"知识"。所谓系统的知识，具体而言，表现为它阐释以及确定表面上无关命题之间的相依关系，系统地揭示看似错综复杂的各种条件之间的关系。另一方面，科学即方法。从动态的角度看，科学是一个过程，是检验世界和发现真理的方法，简而言之，科学的本质是科学方法。[3] 它是静态本体论与动态方法论的结合，它通过高度的逻辑自洽性与系统化的知识结构，以解释客观世界的一切现象。"科学"一词往往与"理性"相结合而与人的主观情感相互对立，即它是不受感情、伦理等因素支配的，它呈现出高度中立与客观的样态。科学家们通常以反复实验的方式发现某种自然律，从而形成科学的理论。人类社会长期以来基于愚昧无知对所生活的环境充满恐惧感，希求在幻想的神灵那里得到答案。科学理念的广泛传播则大大增加了人类的自信心，科学知识引领人们认知并掌控一切实然存在，人们也借由此而成为万物之灵。

科学理念逐步渗透于社会生活各方面，本书探讨的主题落脚于司法范畴内的科学证据。证据是查明案件事实的重要载体，证据学的研究是法学研究的重要环节。而所谓科学证据，指的是"运用科学技术原理和方法发现、收

---

[1] ［古希腊］亚里士多德：《物理学》，张竹明译，商务印书馆1982年版，第16页。
[2] 肖锋：《科学精神与人文精神》，中国人民大学出版社1994年版，第10页。
[3] 刘晓丹：《论科学证据》，中国检察出版社2010年版，第6~7页。

集、保全以及揭示其证明价值的或本身就具有科学技术特性的一切具有查明案件事实真相的证据。"① 它是科学技术高度发展而形成的有助于查明案件事实的物质。古代司法基于人类认知范围的局限性，司法官员通常借助神示证据来查明案件，如众所周知的水审、火审、嚼米、决斗等。司法官员通常借助人们对神灵的普遍敬仰，以当代人眼中无比荒唐的方式认定案件事实。科技的发展使得司法领域也逐渐理性化，依靠科学的手段展开认定案件已成为常态。从我国的证据规则上看，我们基于证据样态、适用规则和证明力的不同将证据的法定形式分为物证、书证、视听资料、证人证言、当事人陈述、鉴定结论、勘验笔录、电子证据等，而根据前述的科学证据的概念，笔者认为科学证据在我国主要体现在物证、鉴定结论、勘验笔录和电子证据上。

二、中国司法实践中科学证据的认证误区

中国社会进程在很大程度上也是一个"除魅"的过程。夏商时期的"天讨天伐"的法律思想和西汉时期的"秋冬行刑"制度无一不折射出古人对"天"的崇拜，祭天也成为一代代君王的必修课。西方列强的船尖利炮和先进的科学思想逐渐让国人醒悟，五四运动中的"赛先生"点燃了民众对科学的热情，邓小平同志提出的"科技是第一生产力"的口号让人们越发对科学顶礼膜拜，这种崇拜在对科学证据的认识上也体现得淋漓尽致。在理论界，何家弘教授将科学证据视为证据之王，而在实务层面，司法审判实践中对科学证据高度认可的现象则比比皆是。

前文分析了证据在学理上的分类，其中鉴定结论是科学证据的典型样态，而法官在审判实务中时常基于对科学的高度信任，直接将披着科学外衣的鉴定结论作为认定事实的重要证据，因此鉴定结论对案件的结果在很多时候甚至起到了决定性的作用。就如有的学者所描述的那样："法官裁判在一些案件中变成了专家裁判。尤其是在法院指定专家证人的案件中，法官通常都会

---

① 陈学权：《科技证据论——以刑事诉讼为视角》，中国政法大学出版社2007年版，第51页。

偏向于采纳法院指定专家所提供的专家证言。"① 这种"唯科学证据至上"的理念使得法官审成了专家审,法官沦为专家的傀儡,后者的权限甚至凌驾于前者之上,这使得司法的权威性受到动摇!审判权限的混乱——尽管是实然层面上的而非文本上的——必然导致诉讼程序的破坏。最为可怕的结果就是造成错案,使无辜者蒙受不白之冤:云南的杜培武案中司法机关过于相信测谎仪的测试结果,导致杜培武被错判为杀死妻子的罪犯;滕兴善案中的颅像复原技术错误地将尸体描述成明明还活着的被害人,竟使得无辜的滕兴善被执行死刑!这些触目惊心的案例表明盲目相信科学证据带来了许多不可挽回的恶果。这种情形不仅体现在审判活动中,如果法律工作者视所谓的鉴定结论为唯一正确的、不容怀疑的真理,那么,"以事实为依据"的司法原则也会沦为笑谈。

其实,稍加思考我们不难发现,科学本身也是值得怀疑的,它也是可错的,将科学奉为圭臬本身就是一种不科学,就如英国学者拉卡拖斯说的那样:"一个经验的科学体系必须可能被反驳。"② 还是回到科学证据方面来看,科学证据作为证据的一种,必须满足客观性、关联性、合法性三大属性方产生证明力,过分依赖科学证据容易使其非客观化。因为,科学证据的认证过程采取的是演绎推理的模式,问题是,演绎推理的前提是正确的命题吗?科学理论本身有没有被推翻的可能?那些数据又一定是可靠的吗?答案是显而易见的。科学家以经验的方式得出的科学理论在短时间内是无法保证其准确性的,被推翻的可能性是绝对存在的。与此同时,科学鉴定是需要借助仪器的,而仪器又是由人来操作的,人则是会犯错误的。由此可知,科学证据在这些主观因素的影响下并非完全可靠。除此之外,从人性的角度出发,鉴定主体自身也存在人性的恶,我们不能排除其利用鉴定技术损人利己的可能性,就像麦高伟在《英国刑事司法程序》中所描述的那样:"一些科学家被对抗制的法律文化所诱入歧途或者赎买。在一定的程度上,所有的法庭科学家都屈服于制度的压力,这些专家使自己仅仅成为起诉方的工作人员,而不是公平

---

① 齐树洁主编:《美国证据法专论》,厦门大学出版社2011年版,第186页。
② [英]伊姆雷·拉卡托斯等:《批判与知识的增长》,周寄中译,华夏出版社1987年版,第1页。

的事实寻找者及坚定、客观的科学知识的传播者。"①

有鉴于此，笔者认为，中国司法实践中对科学证据的认知问题存在着唯科学证据论的误区，或许是曾经对神灵的非理性膜拜的矫枉过正，我们忽视了科学的可怀疑性质而过分依赖科学证据，由此造成的错误的司法认知导致了对人权的严重侵犯，这与程序法的价值取向是背道而驰的。

三、《联邦证据规则》对科学证据规制的启示

英美法系国家的司法在对抗制诉讼主导的模式下，体现出世界先进的程序正义理念，其中证据规则的完备程度也是首屈一指的。笔者认为，尽管中国与美国的诉讼模式存在着较大的区别，但美国《联邦证据规则》中所彰显的对科学证据的客观中立的审视理念是值得我们借鉴的。

谈及《联邦证据规则》，不得不说在美国证据学领域广为流传的弗赖依规则。在1923年的弗赖依被指控谋杀一案中，控辩双方就测谎实验的可采性问题展开激烈交锋。案件过程一波三折，哥伦比亚地区上诉法院认为应排除与之相关的专家证言："当科学原理或发现处在实验和论证之间难以界定的阶段时，在这个模糊地带，该科学原理的证明力必须被确认，当法庭努力采纳建立在公认的科学原理或发现基础之上的专家证言时，该专家证言推论的基础必须是充分地建立在其所属领域的普遍接受的基础上。"② 这也就是弗赖依规则的完整表述。从中我们看出，弗赖依规则强调科学证据是否应被采纳取决于专家证言的推论是否"在其所属领域被普遍接受"。但1975年的美国《联邦证据规则》第702条对科学证据是这样规定的："如果科学、技术或者其他专业知识将有助于事实审判者理解证据或者确定争议事实，凭借其知识、技能、经验或者教育能够为专家的证人可以用意见或者其他方式作证。"也就是说，针对科学证据的直接规定并非以"普遍承认"为标准。美国的法官们也在越来越多的审判经验中发现将"普遍接受"作为科学证据的采纳标准虽然有一定道理，但并不能仅以此作为认定科学证据可靠性的标准。理由很

---

① [英]麦高伟等主编：《英国刑事司法程序》，姚永吉等译，法律出版社2003年版，第246页。
② [美]Authur Best：《证据法入门——美国证据法评译及实例解说》，蔡秋明等译，元照出版有限公司2002年版，第334页。

简单，因为即使在某一领域内被专家们普遍承认也有错误的可能性。在道伯特因药物本涤汀致畸而对医药公司提起诉讼的案件中法官就科学证据的可采性问题提出了道伯特规则，旨在扩大科学证据的可采性标准。除了普遍接受标准之外，道伯特规则将科学理论与技术的检验与否、审查出版与否、争议技术的错误率等因素也作为科学证据的可采性标准。有学者认为道伯特规则的出台标志着弗赖依规则退出了历史舞台，但事实上，弗赖依规则和道伯特规则并非二元对立关系，后者完善了前者的内容而非推翻前者，弗赖依规则在美国依然有适用的空间。从弗赖依规则到道伯特规则的变迁预示着《联邦证据规则》的完善。的确，在21世纪初，美国为了强调这一问题修改了《联邦证据规则》第702条的规定，它被表述为："科学、技术或者其他专业知识如有助于事实审理者了解证据、决定系争事实，在因知识、技能、经验或者教育而具有专家资格之证人，若：①其证言乃基于充足之事实或材料；②其证言乃推论自可靠之原则及方法；③该专家证人乃可靠地将前述原则及方法适用于案件事实上，则该专家证人得以用意见或其他形式对此等事项作证。"从中我们可以看出，《联邦证据规则》将专家证人证言的采纳标准加以全方位的限制，承认科学证据有其非理性的一面，谨慎客观地审视科学证据，而绝不是将科学证据置于神圣的高度毫无保留地予以作为认定客观事实的手段。相反地，《联邦证据规则》第702条对专家证人证言的可采性条件的规定细之又细，就是为了避免陪审团过度依赖科学证据，夸大其真实度。因此，可以说《联邦证据规则》在对科学证据的认证上起到了良好的导向作用。其实对科学证据的理性化认识不仅仅体现在第702条上，根据《联邦证据规则》第703条之规定，如果专家作出意见或推理所依据的事实或数据是在该具体领域内专家们对此问题形成意见或推理所合理依赖的，则这些事实或数据不必要作为证据采纳。这一条文以更加直白的方式表明科学论证的价值在证据学层面并没有常人观念中那么重要。《联邦证据规则》第705条则要求在交叉询问环节专家必须披露所作出的科学结论依据的事实或数据。这就意味着科学结论的论证过程必须在大众的视野下公开，接受大众的监督，以更好地去伪存真。

其实，美国在科学证据的认证方面也走过弯路。在弗吉尼亚州，一种错误的基因测试方法在 10 年间被数百起案件的专家证人采用，导致数百名被告人被判处有期徒刑；在得克萨斯州，一位病理学家因弄错了尸体解剖结论，致使近 20 名无辜被告人被判处死刑；一位化学家因在报告中使用了错误的试验方法，导致数百名无辜的被告人被宣告强奸罪成立。[1] 有学者统计，美国每年都要产生 0.8% 的指纹识别误差，虽然看上去这是个很小的比例，但由于美国犯罪案件基数很大，仅 2002 年，因指纹误差而出现的误判就高达 1900 起。[2] 但是，这些失败的经验对美国的证据立法而言是宝贵的财富，其为美国证据规则的完善提供了重要的借鉴。透过这些案例，我们可以发现科学理论是可证伪的而非绝对真理。《联邦证据规则》早已打破了对科学宗教式的崇拜，在对科学证据的认证态度上，《联邦证据规则》足可以成为我们的示范性教科书。

四、认证观念的重构

根据前文所述，我国的司法审判对科学证据的认识上存在"唯科学证据论"的偏差，这严重地影响了我们对客观事实的认定。美国《联邦证据规则》对科学证据的认证理念对我国是一个很好的启发，其反映出的对科学证据的客观谨慎的审视态度有助于我们对科学证据的认证观念加以重构。

首先，这一观念体现在对专家证人、鉴定人的资格问题，科学论证的过程等方面的审查上。我们必须明确一点，正如《联邦证据规则》的制定者所担心的那样：专家也会犯错，科学仪器也会出错。因此我们不能将科学证据不加反思地直接运用到对事实的认定上，而应当利用正当的诉讼规则全面审查其真实性。事实上，从我国 2012 年修订的《刑事诉讼法》来看，我国的立法者已经认识到了这一点。其规定了鉴定人不出庭作证的法律后果，即鉴定意见不能被采纳。而有专门知识的人与一般证人应履行相同的作证义务，即若无正当理由拒不出庭作证，法院有可能启动强制性的程序。这也就是说，鉴定主体必须将自己"暴露"在法官和控辩双方的视野下，接受相应的询

---

[1] 徐继军：《专家证人研究》，中国人民大学出版社 2004 年版，第 28 页。
[2] 魏道培：《指纹鉴定权威受到挑战》，载《检察风云》2006 年第 21 期。

问,以使鉴定意见的论证过程得以被全面审查,从而使得正确的鉴定结论更具有说服力,也使得错误的鉴定结论被尽早发现并予以排除,这与《联邦证据规则》第705条体现出的法理意义是一样的。而我国长期以来鉴定人不出庭成为一种常态,鉴定意见很难被全面认识,法官容易直接认证,这在很大程度上是对科学证据的过分推崇所致的,因此我们必须坚持对科学证据的全面审查规则,在认证领域继续推行全面审查科学证据的观念。

其次,我们应当认识到"法庭科学家"是不能取代法官的,对他们的权限我们应具备理性的认识。法国法庭科学家P.C.布罗瓦博士曾指出:"如果法律让你成为一名证人,请保持科学的态度。没有受害人需要你协助报复,也没有有罪或无辜的人需要你的判罚和拯救——你必须在科学限度内提供证词。"① 也就是说,如果专家证人作为利用一般人并不知晓的科学原理或是根据自己的独特经验帮助法官查明案件真实性,他必须通过专业的技术水平如实客观地提供科学结论,仅此而已。他不能代替司法工作人员对证据指向的事实加以推理判断。在很多刑事案中,法医仅能对死者的死因、死亡时间等形成判断,而无权对死者是自杀还是他杀妄下断言,对死者系自杀或他杀的判断应由侦查人员作出,因为这一问题已经超出了法医所掌握的相关知识范围。这就告诉我们,在科学证据的认证方面我们必须要清晰地甄别专家所作的客观结论与其超越权限的主观臆测,对不属于其知识体系范围内的判断应及时排除。《联邦证据规则》第702条严格限制了专家证言的可采性,因为专家仅仅是一个有限范围内的事实判断者。

最后,我们应始终坚持对刑事案件的事实认定做到证据确实充分的证明标准。《刑事诉讼法》(2018修正)对"确实充分"的证明标准予以细化,即要求定罪量刑的事实都有证据证明、据以定案的证据均经法定程序查证属实,并且综合全案证据,对所认定的事实排除合理怀疑。刑事诉讼的结果关乎人的自由乃至生命,对事实的认定自然应当慎之又慎。这就要求我们在认证时必须将所有的证据予以综合考虑,单单科学证据绝对不能说明一个完整

---

① [法]帕特里克·波诺:《无所不能的警探——科技与犯罪的较量》,戴怀南译,解放军出版社2002年版,第324页。

的故事。如果在诉讼中存在着科学证据，我们不能仅以此就将其指向的事实认定为真而对其他证据视而不见，必须结合所有应当采纳的证据认定。只有达到了《刑事诉讼法》规定的证明标准，我们方可对事实作出肯定之判断。而根据前文所述，我们知道，科学理论是可错的，并非不容怀疑的真理，当我们手头只有科学证据而无其他证据佐证时，我们绝不能贸然认定事实成立。上述的《联邦证据规则》第703条已经很好地诠释了这一法理：专家的推理说明不了太多的问题。

生产力的发展使人们的观念面向于对科技的高度信赖，但这种对科学的宗教式迷狂事实上是对科学的误读，因为经验科学没有必然的真。一旦将科学的自负式心态落脚于刑事诉讼领域，会对人权形成无以复加的灾难，因此，我们在认证方面需要树立理性认识科学证据的观念。美国的《联邦证据规则》体现出的对科学证据的认证理念带给我们的借鉴意义是深远的，但笔者认为，完善的科学证据认知进路还有很长的路需要我们继续探索。

第三章

法学研究的修辞学视角

第一节　制度传播的诗性修辞
——以新型冠状病毒防疫制度宣传为视角

新型冠状病毒于2020年年初侵袭中国，在接下来的3年时间里，国家采取了种种措施以防控疫情。在制度层面，国家通过种种规范的制定以规制疫情的防控。然而制度的实施需要建立在民众认同制度的基础上，这就使得制度的宣传工作必不可少，需要强调宣传的力度和宣传的效果。宣传的力度在于宣传面的广泛，而宣传的理想效果在于制度受众认同制度内容并在实际社会生活中遵循制度的要求。制度宣传离不开语言，这就要求制度的宣传应考量修辞的理性——语言传播的正当性，诗性①修辞作为促进制度宣传的具有韵律感的修辞方式，能够为制度传播提供相对理想的路径，也从而能够为彼时防疫工作的开展提供相应的制度动力。

一、新型冠状病毒防控制度宣传的必要性与可行性

新型冠状病毒的防控工作需要制度的推进，制度具体表现为系统性的规范。就中国的制度而言，依法治理是我们应坚持的原则，可以看到的是，与疫情防控工作密切相关的法律规范是系统化的。宪法作为根本法处于法律体

---

① 这里的"诗性"与维柯的"诗性"不同，后者体现的是一种想象性的思维。参见［意］维柯：《新科学》（上册），朱光潜译，商务印书馆1989年版，第181~182页。而笔者这里的"诗性"指向诗歌的表现形式。

系最高位阶,由之引领的《传染病防治法》《突发事件应对法》等全国人大常委会制定的法律,《突发公共卫生事件应急条例》《突发公共卫生事件交通应急规定》等国务院及其部门制定的行政法规和部门规章,各地人大和政府针对疫情防控制定的地方性法规和地方性规章,各社区、街道、村镇制定的其他规范形成的法律体系规范着国家各层面的疫情防控工作。规范的形式理性使得防控工作能够有明确的依凭,但形式理性也意味着,我们必须了解规则的具体表述。疫情防控需要在国家、社会、民众的共治作用下才能有效实现,也就意味着相应的规范需要被推广至国家的各个层面,使之被全面接受。正如伊林强调的法律意识的重要性,其认为法外在于人们的生活,然而这种外在的秩序不能离开人类的内在接受,否则就不能为人们的生活提供帮助。[①]不只是法律,整体意义上的制度确乎存在这种内外之别,也都需要着眼于内因的决定性作用。所以制度的实效需要建立在将制度内化至制度受众的接受层面,制度形式的多层级性以及实质内容的复杂性使得制度的宣传需要考量之处很多。首先,不同民众对制度的理解力会有所不同,并且民众自身的利益诉求与制度保护的利益之间存在许多需要调和之处,所以我们就要考量如何让大众了解防控管理制度。其次,权力应有的公开性也使得我们广泛推进民众对制度的认知具有了必要性。笔者要在本书探究如何运用具体的制度宣传技巧实现民众对制度的认同。

制度宣传的核心在于信息的传播。自媒体等传播媒介的大力发展使得信息传播在如今的中国已不是难题。彼时新型冠状病毒感染所造成的危害后果很快被人们知晓,数据的实时公布使人们更清晰地了解疫情防控的状况,制度的传播也会顺畅。随着国家教育的广泛推行,民众整体的文化水平也越来越高,对病毒本身和防控的意义本就具有一定的认知,这种认知前见也会促进对制度的传播。因而,疫情防控制度的传播就具有了可行性。

制度的形成需要依靠国家、社会的精英智识,因而制度话语往往与民众话语之间存在隔阂,将制度话语转化为民众话语,乃是制度宣传的最终目标。

[①] [俄]伊·亚·伊林:《法律意识的实质》,徐晓晴译,清华大学出版社2005年版,第233页。

就当时新型冠状病毒的防控制度而言,要以民众所接受的话语引介这种制度的叙事,实现制度的接受从而推动疫情防控的有效实施。索绪尔认为"语言学的唯一真正对象可能是一个现存语言的正常规律用法"。[①] 我们就制度语言的探究也要从制度表述应遵循的语言规律上着手,亦即民众的语言接受规律着手,需要解决的关键问题就在于话语系统的理性构造,本书主张的诗性修辞在笔者看来,是一种理性的话语转换方式。

二、制度传播诗性修辞对制度宣传的角度:疫情本身、防控措施、防控责任

诗性修辞意味着将诗歌叙事风格引入具体的表达,这种叙事的特点在于通过韵律将需要表述的内容串联起来。正如曼德森所言:"法令的形式与结构特征、样式和外观……经由审美分析,有助于我们理解当年的立法者如何看待世界,以及在世界中的作用。"[②] 我们对疫情防控制度诗性修辞的解读,也是通过语言审美的技巧探究制度的本体以及制度的社会效用。语言审美提供的是听觉上的价值享验,而制度宣传也在于通过引发宣传受众的认同实现制度的取效。彼时新型冠状病毒防控制度的宣传旨在实现防控措施的有效施行,保障公众的生命健康,所以其应涉及防控背景下具体的防控措施、违背防控制度需要承担的责任。运用诗歌的韵律将这些内容表述出来,将会指引民众的心灵与制度之间形成共鸣。2020年,江苏省常州市武进区遥观镇新南村党总支书记王赟在村里使用了这样的宣传:"疫情来,需知晓。家中待,不乱跑。勤洗手,戴口罩,消毒通风勤做到。电话里,多聊聊,亲朋好友问声好。勤排查,多留意,遇情况,早上报,居家隔离人人好! 不信谣,不传谣。放松心情休息好,吃饱睡足免疫高。相信政府相信党,早晚会把病赶跑。"[③] 宣传语带有韵律感,并且在内容上,该宣传详细介绍了防控的注意事

---

① [瑞士]索绪尔:《普通语言学教程》,刘丽译,中国社会科学出版社2009年版,第87页。
② [加]德斯蒙德·曼德森:《谛听法之旋律》,丁鹏译,河北教育出版社2016年版,第77页。
③ 沈澎澎、王兴法:《村委自编顺口溜宣传疫情防控》,载http://www.wj001.com/house/xa/2020-02-04/13609.html,2020年2月8日访问。

项，并对防控的效果提出了期望。很多社群都有类似的宣传，新疆维吾尔自治区的相应宣传还融入了民族特色，阿克苏地区塔里木歌舞团驻阿依库勒镇塔什巴格村"访惠聚"工作队员努尔比耶·艾尔肯就用群众喜爱的热瓦普弹唱方式创作了歌曲用于宣传："不走亲，不访友，不在外边到处走；该吃吃，该喝喝，就在家里待半月；发现疫情就隔离，防范主要靠自己；出门必须戴口罩，人多别去凑热闹；谁也不要信谣言，别去花那冤枉钱。"[1] 语句押韵，在内容上完整地表达出疫情防控期间人们应采取的措施，哪些应当做、哪些可以做、哪些不能做的地方都体现在里面。还有湖南省怀化市人大的宣传："疫情进入高发期，坚决听从党领导。特殊时期禁令多，都是为了大家好。一线人员很辛劳，见到请您微微笑。群众自己照顾好，防控更加有成效。不走亲来不访友，全家健康才是宝。出门必须戴口罩，人多别去凑热闹。不打麻将不玩牌，公安捉到不得了。宾馆饭店全关门，红白喜事都不搞。武汉也是受害者，隔离期间多关照。家人都要测体温，出现症状早报告。拒绝隔离或检测，涉嫌违法没必要。群防群治齐参与，发现问题要举报。不信谣来不传谣，官方媒体看报道。千万不要去造谣，除非想吃牢饭了。口罩物资都缺少，爱心捐助境界高。防控疫情靠大家，平安渡过最重要。"[2] 这里所有的分句中的第二个单句都是押的同一个韵律，在内容上除了明确应有的行为模式之外，还表达了违背相应规范所需承担的责任，能够看出这种宣传是在充分考量受众各方面的利益情况下做出的。

韵律本身能够形成听觉的美感，言说者的情感将会随着语言传播的艺术流露出来。押韵式宣传的目的是声韵的谐和。同类的乐音在同一位置上的重复，这就构成了声音回环的美。[3] 诗性的制度传播使得制度的受众通过语言美感而体察制度的存在，乔姆斯基就语言对心智的影响作过系统的研究，提

---

[1] 王珍：《山歌、顺口溜、热瓦普……民族地区疫情防控宣传接地气》，载 http://www.chinanews.com/gn/2020/02-03/9077366.shtml，2020年2月8日访问。

[2] 沈玉兰：《防控疫情顺口溜》，载 http://www.hhrd.cn/html/2020/wxwy_0204/4832.html，2020年2月8日访问。

[3] 王力：《诗词格律》，中华书局2009年版，第5页。

出将语言看作心智的镜子,认为对语言内在规律的认识就是对大脑的认识。[①]我们在探究诗性的制度传播时,也是通过韵律对心智的"刺激"作用探究。就上述的制度宣传而言,诗性的表述意味着话语的节奏感,人们聆听这样的旋律,能够从这种抑扬顿挫的叙事中把握问题的重心;语言的韵律使得每一个韵律的结束都意味着制度内容的某个环节的结束,制度宣传应有的层次性因而体现了出来。韵律形成的节奏也使得制度宣传具有一定的诙谐感,这也促使制度受众产生了对其的认知兴趣,因而也为制度的接受创造了前提条件,这种接受正是制度发挥修辞效能的理想。然而我们需要看见的是,诗性的防疫口号有时候只是论及了疫情防控措施而没有论及疫情防控的责任问题,而前者关乎的是宣传针对的对象,后者关乎的是制度的权威,二者的重要性都是需要我们重视的,如果忽视了对它们的强调,就是制度宣传不足的地方。

三、制度传播诗性修辞对制度接受的作用力分析:防控措施的采取情况

制度的传播是为了实现制度在相应社群中的接受,所以疫情防控制度的传播,其接受性多体现在制度受众的防疫措施采取情况方面。在人们耳闻目睹相应的制度宣传后,整体上会对这种宣传方式表现出高度认可,对宣传内容本身也能够理解。这也是制度应有的修辞理性所在。事实上,制度本身是一种修辞性的存在,理想的制度需要完善制度语言,使制度受众与制度作者形成制度共识。落实到防控制度上来,这种治理要建立在国民认同防控制度的基础上。实证情况表明,诗性的防控宣传内容的传播引发了民众的制度认同,例如,湖南省常德市澧县大堰垱镇干河村的村民在听了村里的"顺口溜"——也就是笔者前文所述的防控制度的诗性宣传后,就表示"顺口溜听起来很亲切,也很有吸引力,我们不仅学到了防控知识,又在家打发了时间,现在我还和老公一起读,我们俩都能背下来了""我感到非常

---

① Chomsky N., *Reflections on Language*, Patheon, 1975, p. 8.

高兴,顺口溜让我感受到了党和政府的关心,也感受到了打赢这场战役必胜的信心,我不会出门,我会在家好好配合村干部和村医的工作"。① 广西壮族自治区崇左市龙州县响水镇政府也表示,该镇的防疫宣传通过"顺口溜"的方式,使得"群众对新型冠状病毒感染的防控知识更容易入脑入心"。② 河南省许昌市魏都区新兴街道办事处南关社区辖区采用的"顺口溜"宣传方式深得人心,社区居民表示"这种宣传方式很给力,人人都增强了防范意识"。③以上宣传经验,表明了防控制度设计者通过诗性产生的韵律使得制度的内容打动了受众。

可以看出,民众接触到这种诗性叙事,会对宣传方式本身表示认可。这种认可表现为,宣传工作形成的语言美感和宣传者号召坚定信念战胜疫情的情怀感染了民众,这也是诗性艺术在很多领域体现的感染力所在。人们会因这样的宣传方式而理解制度的具体内容,这同样源自诗性的魅力——韵律对心灵的触碰使得人们有兴趣了解其实质内容,尤其,有的宣传是从疫情本身的危害作为宣传起点,人们从自身生命健康的利益出发,自然会着眼于诸多防控举措。这里存在的问题是实效层面的问题,就上述民众的回应来看,有的人论及这种宣传的时候,只表现为对宣传方式之创新的接受,而并没有明确表现出要将这种宣传内化为自身防控措施的采取。我们固然不能说"没有明确表示"就意味着"没有实施相应行为",但至少,宣传本身的相对理想状态是尽快实现最终治理目标,而防控制度宣传的最终目标是为了实现防控措施的有效采取,我们应尽可能追求这种宣传理想。毕竟,我们对制度接受力的考量,指向的是制度的取效,也就是制度在受众实际产生的效能。对于防控制度的取效而言,这种效能就表现为受众的防控行动的有效实施。受众有兴趣感知制度并且理解制度的内容,是决心采取相应措施的前提,

---

① 方霞:《澧县大堰垱镇:防疫"顺口溜"有味暖人心》,载 http://www.sohu.com/a/370509499_100180399,2020 年 2 月 10 日访问。
② 响水镇人民政府:《响水镇:防疫宣传顺口溜,通俗易懂接地气》,载 http://www.longzhou.gov.cn/xwzx/xzdt/content_37283,2020 年 2 月 10 日访问。
③ 陈娟:《"小喇叭"+"顺口溜"发挥防疫大作用》,载 http://www.21xc.com/content/202002/05/c461579.html,2020 年 2 月 10 日访问。

然而是否切实有效地采取了措施,是另一回事。笔者也会在下文探究怎样通过诗性宣传实现制度实效的问题。通过对诗性修辞本身的分析以及现实的宣传经验。诗性的宣传所形成的语言艺术对内容的接受有积极作用,而这种促进作用以及之所以产生这种促进作用的原因是笔者在本书需要重点论证的问题。

四、制度传播诗性修辞的治理策略分析

综上所述,我们已经认同了制度传播的诗性具有的价值。在疫情防控工作急迫的非常状态下如何利用诗性的传播实现防控措施的全面落实是需要我们重视的实践策略。韵律本身对宣传起到的作用,是笔者在构造制度修辞实践路径的重要前提。结合疫情防控措施,笔者做如下分析。

首先,防疫制度的诗性传播对人们了解防疫制度具有促进作用。疫情防控期间,各级政府向群众广泛征集相应的诗性宣传,并对选中作品的作者给予奖励,政府宣传部门也努力创作相应作品。在遴选与创作时,注重韵脚和对仗,且充分考量受众对防控制度的接受力。在具体的宣传上,利用小区或村镇的大喇叭等传播设备,由工作人员定时向居民或村民朗读相应的制度,并利用网络等媒介公开相应的制度诗性。

其次,宣传口号在考量诗性制度宣传的同时,也兼顾防疫内容的完整性。这要求在宣传内容上要注重对疫情的介绍、对防控措施的采取以及防控责任的全面性,逻辑上要实现这三个部分的相互衔接,并且要注重各地的疫情有所不同,结合具体的疫情状况作宣传,在责任宣传上应适度考量之后将具体案例引入。最高人民检察院2020年2月11日对外发布了首批十个妨害新冠疫情防控犯罪典型案例,其中就有依法严惩抗拒疫情防控措施犯罪的案例,这可以在疫情防控期间作为宣传的素材。另外,我们要在宣传相应制度的时候通过诗化的语言强化党中央和政府部门战胜疫情的决心,鼓励民众携手战胜疫情,以增强信心。

再次,疫情防控期间,建立相应的反馈机制,时时询问居民或村民对所宣传的制度了解情况,重点检查居民或村民是否采取了有效防疫措施,宣传

过程中和居民或村民就所宣传的防疫制度的可行性问题相互讨论，在心理干预过程中也融入这种诗性传播，以通过引发听者共鸣的方式传递正能量，通过这种诗性宣传及时纠正不科学防疫措施。以上种种措施，保障了防控制度的有效实施。

最后，防控制度的诗性宣传内容要存档处理。因为这种宣传形成的治理方式对于规范的语言艺术会有一定的启发。防控制度的诗性宣传在各小区和村镇发挥了重要作用，这种诗性本身又能够生发出规范修辞的理性。通过建立相应的记录机制，我们也将因这次宣传而重新审视不同社群的规范语境，从而建构不同社群之间的民间规范，甚至可以由之出发以完善现有的正式制度语言。

总之，诗性修辞体现的传播价值是需要我们广泛实践的。而疫情下我们应对的问题是非常态问题，这就需要多元化的主体群策群力，并且整合这种多元主体的关键在于制度修辞的艺术。防控疫情需要通过具体的制度与实施，制度的认同与理解则是联通制度形成与制度实施的关键环节。诗性修辞意味着言说者通过话语艺术打动听者的心灵，听者则因为这种诗性的韵律而将制度内化于心、外化于行。相关制度和措施，因这种理想的制度修辞而得以发挥作用。

五、制度宣传诗性修辞的共治之维

制度的诗性修辞体现的传播理性也是国家治理的正当性体现，正如有学者所言，（治理）既包括有权迫使人们服从的正式制度和规则，也包括各种人们同意或认为符合其利益的非正式的制度安排。[①] 这就意味着治理活动不能忽视这种双向互动，要强调治理的回应性——实质意义上的面向民众具体需求的治理维度，与治理的契约性——形式意义上的通过主体际的共识形成的多主体参与治理维度，以推动治理的共识性之实现。新型冠状病毒的防控需要国家、社会与个人的合作，这种共治机制就发挥了重要作用。本书探究

---

① The Commission on Global Governance, *Our Global Neighborhood: The Report of the Commission on Global Governance*, Oxford University Press, 1995, pp. 2–3.

的制度诗性修辞，就是从制度语言层面促进共同治理以应对社会问题，这种共治本身是民众政治的体现，从功效上看，其通过主体的协同作用推动了社会整体利益的满足。可见，制度所应表现的修辞艺术乃是开出共治模式的有效方式。诗性的制度宣传关联着制度本身的内容和制度受众的感知，推动制度被全面准确地接受，这表明我们通过语言艺术实现了多元主体对治理活动的参与。我们在决定采用这种宣传方式的时候，在一定意义上就意味着对共治的推崇。我们需要认识到，在未来，共治将是实现中国各领域有效治理的大势，这是治理体系和治理能力现代化的重要表现。我们将不断探究推动这种共治的方法，而以诗性宣传具体制度，是从制度传播层面值得探索的共治路径。

第二节　法律文本中"视为"一词的法理疏释

法律规范的表述必然要依托语词，语词在规范语句中的安放绝不仅仅在于体现规范的形式美感——尽管这也很重要，而且在于表意——它的核心功能，在于"以言取效"。我们对规范语词的表意功能的阐释与完善必然要依托于对语词背后的规范语言哲学的探讨。在思辨与实证的共同作用下，规范语词的意义世界才能被完整地呈现。而它呈现的意义世界，既内蕴着规范的价值理念，又外在地面向规范调整的事物。"视为"作为规范中常见的语词分布于立法条文中，它如何从语言学层面实现制度叙事？"视为"的叙事又如何生发出制度的独特性？对上述问题的解答，都需要我们对立法条文中的"视为"一词予以法理层面的疏释。

一、问题的提出："视为"一词的语言学原理梳理

"视为"一词古已有之，在不同语境中，它的含义表现出差异。"视为"最早出现在《庄子·养生篇》中，它的具体表述是："怵然为戒，视为止，行为迟。"这里"视为止"表示"目光集中在……"，其中"视"意指"目光"，"为"表示提宾的助词。《吕氏春秋·为欲》有云："夫无欲者，其视

第三章 ‖ 法学研究的修辞学视角

为天子也,与为舆隶同;其视有天下也,与无立锥之地同;其视为彭祖也,与为殇子同。"这里的"视为"则指"看待那些作为……(的人)"。朱熹的《论语集注·卷一·学而第一》记载:"视其所以,以,为也。为善者为君子,为恶者为小人。观其所由,观,比视为详矣。"这里作者想表达的意思是"'观'比'视'得出的结论更为全面",所以这里的"视"表示一种浅层次的看,而"为"表示提宾。除了这两处之外,"视为"都表达"将……看作……"之意。正如《说文解字》中对"视"的考据那样:"视,瞻也,从见示。"①可见"视"原本即有"看"之意。对"为"的考据相对复杂些:"为,母猴也,其为禽好爪。爪,母猴象也,下腹为母猴形。"然而这并不是"为"的本意,这种解读只是假借了"蜼(一种长尾猴)"字。②且关于"为"与母猴之意的关系问题争议颇多。③

郑玄所注的《周礼·春官》中说:"为,作也。"这种解读更符合"为"在具体语境中的功用。④而所谓"作",表示的是"作为……"之意。如:"今陛下即位以来,灾异并出,人民饥馑,盗贼不禁。视今为治邪,乱邪?所任者谁与?"(东汉·荀悦:《前汉纪》)如:"父讳早悞艰世,厌礼属构身,视家冠为桎梏。遂不求闻达。"(周绍良、赵超主编:《唐代墓志汇编续集》)如:"襄城公主,下嫁萧锐。性孝睦,动循矩法,帝敕诸公主视为师式。"(北宋·宋祁、欧阳修:《新唐书·列传第八·诸帝公主》)如:"盖子胥,吴视之为忠,楚视之为仇,尚安得血食于众恶之地耶?"(南宋·陈郁:《藏一话腴》)如:"自梁以后,习尚绮靡,昭明《文选》,家视为千金之宝,初唐以后,辄吐弃之。"(明·陆时雍:《诗镜总论》)如:"自后慧可,言语文字,皆视为糟粕,一味在性灵融会体认。"(明·杨丽全:《达摩出身传灯

---

① (汉)许慎:《说文解字》,中华书局2013年版,第175页。
② 张其昀:《〈说文解字〉"爲"训"母猴"辩》,载《信阳师范学院学报(哲学社会科学版)》2012年第2期。
③ 马叙伦:《说文解字六书疏证》,商务印书馆1928年版,第49~50页;孟蓬生:《"爲"义申许》,载《古汉语研究》1995年第3期;张其昀:《〈说文解字〉"爲"训"母猴"辩》,载《信阳师范学院学报(哲学社会科学版)》2012年第2期。
④ "为"也有其他含义,如"变成""是""治理""对待""算作"等。但这里不赘述"作为"之外的含义。

传》）如："今之阅者，看武艺，但要周旋左右，满片花草；看营阵，但要周旋华彩，视为戏局套数，谁曾按图对士一折一字考问操法，以至于终也。"（明·戚继光：《纪效新书》）如："'口之于味也，目之于色也，耳之于声也，鼻之于臭也，四肢之于安佚也'，此后儒视为人欲之私者，而孟子曰'性也'，继之曰'有命焉'。"（清·戴震：《孟子字义疏证》）如："本来是人人视为畏途的铜河，更好像完全化为了地狱。"（郭沫若：《我的童年》）一直到现代汉语的语境中都是如此。譬如"这件事很重要，你绝不可视为儿戏""逾期一个月未缴纳社团活动费用的，被视为退出社团"之类。而从上述的语词流变情况来看，它经历了从"视A为B"到"A视为B"的演变。这种演变在宋朝发生，及至明朝逐渐固定下来，并且一直延续到当代。有学者统计了《人民日报》在2005年对"视为"一词的使用情况，详见表3-1。

表3-1 "视为"结构在《人民日报》（2005）中的使用情况表[①]

结构	出现次数
视……为……	10
……视为……	92
被……视为……	47
……被视为……	150
把……视为……	107
将……视为……	99

从统计的结果来看，现代汉语的表述更青睐于将"视""为"放在一起使用，这样一来"视"的宾语就被提到"视"之前。同时，为了表述的精确化，言说者尽量使用"把""将""被"这样的介词以实现主语、宾语的明晰，因为这些介词是主动句和被动句的重要标志，它们的出现对语句的各成分起到了间隔化的作用。就如王擎擎所言："最后出现的'把/被/将……视为……'结构，由于介词的使用，'视'后面的宾语被提前就有了形式标记，因此，在现代汉语中该结构的使用频率最高。"[②]

[①] 王擎擎：《"视为"及其相关结构的演化》，载《汉语学报》2016年第1期。
[②] 王擎擎：《"视为"及其相关结构的演化》，载《汉语学报》2016年第1期。

这一现象令人吊诡，因为"将……视为……"呈现的是介词+宾语+动词+宾语的结构，所以将"视"与"为"如此搁置似乎并不应成为语言表达的习惯，反倒是"视"+宾语+"为"+宾语的结构更契合这个词的用法。其实这一语言现象是一种"话题化"的表现——对"视"的宾语做话题化处理："视"的宾语A前移至句首，通过语序的变化，使A部分的内容被凸显出来。由"视A为B"结构转化为"A视为B"结构之后，在A原来的位置上还保留一个空位，有的例句用代词"之"代替A部分的内容，通过代词"之"，可以和前移的A形成共指关系。完成话题化之后，"A视为B"结构经过长期的使用，"视""为"逐渐固化为一个词语，形成了现代汉语中常用的动词"视为"。[1] 必须承认的是，"视A为B"的结构更契合这一语句逻辑上应有的语法，这种动、介、宾的搭配不必赘述。然而"A视为B"结构由于A的前移，A成为该句式的话题部分，起到语义强调的作用，提醒听话人注意。[2] 很显然，宾语A前移至句首，通过语序的变化，使A部分的内容被凸显出来，从而实现了对A的话题化。[3] 并且，"视为"一词在发音上是多音节的。而多音节词汇的普遍运用也是汉语言发展的趋势。就如陈望道所说："汉语文增添新词，一般早就停止使用造字为词的老方法，改用组字为词的新方法。汉字是单音节的，而组字为词组成的词一般是多音节的。汉语文开始组字为词就是汉语文的词的构成开始多音节化。组字为词的方法用得越多，多音节化的取向也就越加显著。组字为词的方法在白话文中本来很盛行，在最近几十年来的白话文中尤其用得普遍。现在不但增加新词，常常用这种方法来创制新词，就是引用旧词，也常常用这种方法来改换旧词。"[4]

也就是说，"视为"一词已经取代了"视A为B"的词组表达，成为汉语词语的固化用法。固化是新词产生的途径之一，而现代汉语中的"视为"

---

[1] 王擎擎：《"视为"及其相关结构的演化》，载《汉语学报》2016年第1期。
[2] 王擎擎：《"视为"及其相关结构的演化》，载《汉语学报》2016年第1期。
[3] 在汉语世界，主语和宾语可以随意被提到句首以实现话题化的处理，并且这种现象仅仅在现代汉语中才出现。参见吴静、石毓智：《英汉主宾语性质的差别及其对话题化的影响》，载《四川外语学院学报》2005年第5期；参见刘晓林，王扬：《略论为什么现代汉语发展成为话题优先型语言》，载《语言研究》2012年第1期。
[4] 陈望道：《修辞学发凡》，复旦大学出版社2015年版，第29页。

已经固化为一个双音词，其语义是"当作、看作"。① 汉语表达的双音节化自然也是陈望道所说的"以多音节方式组字为词"形式的一种，它也是汉语言发展的重要节点。② "视为"体现出的双音节化现象在于动词和介词的"聚合"，上文已借助话题化的概念完成了对其语义层面的解读，从而得出此二字可以并置的结论。上古时期的语言大多是单音节化的，但很多词汇逐渐演变成了双音节的，并且单音节词汇的作用在表达上受到越来越大的限制。所以，双音化趋势的发展是历史上汉语语音系统逐步简化的一个平衡。③ 从语音学的层面看，两个高频率紧邻出现的单音节词就可能结合成一个双音单位。这个过程又叫作"复合化（compounding）"，是两个语素经过重新分析而削弱或者丧失其间的词汇边界，最后成为一个语言单位的过程。④ 高频率的紧邻字，正如"视"和"为"一样，在使用中逐渐被人们下意识地置于一起，言者和听者都会基于这种语义形成共识化的联想，从而构建言语的惯习。⑤ 因而，"视为"的产生表现出的是汉语的双音节化现象，而这种现象的根源还在于人们对这两个字长期而稳定的使用状况。

回归到"视为"一词的话题化的应用上，这一词汇从"视……为……"的宾语间隔式的表述转化为"……视为……"的表述，就表明这一用法的话题化趋势。因为"视为"表达的是言说者的主观态度，其试图强调两个宾语

---

① 王擎擎：《"视为"及其相关结构的演化》，载《汉语学报》2016年第1期。

② 汉语的双音节现象主要发生在中古时期——魏晋南北朝时期，这与那个年代的骈文的兴起有关，在对骈偶对仗的讲求中，人们临时拼凑了很多双音节词，例如《颜氏家训》中的"假继（后娶）、继亲（后娶）、后母（后娶）"。但也有学者认为双音现象是汉语自身内部的音形意推动的结果。但其实骈偶对仗又何尝不是基于汉语自身的音韵、含义而产生的呢？参见李小平：《从〈颜氏家训〉看骈文对汉语词汇双音化的影响》，载《重庆社会科学》2006年第3期；石毓智：《汉语发展史上的双音化趋势和动补结构的诞生——语音变化对语法发展的影响》，载《语言研究》2002年第1期；徐时仪：《汉语词汇双音化的内在原因考探》，载《语言教学与研究》2005年第2期。

③ 石毓智：《汉语发展史上的双音化趋势和动补结构的诞生——语音变化对语法发展的影响》，载《语言研究》2002年第1期；吕叔湘：《现代汉语单双音节问题初探》，载《中国语文》1963年第1期；王力：《汉语史稿》，科学出版社1958年版，第268页。

④ 石毓智：《汉语发展史上的双音化趋势和动补结构的诞生——语音变化对语法发展的影响》，载《语言研究》2002年第1期。

⑤ 基于语义的"高频相邻"现象在双音节化中也很常见，除了本书探讨的"视为"之外，如"天气""气象"等。参见徐时仪：《汉语词汇双音化的内在原因考探》，载《语言教学与研究》2005年第2期。

的时候，就将"视"的宾语放在"视"之前，"为"的宾语放在"为"之后，发音时在前后宾语上重读，在"视为"一词上轻读，这样重读词和轻读词被间隔开来，听者也能准确把握言者试图强调的部分。而话题化的目的，就在于强调语句中的某个或某些词项。然而《尚书》有云："言者意之声，书者言之记。"① 语音的发出稍纵即逝，它仅仅在瞬时的语境中产生言辞取效。它的流传，还需要倚赖文字的表意，而这也是本书的探究对象。从"视为"一词用法的演变上看，正如马默认为的那样："一般而言，语词的使用服务于我们生活中一些相当具体的功能、需要或目的，而那些功能构成了一门语言中使用这一语词或那一语词的原因所在"。② 人们的语言习惯逐渐表现为对"视为"语句做话题化处理，它也必然因这种语言习惯而被广泛应用于文本表述。问题还在于，"视为"语句的表述有可能并不伴随介词的使用。在"视为"的主语明晰的场合，言说者会省略"把""被""将"这样的词，语句的含义并不受影响，且显得更为精简。

英语的"视为"有多种表达方式：see as, regard as, treat as, deem to be 等。从构成上看，大多是基于动词和介词的组合。这符合了"视为"的词性构造。具体的使用则采取双宾形式。主动句的结构大致是：主语 + see/regard/treat + 宾语 A + as + 宾语 B，或是主语 + deem + 宾语 A + to be + 宾语 B。被动句的结构大致是：宾语 A + be 动词 + seen/regarded/treated + as + 宾语 B，或是宾语 A + be 动词 + deemed to be + 宾语 B。逻辑分明的语句结构使得"视为"语句表达的含义更加鲜明。俄语的"视为（считаться）"用法与英语没有差异，当表达"被视为"时，我们使用这一词汇的被动形式，如 Он считается хорошим инженером（他被视为一名工程师）。而从句子组合来看，其也是主语 + 谓语（视为） + 宾语的传统搭配。

但日语的"视为（みなす）"是被置于句末的。如"未成年者が婚姻をしたときは、これによって成年に達したものとみなす（未成年人结婚的，视为其已成年）"这句话，依照表达的顺序，当是"未成年人结婚的，是成

---

① 《尚书·序疏》。
② ［美］安德瑞·马默：《社会惯习：从语言到法律》，程朝阳译，中国政法大学出版社2013年版，第101页。

年人，视为"。这源自日语表达的"主语、宾语、谓语"的顺序，"视为"作为谓语动词当然地被放在最后。如此一来，"视为"一词无意中被言说者强化了。

上述对"视为"语句的分析仅仅在于彰显一种形式的结构。事实上，语言文字的使用与言说者的心灵世界密切相关，但语言文字的固态性又不能反映心灵的全部。形式和实质的抵牾让我们不得不思考言辞背后未能明示的意义世界。马默就话语的暗示性成分认为："除了一项话语所明确说出的意思之外，它可能还包含这一话语所惯常暗含的意思、所预设的东西，也许还有在那一话语语境中该话语明显包含的其他内容。"① "视为"语句的言者在表达将 A 看作 B 时，通常也在流露某种价值。因为把 A 看作 B 意味着主体对客体的主观结构，而非客体在主体心中的映射，因而它表达的主要不是对客观事实的描述，听者则应体察叙述背后的目的——言者为何要如此地"视为"。"视为"语句自身的表述或许能够蕴含一种价值信念，这时人们不需要再考察语句之外的语境。如笔者之前提及的"逾期一个月未缴纳社团活动费用的，被视为退出社团"这一例句，从表达本身就能体会到说者的意图在于将按期缴纳社团活动费用作为参与社团的必要条件，社团成员有义务按期缴纳费用，并且这是一项很重要的义务。因而将不按期缴纳费用的情形"视为"退出社团。尽管社团成员不按期缴纳费用的行为并不当然意味着成员有主动退出社团的意思。因此这里的"视为"语句，已经蕴含着言说者的价值。但有的"视为"语句背后的价值要结合它的语境才能被我们察觉。笔者之前所举例句"这件事很重要，你绝不可视为儿戏"充分说明了这一点，因为"绝不可视为儿戏"的原因在于事情的重要性，所以言者要先强调这一原因。但无论是哪种情形，"视为"语句结构的词项往往背离了约定俗成的命名方式。"将 A 看作 B"的表达技巧本就彰显了言说者的主体之维，它早已溢出了客观实存，将言说者的理念世界充分显现出来。而作为语言文字受众的我们，也一定要从"视为"的表达中厘清事物的客观性与言说者的主观性之间的区

---

① ［美］安德瑞·马默：《社会惯习：从语言到法律》，程朝阳译，中国政法大学出版社 2013 年版，第 98~99 页。

分，并尽量准确地把握言说者如此"视为"的目的。

当"视为"语句的言说者旨在对真伪不明的事实清晰化时,"视为"语句同样内蕴着某种价值。当我们表达这样的语句——我们不能确定这个动物是否为珍稀物种,姑且视为珍稀物种好好养护,等有关人员来了之后再说——的时候,对不确定的动物品种"视为"珍稀动物,表明言说者或是基于对生态环境的保护之心,或是基于对相关法律责任的畏惧而心怀谨慎,因而如此"视为"。这种价值权衡的观念同样被"视为"语句所结构。奥斯汀甚至认为只有当有办法辨别什么是"真正的 x"、什么不是的时候,我们才能在"真正的 x"和"非真正的 x"之间做出区分。我们实际上无法做出区别——说得客气些——不值得去区别。① 现实中确有对不明事物不值得查明或者无法查明的情况出现,我们要借助"视为"语句表达一种决断,同样,这种决断体现的也不是一种描述——既然言说者面对的是不清晰的情状,也就无法做出"客观的描述"。即使面对一种沉默,必要时也会通过某种价值理念将这种沉默"视为"某种意义。维柯区分了神的语言、英雄的语言和人的语言:"神的语言几乎是无声的,或只稍微发出点声音;英雄的语言开始时是有声或无声的平均混合……至于人的语言则几乎全是发音的,只是有时发音较轻或是哑口的。"② 即使是"沉默",也可以用外化的"视为"语句呈现。

我们倘若从语音的角度看待"视为",有理由认为听者的注意力会被这一动词的音调吸引。因为"视"和"为"从普通话的发音来看属于声调跨类。有研究表明,在听跨类声调时,脑波激活得比较早。③ 发音也是实现语词取效的关键。语音的频率,关乎着言说者的态度和听者的接受度。"视为"语句不仅要用于书面表达,也会在言谈场合被口头化地应用,这种"应用"的理性也是要借助"视为"的语言学维度审视。发音问题又涉及话题化现

---

① [英] J. L. 奥斯汀:《感觉与可感物》,陈嘉映译,商务印书馆出版社 2016 年版,第 69 页。
② [意] 维柯:《新科学》(上册),朱光潜译,商务印书馆 1989 年版,第 229 页。
③ 这是郑洪英设计的在受试者完全不注意语音输入情况下测量的脑波活动,在听跨类声调时,脑波在 150ms 时激活,而听同类声调时,脑波在大约 250ms 时激活。参见王士元:《语言、演化与大脑》,商务印书馆 2015 年版,第 129 页。

象，人们用"视为"语句的话题化形式表达自我的主观视域，这一汉语习惯值得我们思考。乔姆斯基说过："每一种语法都和语句的组成相关，这些语句构建的语言乃基于既定的语法而形成。"① 语句发挥的表意功能当然地与组成它的"质料"相关，看似微不足道的"视为"二字，发挥的作用不可小觑。通过对"视为"一词的用法梳理与总结，我们从语言学的维度上把握了它存在的意义。但正如人类存在于一连串的具体场域一样，语句的表意需要依托于具体的语境，换句话说，如果要更加深入地在情境化的视角下揭示"视为"语句背后的哲学与功用，我们对"视为"一词的分析应当将其置于特殊化的语境中。

本书就力图对立法文本中的"视为"一词予以法理层面的疏释，审视其在法律这一特殊语境下的表意功能，并结合法律的理想将这种表意同样导向"理想"之境。法律条文系由文字词句所构成，欲确定法律的意义，须先了解其所用词句之意。② 但有学者从法律语言和日常语言的关系角度提出了顾虑，认为"如果我们日常语言生活中一些习非成是的东西逐渐被定型在法规语言中，对现代汉语的健康不能不说是一种损害"。③ 事实上，法律语言对日常语言的吸纳应将重心放在语言产生的可接受性上。所谓"习非成是"的语言，倘若已然固化为大众的交流范式，当然也应被语言体系采纳。所以就"视为"而言，它的语义和用法已被汉语世界固化，当它浸润在法律的语境中时，它释放出的意义也被法律的特质裹挟。唯有抱持思辨与实证，我们才能叩开法律的"视为"之门探索其中的奥义。

二、立法中"视为"一词的应用情状

在以成文法为主要渊源的中国，对立法文本的表达是研究法律语言的重心工作。笔者对相对位阶较高的全国人大和人大常委会的立法中出现过的"视为"一词予以系统的整理，从它在法条的分布频率和表意中探究"视为"在现阶段的立法实践情状。具体而言，情况如表 3 - 2 所示。

---

① Noam Chomsky, *Syntactic Structures*, Berlin & New York: Mouton de Gruyter, 2002, p. 14.
② 梁慧星：《民法解释学》，中国政法大学出版社 1995 年版，第 214 页。
③ 张伯江：《法律法规语言应成为语言规范的示范》，载《当代修辞学》2015 年第 5 期。

表 3-2 "视为"一词在立法中的分布频率表

法律名称	颁布机关	"视为"出现的次数	表示拟制的"视为"出现的次数	表示其他用法的"视为"出现的次数
刑法	全国人大	1	1	0
民事诉讼法	全国人大	6	6	0
民法典	全国人大	44	44	0
行政诉讼法	全国人大	1	1	0
行政复议法	全国人大常委会	1	1	0
行政许可法	全国人大常委会	1	1	0
公务员法	全国人大常委会	1	1	0
集会游行示威法	全国人大常委会	1	1	0
民用航空法	全国人大常委会	8	7	1
引渡法	全国人大常委会	1	1	0
非物质文化遗产法	全国人大常委会	1	1	0
保守国家秘密法	全国人大常委会	1	1	0
公司法	全国人大常委会	3	3	0
合伙企业法	全国人大常委会	1	1	0
企业破产法	全国人大常委会	4	4	0
海商法	全国人大常委会	15	13	2
劳动合同法	全国人大常委会	2	2	0
保险法	全国人大常委会	1	1	0
电子签名法	全国人大常委会	9	0	9
票据法	全国人大常委会	3	3	0
信托法	全国人大常委会	2	2	0
著作权法	全国人大常委会	2	2	0
专利法	全国人大常委会	6	5	1
商标法	全国人大常委会	3	3	0

续表

法律名称	颁布机关	"视为"出现的次数	表示拟制的"视为"出现的次数	表示其他用法的"视为"出现的次数
反不正当竞争法	全国人大常委会	1	1	0
反垄断法	全国人大常委会	1	1	0
固体废物污染环境防治法	全国人大常委会	1	0	1
仲裁法	全国人大常委会	2	2	0
海事诉讼特别程序法	全国人大常委会	4	4	0
劳动争议调解仲裁法	全国人大常委会	1	1	0
农村土地承包经营纠纷调解仲裁法	全国人大常委会	1	1	0

问题在于，为何笔者要专门统计"视为"一词的拟制用法的使用频率呢？这与前人对"视为"的理解有关。因为从前人的研究成果来看，"视为"的拟制用法是确定无疑的。这一点在学界得到了共识性的肯认。[①] 但它拟制之外的用法则存在争议。张艳芳和杜艳荨认为"视为"还表示推定和注意规定，[②] 张海燕认为"视为"还表示类推适用、推定和注意规定。[③] 但刘风景仅仅认为"视为"是一种"显性拟制"而没有提及其他功能。[④]

首先，为什么"视为"具有拟制功能是毫无争议的呢？因为立法中的"视为"汲取了"把 A 看作 B"的含义，而"看作"，意味着将某一客观存在

[①] 刘风景：《"视为"的法理与创制》，载《中外法学》2010 年第 2 期；谢晖：《论法律拟制、法律虚拟与制度修辞》，载《现代法学》2016 年第 5 期；张艳芳：《"视为"的税法评判与纳税人财产权保护》，载《中国石油大学学报（社会科学版）》2016 年第 5 期；张海燕：《"推定"和"视为"之语词解读？——以我国现行民事法律规范为样本》，载《法制与社会发展》2012 年第 3 期；卢鹏：《法律拟制正名》，载《比较法研究》2005 年第 1 期；杜艳荨：《"视为"的法律解读》，南京师范大学 2014 年硕士学位论文；黄振：《论法律拟制》，苏州大学 2010 年硕士学位论文。

[②] 张艳芳：《"视为"的税法评判与纳税人财产权保护》，载《中国石油大学学报（社会科学版）》2016 年第 5 期；杜艳荨：《"视为"的法律解读》，南京师范大学 2014 年硕士学位论文。

[③] 张海燕：《"推定"和"视为"之语词解读？——以我国现行民事法律规范为样本》，载《法制与社会发展》2012 年第 3 期。

[④] 刘风景：《"视为"的法理与创制》，载《中外法学》2010 年第 2 期。

的事物赋予主观的重新分类。《说文解字》中说"拟，度也"①"制，裁也"。②因此"拟制"的含义是揣度之后的裁断。而揣度，就意味着存在揣度的对象和揣度的结果。卢鹏认为在现代汉语中，将"拟""制"合在一起，作为一个法学术语，主要是指法律上"不容反驳的推定或假定"，是一种模拟性决断或一种决断性虚构。③这一看法也大致契合了《说文解字》的判断。而"揣度对象"在拟制中是本体，"揣度结果"则是拟体。把本体揣度为拟体，就是拟制技术的运用。拉伦茨认为："法学上的拟制是：有意地将明知为不同者，等同视之……法定拟制的目标通常在于：将针对一构成要件（T1）所作的规定，适用于另一构成要件（T2）……因此，立法者并非主张，T2事实上与T1相同，或事实上为T1的一种事例，毋宁乃是规定，对T2乃是赋予T1相同的法效果。"④拟制的前提恰在于T1与T2事实上的不同，而"相同法效果"的"赋予"是立法者的主观性体现。考夫曼认为"拟制的本质是一种类推：在一个已证明为重要的观点之下，对不同事物相同处理，或者我们也可以说，是在一个以某种关系为标准的相同性中（关系相同性，关系统一性），对不同事物相同处理"。⑤这种"关系标准"如何界定或者是否存在另当别论，但与拉伦茨一样，考夫曼的"拟制"概念也指向不同事物的同一化。国内法学家对法律拟制的看法也大体上围绕着这一法理。张明楷对刑法中的法律拟制的看法是："法律拟制虽然是将两种不同的行为赋予相同的法律效果，但之所以能够作出立法拟制规定，是因为这两种行为在法益侵害上没有明显区别，或者说二者对法益的侵害程度大体相同。"⑥刘风景认为"法律上的拟制是反于真实的制度性虚构，它是有意识地将相异事物等同视之的法律技术"。⑦谢晖认为"法律拟制则仅指：在立法或法律中以'视为'这一

---

① （汉）许慎：《说文解字》，中华书局2013年版，第255页。
② （汉）许慎：《说文解字》，中华书局2013年版，第87页。
③ 卢鹏：《拟制问题研究》，上海人民出版社2009年版，第22页。
④ ［德］卡尔·拉伦茨：《法学方法论》，陈爱娥译，商务印书馆2004年版，第142页。
⑤ ［德］亚图·考夫曼：《类推与"事物本质"》，吴从周译，学林文化事业有限公司1999年版，第59页。
⑥ 张明楷：《刑法分则的解释原理》，中国人民公安大学出版社2011年版，第643页。
⑦ 刘风景：《"视为"的法理与创制》，载《中外法学》2010年第2期。

引导词作为规范词,所引出的把两个或两个以上虽然类似、但又有区别的事实纳入同一法律概念或规范(做参照)而处理的立法方式"。① 可见国内学者对拟制的理解也大体定位于对不同事物相同化的层面。似乎法律拟制的意义必然是立法者将某一既定的事实看作其他事实以实现相同法效果的赋予。

但如果我们的视角仅止于此,尚不能全面地把握拟制现象。因为拟制还包括对不确定事实的确定化。所谓"不确定事实",诸如当事人意思表示不明,当事人逾期未提交证据使得法官不确定有没有证据,等等,这些情状导向了多种可能性。对立法者其中一种可能性的确立也是法律拟制的表现。按之前对"拟制"的词义分析,我们认为其是揣度之后的决断,那立法者对含糊的对象能否"揣度之后做出决断"呢?当然可以!而且这种揣度是必要的,因为法律很多时候不能对含糊的事实赋予某种清晰的标准。杜艳荨认为将"视为"规范面向的主观意思不明的情形、行为表意不明的情形是拟制,但她随后又认为将主观意思不明的情形的"视为"规范是立法者对人意图的"推定"。② 常识性的问题在于:相互矛盾的命题不可能同时为真。杜艳荨从性质、反驳方式、成立基础三个方面辨析了拟制和推定,她认为推定是从一个基础事实所作出的具有逻辑可能性的推测,且基础事实与推测事实之间通常具有逻辑上的关联性;推定事实允许当事人举证推翻,即只要能提出反证,推定事实就不予成立;推定的基础是事实。③ 问题在于,拟制的本体与拟体也具有逻辑可能性和关联性,所以仅凭这一点并不能区分推定和拟制。关于"能否推翻"的问题,关键在于法律中的"视为"表达是否已经形成,若已形成则已具有权威效力,必然是不可推翻的。有个别条款的表述看似具有对"视为"情形的可推翻性,《海商法》第114条第3款:"旅客的人身伤亡或者自带行李的灭失、损坏,是由于船舶的沉没、碰撞、搁浅、爆炸、火灾所引起或者是由于船舶的缺陷所引起的,承运人或者承运人的受雇人、代理人除非提出反证,应当视为其有过失。"但对"视为"规范的考察应着眼于"视为"一词自身的功能,"视为"情形的例外则不属于"视为"的研究着

---

① 谢晖:《论法律拟制、法律虚拟与制度修辞》,载《现代法学》2016年第5期。
② 杜艳荨:《"视为"的法律解读》,南京师范大学2014年硕士学位论文。
③ 杜艳荨:《"视为"的法律解读》,南京师范大学2014年硕士学位论文。

眼点。《海商法》条款中的"视为"表达的正是立法者的一种揣度，而"允许提出反证"是"视为"的例外，并不是"视为"规范的研究域。我们应以前者为研究基点，而前者则是不可推翻的、具有权威性的规则。至于杜艳荨认为推定的基础是某种事实，其也不能与拟制区别开来，拟制的本体，难道不是一种事实吗？我们不正是将某一事实"视为"另一事实才实现了拟制吗？萨维尼认为这种情形也属于拟制："实在法规则对某些情形赋予意思表示的效力，但却不能因此断言事实上存在一项意思，可以把这种情形称为拟制表示。"① 黄茂荣就这种情形也认为："由于立法者系自己也不十分肯定到底系争两个案型是否同一。为了使该不肯定的疑问不影响需要之规定的制定，乃直截了当地通过拟制，在规范上将其视为同一，省却相同与否的辩论。"② 所以，将不确定的事实看成某种可能存在的确定性事实也是一种拟制，是在人类视域不能触及的场景下以利益为导向，对这种不明情状下的某种可能情形"视为"法律规制的情形。利益导向下可能情形的设想，是揣度之后的构造，契合了"拟制"的概念。

"拟制"的含义最初并非如此，它来自罗马法中的司法技术，梅因在《古代法》中说："'拟制'（fictio）在旧罗马法中，恰当地讲，是一个辩诉的名词，表示原告一方的虚伪证言是不准被告反驳的。"③ 梅因本人也试图把法律拟制放在司法的语境下："但我现在应用'法律拟制'这一个用语，是要以表示掩盖，或目的在掩盖一条法律规定已经发生变化这事实的任何假定，其时法律的文字并没有被改变，但其运用则发生了变化。"④《牛津法律大辞典》对"法律拟制"的定义也是从司法角度展开的，其认为法律拟制是指任何隐瞒或倾向于隐瞒一种法律规则已经发生了的变化，即其文字虽未变，但其作用却被修改了的事实的拟制。⑤ 这和梅因个人对法律拟制的看法一样，都是试图借法律拟制的技术弥合凝滞的规则和流动的事实之间的龃龉。而庞

---

① Friedrich Carl von Savigny, *System des heutigen Römischen Rechts*, Bd. III, 1840, p. 253.
② 黄茂荣：《法学方法与现代民法》（第五版），法律出版社 2007 年版，第 195 页。
③ ［英］梅因：《古代法》，沈景一译，商务印书馆 1959 年版，第 18 页。
④ ［英］梅因：《古代法》，沈景一译，商务印书馆 1959 年版，第 18 页。
⑤ ［英］戴维·W. 沃克：《牛津法律大辞典》，李双元等译，法律出版社 2003 年版，第 423 页。

德在对西方国家的法律做历史性考察之后更为直白地表明法律拟制对具体事实的面向,他认为拟制也是在具体情形中"著名人士为了满足具体案件中的明确要求而刻意创制的"。① 卢鹏对两种层面的拟制做了总结,他认为就拟制自身的发展而言,古罗马法走出了两条路径:一条是"法律解释"的路径;另一条是"立法政策"的路径。在这两条路径中,隐含着后来两大法系拟制道路的分野:一条是大陆法"立法政策"的拟制道路,一条是英美法系"司法解释"的拟制道路;或者说,一条是大陆法"整体协调性"的拟制道路,一条是英美法"个别适应性"的拟制道路。② 上述梅因等人的观点显然指向的是卢鹏总结的英美法的"拟制"。而在以成文法为主要法律渊源的中国,"视为"在制定法中的表述体现的立法拟制更值得我们探究。但笔者并非否认"视为"一词在司法中的价值,而且这一点在下文会进一步阐述。只是"视为"在立法层面表示拟制的时候,与拟制的原初含义相比大相径庭。立法拟制也可追溯到古罗马时期,如古罗马的《科尔内利法》将死亡的被俘市民一概被虚拟为是在被俘虏之时死亡的。③ 而从上文对拟制的解读来看,制定法中的"视为"绝不是立法者在表述某个事物已经发生变化并试图用规范掩饰这种变化,而是承认此事物与彼事物的不同却予以同一对待。这也就反映了英美法系与大陆法系的法源之别,就如杨兆龙所言:"英美法所保留的历史色彩比较浓厚,遇有新问题发生而传统的法律不能解决时,往往要利用'推定'或'拟制'以扩张解释而济其穷。大陆法所保留的历史成分不多,运用'推定'及'拟制'的机会也比较少。'推定'或'拟制'之运用在大陆法里面通常代表一种立法的政策,并不是一种解释法律的方法。"④ 既是立法政策,就在抽象层面具有权威性,即使它背离了我们日常的命名或分类方法。

同时,既为立法"政策",其必然出自立法主体的某种价值取向,这种价值取向甚至超越了对事物客观性的"忠诚"。毕竟,立法拟制是一种"指

---

① [美]罗斯科·庞德:《法律史解释》,邓正来译,商务印书馆2013年版,第175页。
② 卢鹏:《拟制问题研究》,上海人民出版社2009年版,第155页。
③ 黄风:《罗马法词典》,法律出版社2002年版,第112~113页。
④ 杨兆龙:《杨兆龙法学文选》,中国政法大学出版社2000年版,第215页。

鹿为马"，是通过"好像"的诗性逻辑来建构秩序的。① 关键在于这种"指鹿为马"形成的秩序意义何在？是何种价值取向值得我们做出背离客观事实的叙述？这需要对现有的"视为"规范予以审视。先看以下几个表述拟制的"视为"规范：

《刑法》（2020 修正）第 367 条第 3 款："包含有色情内容的有艺术价值的文学、艺术作品不视为淫秽物品。"

《民法典》第 16 条："涉及遗产继承、接受赠与等胎儿利益保护的，胎儿视为具有民事权利能力。但是，胎儿娩出时为死体的，其民事权利能力自始不存在。"

《民法典》第 159 条："附条件的民事法律行为，当事人为自己的利益不正当地阻止条件成就的，视为条件已经成就；不正当地促成条件成就的，视为条件不成就。"

除此之外，《劳动合同法》（2012 修正）第 14 条第 3 款、第 32 条第 1 款等条款也属于拟制条款。这些拟制性条款的共同性在于，立法者试图借助拟制的技术保护相关的人权。其推动对有色情内容但有艺术价值的文学、艺术作品的传播以实现大众的正当精神利益、保护胎儿的继承利益、维护合同善意方的权利。这些条款充分反映了立法者的人文关怀，是立法的伦理取向。尽管伦理不必然违背事物本质，但其主要生发自人的心灵。黄茂荣在推崇法律拟制的时候也提出"法律上的拟制是法律观点的表现方式之一"，② 表现"法律观点"，又何尝不是立法者的心灵关照？霍金认为，立法的任务是在用假定（和其他方法）来促成所希望的情状。③ 对人权的保护当然是立法"希望的情状"，但既然是立法者的主观愿望，就意味着其以自我的视域超脱于客观世界，因而在内容上不是一种忠实于客观的描述，而是霍金意义上的"假定"。尽管有学者认为"语言对世界的契合和世界对语言的契合是两种基本互动形式"，④ 但这种互动也并非语言对世界的简单映照，"视为"规范体

---

① 卢鹏：《诗说"法的诗性"——以法律拟制为例》，载《贵州师范学院学报》2012 年第 7 期。
② 黄茂荣：《法学方法与现代民法》（第五版），法律出版社 2007 年版，第 204 页。
③ ［美］霍金：《法律哲学现状》，费青译，中国政法大学出版社 2007 年版，第 89 页。
④ G. E. M. Anscombe, *Intention*, Basil Blackwell, 1957, p. 56.

现的价值理念对世界的"再创造"也是语言对世界的作用。也就是说，用"视为"表述拟制的意义之一就在于立法者对人权理想的抒发，其试图把某种客观情状看作另一种虚构出的场景，而这种虚幻之景，能够将法律调整进而推向人性伦理的美好境地。

而以下条款，将揭示另一层面的拟制：

《民事诉讼法》（2021修正）第274条第6项："受送达人所在国的法律允许邮寄送达的，可以邮寄送达，自邮寄之日起满三个月，送达回证没有退回，但根据各种情况足以认定已经送达的，期间届满之日视为送达。"

《行政诉讼法》（2017修正）第34条第2款："被告不提供或者无正当理由逾期提供证据，视为没有相应证据。但是，被诉行政行为涉及第三人合法权益，第三人提供证据的除外。"

《劳动争议调解仲裁法》第36条第1款："申请人收到书面通知，无正当理由拒不到庭或者未经仲裁庭同意中途退庭的，可以视为撤回仲裁申请。"

这些条款蕴含的价值在于，人的行动需要效率。主体的"视域不能"无法左右难以捉摸的客体，但在法律领域，我们需要及时地取效于民众而不能无休止地纠缠于对不明情状的无意义猜测。就如刘风景所言："由于立法者的理性是有限的，要协调与无限广阔的未知世界的关系，通过'拟制'的方法，可以取得更好的效果。"[①] 这就需要借助"拟制立法"从这些不明情状中虚构出确定的情形。而拟制遵循的价值路径显然面向的是法律的效率价值。上述法条已经充分地阐述了"视为"表述蕴含的效率价值："送达回证在三个月内没有退回"的情况下立法者结合一定条件拟制出"已送达"的结论，"不提供或者无正当理由逾期提供证据""无正当理由拒不到庭或者未经仲裁庭同意中途退庭"的情形也都是一种意思表示不明的情形，立法者无暇猜测其意图，只能拟制出某种结论。这种结论是否是真实的，立法者无暇斟酌，甚至无法斟酌。可见，效率的价值使得立法的拟制技术不可或缺。而同样，"视为"一词成为促进效率拟制的标志性语词。除上述列举的法条之外，《仲裁法》（2017修正）第26条、《专利法》（2020修正）第30条、《企业破产

---

① 刘风景：《"视为"的法理与创制》，载《中外法学》2010年第2期。

法》第18条也通过"视为"一词表达了这样的拟制。

然而，除了拟制之外，"视为"立法还有其他功能，如注意提示功能：

《民法典》第473条："要约邀请是希望他人向自己发出要约的表示。拍卖公告、招标公告、招股说明书、债券募集办法、基金招募说明书、商业广告和宣传、寄送的价目表等为要约邀请。商业广告和宣传的内容符合要约条件的，构成要约。"

《民用航空法》（2021修正）第114条第3款："承运人根据托运人的请求填写航空货运单的，在没有相反证据的情况下，应当视为代托运人填写。"

《电子签名法》（2019修正）第10条："法律、行政法规规定或者当事人约定数据电文需要确认收讫的，应当确认收讫。发件人收到收件人的收讫确认时，数据电文视为已经收到。"

这些条款中的"视为"旨在提示法律读者依照既定规则行事，没有这些条款，法律的实施也应依照此理。符合要约规定的商业广告理所当然地应被作为要约。数据电文进入了特定系统，也是一种信息的"到达"。托运人请求承运人填写货运单，当然地是代理承运人填写。发件人收到收件人的收讫确认，也当然地意味着数据电文已经收到。这些条款中的"视为"表示一种提醒，是立法者担心法律阅读者忽略相关信息。它必然契合法律与法律之间、法律与法理之间的连贯性。但既然是一种"提示"，其必然也是立法者的主观意思表达，其借助主观意蕴浓厚的"视为"一词也有其考量。这也是立法的人性伦理的体现。富勒认为的法的内在道德标准之一在于法的明确性，而让法律阅读者"不遗漏"法律的应然之理，也当然地成为法之明确性的体现，也折射出法律形式意义的道德属性。法律具有强烈的规范性，亦即，其为那些（假定）读法而知法的人提供了强有力的行为依据。[①] 只有让读法者充分了解规范的意义，才谈得上"提供"某种行为依据。

"视为"规范还有一项功能，这在以下条款中有所体现：

《电子签名法》（2019修正）第4条："能够有形地表现所载内容，并可

[①] ［加拿大］德斯蒙德·曼德森：《谛听法之旋律》，丁鹏译，河北教育出版社2016年版，第110页。

以随时调取查用的数据电文,视为符合法律、法规要求的书面形式。"

《海商法》第 56 条第 3 款:"装运器具不属于承运人所有或者非由承运人提供的,装运器具本身应当视为一件或者一个单位。"

《专利法》(2020 修正)第 75 条第 1 款:"有下列情形之一的,不视为侵犯专利权……"

这些语句中的"视为"表达的是立法者对事物赋予某种性质,从而体现为法律作者的创造。这可以被认为是一种法律虚拟,即对人类交往秩序的一种诗性描述和修辞预设,是一种立法者或司法者近乎首创的虚构的命名和规范。① 它表现的是立法者想象之后的创造,是对法律词项的自我解读,同样不是对客观世界的复写。它既不属于拟体与本体之间的范型比较,也不属于对既有事物的提示,而表现为立法者编织的意义,是一种更为完全的心灵释放。就如作家创作小说时借助文字的符码编造人物与情节一般,它体现为作者的想象之流。上述法条中的"视为"就表达了立法者对符合法律、法规要求的书面形式的签名的理解,对特定情形下装运器具的性质的理解和不侵犯专利权的场景的主观描述。这种"虚构"也反射出立法价值取向,而非立法者天马行空的思绪。《电子签名法》和《海商法》的规定都旨在借助"视为"的表述实现数据电文的便捷化和对托运方经济利益的保护(因为不属于承运人所有或者非由承运人提供的装运器具被当作"一个单位"的话,就意味着承运方有义务在运输过程中确保装运器具不受损害),《专利法》的"视为"表述则意味着立法者对特定专利行为的保护以实现人们在科技领域自由的充

---

① 谢晖:《论法律拟制、法律虚拟与制度修辞》,载《现代法学》2016 年第 5 期。富勒使用的 Legal Fiction 的意思是:(1) 提出的陈述伴随着完全或部分意识的虚假,(2) 一份虚假的陈述被认为是具有效力的。但这样的解析无疑溢出了"法律拟制"的将"不同事物等同视之"的定义,所以 Legal Fiction 除了表示法律拟制之外还有其他表示立法者的主观想象之意。温晓莉和杨奕华在"法律虚拟"和"法律拟制"的概念使用上纠缠不清,也是受到 Legal Fiction 这一概念的困扰。谢晖通过对"法律虚拟"在广义、中义和狭义层面的界定才将其与"法律拟制"区别开来,笔者引用的是谢晖对"法律虚拟"的狭义概念,它显然与本书对法律拟制强调对某种情状的揣度之后的测量是有区别的。See Lon L. Fuller, *Legal Fictions*, Stanford University Press, 1967, p. 9. 另参见温晓莉:《论法律虚拟与法律拟制之区别》,载《北大法律评论》编辑委员会编:《北大法律评论》,北京大学出版社 2007 年版,第 236~239 页;杨奕华:《法律虚拟与法学研究》,载葛洪义主编:《法律思维与法律方法》,中国政法大学出版社 2002 年版,第 110~116 页等。

分表现。但我们难以从这种自由的"创作"中以宏观的视角找到某种规律化的利益取向，只有渗入具体部门法的语境中分别体认。而"视为"的含义表明了立法者在规则制定时的主观视域，其体现立法者在文本中的立法构想，亦可谓对主体性的彰显。

三、立法中"视为"一词的应用评析

至此，笔者概括了"视为"在立法中的三种情形，关键在于应如何理性看待之。"视为"语句能够妥切实现立法拟制，这从上文对"视为"的语言学分析就已经能够得出结论。本体和拟体借助"视为"这一体现主体视域的动词联结，从语义上呈现立法者对不同事物同等对待的态度，这种表述方式与立法者的意图妥切相合。而"视"的宾语前置于"视"之前成为"视为"句的主语，从"话题化"的语法结构体现立法者对客观情形的强调，这种强调促进了法律的取效。因为大众的认知取向在于事物的"真"，从事物的"真"过渡到立法者的主观向度，契合了法律读者的认知进路与认知前见，规范被认同的可能性就会增强。而立法拟制的价值意蕴，虽然没有浮现在"视为"语句的表述层面，但"视为"本身充当拟制触发语角色——因为既然它的字面意义与本体-拟体的关系结构更为接近，因此触发了法律读者的"语义前见"，成为立法拟制的标识——能够起到引导法律读者探求拟制的价值助力的作用。

但"注意规定"和"虚构"的条款里"视为"的使用值得商榷。正如笔者上文所说，"注意规定"和"虚构"也都蕴含着立法者的主观构想，"视为"的语义也表现出立法者对事物的主观看法，但是否意味着使用这一语词是最为妥当的选择呢？"注意规定"是对既有情状的重申，但既然存在"既有情形"，也就说明"注意规定"必须面向客观实存，它体现的立法者主动的提醒是立基于客观情状的，它遵循的"同一律"必然以已存在的事物为依凭，因此它的表述应当更突显客观世界的存在。这时用"视为"表述这层含义就忽略了客观定在这一表达重心，这种客观定在尽管原先也出自某种主观的构造，但构造完成之后，它就具有了客观性。"虚构"虽然体现出立法者

想象力的驰骋，但其终归表现为立法者对词项赋予的意涵的权威——是一种定义技术，而不是像拟制技术表现出的对客观世界的"反驳"，既然是下定义，也就意味其表述的重心也应在于对客观意蕴的彰显。问题就在于，表述这种客观意蕴强烈的情形倘若依然使用"视为"作为触发语，则不甚合理。因为"视为"的意义在于一种看法，用在这里则削弱了法律语言的刚性，未能表达出法律的权威意义。笔者认为在这两种情况下应以"是"替代"视为"，因为"是"表示的是对事物的一种确信态度。在语义方面，对"X是"最通行的理解方式是将其理解成 X 存在。① 而事物的"存在"即指事物的客观性。正如海德格尔所说："此在总是从它所是的一种可能性、从它在其存在中这样那样领会到的一种可能性来规定自身为存在者。"② 以"此在"诠释"存在"，是海德格尔的存在论哲学的重要维度。当法律制定的主体需要表达事物存在的意义时，用"是"这一动词能推动"客观性"取效。

从笔者对高位阶立法的"视为"出现频次的统计来看，"视为"共出现 114 次，其中表示拟制的"视为"共出现 97 次，其他用法（注意规定和虚构）的"视为"出现 17 次，拟制占到了 85%，因而"视为"在现有立法中以拟制为主。这与上述"视为"的日常语义紧密关联。笔者基于上述语义学的分析视角也认同"视为"规范对拟制意义的表述，而注意规定和虚构层面的"视为"用法不能准确表达立法者在此种语境下的主观想法，立法者在使用"视为"时也因其与日常用法的差异而显得较为谨慎，因而"视为"的这两种用法就很不常见。梅林科夫认为，法律语言具有以下鲜明特色：冗余拖沓、晦涩不明、夸张不实、单调乏味。③ 但这是对法律语言整体而谈的，而且其针对的是英语世界的法律。就立法的上述三种维度而言，微观的法律标志性语词——一种独立于其调整的具体事务的虚词应当简洁且醒目，甚至它本身的出现就应当成为阅读者的言语前见。"视为"契合的是客观—主观的视域转化——一种拟制思维的抒张，而着眼于对客观意义强调的注意规定和

---

① 萧诗美：《是的哲学研究》，武汉大学出版社 2003 年版，第 301 页。
② [德] 海德格尔：《存在与时间》，陈嘉映、王庆节译，生活·读书·新知三联书店出版社 1999 年版，第 51 页。
③ [美] 大卫·梅林科夫：《法律的语言》，廖美珍译，法律出版社 2014 年版，第 33 页。

虚构，则以"是"的存在论语词作为标志，才能将基于法律权威而形成的"言语自信"体现出来。

言语的字词构造、字词含义与发音构成了人们的交流准则。这一准则结构着人们的日常生活，因为人们从中寻求到一种基于理性预期而生成的秩序。当然，言语的准则还应当结合具体的语境，就如马默所言："普遍会话含义是由自然语言中某些标准表达的语义特征……和那些会话准则所适用的具体语境两者结合在一起而产生的。"① 立法本身构成了一种语境：一种以取效为目的的威权制度环境。立法语言的庄重和表达的严谨正意味着立法语言自身应当形成独特场域。② 但反过来，法律为了实现对社会的有效调整，也一定会浸润在某个具体的生活语境中，所以"要真正理解法律专业语言，要放在具体的实践中进行理解，而日常生活同样是一个不可缺少的重要途径。即把法律语言看作是人们的一种言语行为，在言语行为中寻求语言的意义"。③ 法律源自社会基本生活，这一特性使得法律语言也不可能脱离社会语言。事实上，法律的制定如欲实现对人的行为妥当指引，就应当将人类既定的言语秩序纳入制定法的语言秩序中。"视为"在日常用语中表现为人类对事物的观审，法律在满足某种利益的驱动力之下需要我们向事物投射某种视域，"视为"一词的用法就因这种视域的意义被纳入规范表达中成为规范的谓语动词。依据人们对"视为"一词的惯常用法，它用来表达拟制最为妥切。毕竟，其意在将不同的事物等同视之，也正契合了法律对不同事物赋予相同法效果的意涵。立法语言须面向的主要问题就在于法律精英话语与大众话语之间的纠葛，但就"视为"一词而言，我们需要法律精英更具包容性的接纳，毕竟，"视为"一词在日常表达中，已经成为表达人们视域的惯习动词。

四、"视为"一词的实践面向：立法的修辞理性

法律对社会的调整需要以理想整合利益需要，人的主观性必然融入这种

---

① ［美］安德瑞·马默：《社会惯习：从语言到法律》，程朝阳译，中国政法大学出版社2013年版，第129页。

② 有学者甚至认为如果法律的语言不够庄重，会与法律的思想内核不相适应。参见余致纯：《略说法律语言和法律语言学》，载《法治论丛》1989年第1期。

③ 郑金雄：《易读性传播：法律传播中的语言解码与理解》，载《政法论坛》2011年第6期。

调整中来。如何用"视为"语句妥切地表达这种主观性，是对现有的"视为"规范语句整理的实践维度。考夫曼提出的"法律理念 – 法律规范 – 法律判决"的模型①表现的正是法律与人类理念的密不可分。"视为"一词表现出的主观视域融入规范文本与司法文本，释放出的这种理念应取效于大众，这种取效技术依托的是人类惯常的语言对心灵的作用。正如纪尧姆认为的那样，语言学的任务之一在于探究人们熟知的且不断变化的地方语言。②"视为"虽不是"地方语言"，但其深入人心的指向表现出的语词背后的精神 – 文化意义，这和地方语言对地方群体的精神 – 文化域的结构机理是同样的。

因而我们对"视为"规范语句的完善也要以规范文本对人的取效为原则，那么对"视为"日常含义的考量是必不可少的，而法自身的语境是是否安放以及如何安放"视为"一词的关键。正如刘风景所说，"视为"极易在法律领域形成"张冠李戴""指鹿为马""挂羊头卖狗肉"等现象，法律规则也就形同虚设，法治将面临危机。③ 这份担忧并非多余，就"视为"的语义学来看，它毕竟表达的是对客观现实的背离，所以如何使用这个词才能实现价值与事实的合理安放是值得我们考量的问题。语言的实践也就在于如何在具体场景中实现妥当的表意，我们对"视为"一词的解读已大体描绘出了它的取效理想路径，但我们还需要深入微观的"内在陈述"④ 上，从法的制定上推动"视为"语句的取效实践。

首先，法律的制定往往会面向具体的客观存在的事物，如果规范的表述不改变事物原本的称谓或分类，则不应使用"视为"一词，而应以"是"为谓语，尤其在于表达虚构和注意规定的地方。依据前文的观点，笔者认为现

---

① ［德］阿图尔·考夫曼：《类型与事物本质——兼论类型理论》，吴从周译，学林文化事业有限公司 1999 年版，第 17 页。

② Gustave Guillaume, *Foundations for a Science of Language*, trans lated by Walter Hirtle & John Hewson, John Benjamins Publishing Company, 1984, p. 18.

③ 刘风景：《"视为"的法理与创制》，载《中外法学》2010 年第 2 期。

④ 韦恩堡认为陈述一条与某个特定法律体系相关的规则，就是做一个相对于那一体系的内在陈述，而陈述一条规则属于（或不属于）某个特定法律体系，就是做一个相对于那一体系的外在陈述。笔者着眼于从立法体系和司法文书的编排体系之内探究"视为"语句的实践之维，所以使用"内在陈述"的概念。See A. Wedberg, *Some Problems in the Logical Analysis of Legal Science*, Theoria, Vol. 17(1 – 3), p. 246 – 275(1951).

有的"视为"表述并不妥当，应当以"是"表述；当规范需要改变人们的固有称谓或分类时，"视为"则应当出场。并且，"视为"出场的语句应以被动句形态，即"视"的对象——对客观实存的描述——应当成为句子的主语。需要关注的是，现有规范里的"以……论（处）"的表达也起到了对既定事实的主观视域的结构作用，与"视为"都能表明立法者基于某种价值而将不同事物赋予相同的法效果，即立法拟制。问题在于如何在"视为"与"以……论（处）"之间抉择？笔者认为"视为"比"以……论（处）"更为妥当，原因在于法律的取效机理在于法律语句与日常语句的趋同，"视为"是人们的惯常用词，而"以……论（处）"则显得较为书面化，前者相较于后者更贴近人们生活中的固有表达方式。

其次，我们要考察司法者如何适用"视为"法条的问题。这里的关键在于要区分客观事物和立法者主观视域下的事物。既然司法意味着一种判断，法官就应当在事实和规范之间循环斟酌，在事实构成和规范构成之间寻求对应，从而基于法律思维的运作做出合法与否的判断。既然要寻求"对应关系"，找到立法的"视为"语句联结的宾语与案件事实之间的对应是做出判断的前提。由于拟制往往背离了事物的客观逻辑，这种背离则是在某种价值驱动下的背离。就如黑格尔所说，理性的斗争即在于努力将知性所固执着的分别加以克服。[①] 将事物的原貌反映在文本中，本是一种认知"知性"。但"视为"规范的拟制效用打破了这种认知"知性"，规范的价值取向就可以被看成这种黑格尔认为的"理性的斗争"。所以法官应当在适用"视为"规范时考量法条背后的利益。魏德士认为"法律适用总是一种价值实现的行为"，[②] 对"视为"规范而言，伦理的价值和效率的价值都有可能成为立法者背离事物的原本命名规则和分类方式的原因力。法官用"视为"规范评价案件事实时就应当以此原因力作为评判的重要标准，从而增强适用法条的说服力。这种原因力，也应当反映在司法的文书表达中，努力体现价值指引下的

---

① [德]黑格尔：《小逻辑》，贺麟译，商务印书馆1980年版，第95~109页。
② [德]伯恩·魏德士：《法理学》，丁晓春、吴越译，法律出版社2003年版，第331页。

规范与事实的调适。"要件审判九步法"① 早已成为法院审判案件遵循的重要准则，而这些步骤的意义，都在于从事实的构造和规范的构造之间搭建桥梁以寻求对应关系。

最后，我们应以宏阔的理论视角整合立法中的"视为"表述。对立法中的"视为"的研究路径是规范实证为主的研究路径，但因为"视为"表现的是立法者对事物的观审，这种观审甚至超越了事物自身的存在逻辑，所以对"视为"的研究又会不可避免地滑向价值实证。传统的闭合性规范实证路径着眼于对规范自身的描述，并且试图将规范之外的因素排除出研究视域。但以哈特为代表的包容性规范实证研究在立基于对规范本身的描述的同时，将规范的叙事应遵循的价值理念——最低限度的自然法——也纳入了研究视角，规范实证和价值实证走向了融合。拟制性立法的"视为"从语义上表现的是客观事物在主体世界中映射的"像"，至于为何呈现出"此像"而非"彼像"，是价值理念导向下的映射结果。所以"视为"的立法语句与客观世界的悖谬使得其自身的叙事暗含了价值实证的路径。同时，因为"视为"一词必然作用于人们对已有事物的命名逻辑，所以"视为"规范也结构着现实社会的情状，② 也因而体现出社会实证的意义。

无论是对立法实践的推动还是对相关立法理论研究实践的升华，"视为"一词的意义都是值得我们探究的。它的实践价值反映的是法律的人文向度，即"视为"语句展现出法律对人性利益的满足。它既尊重人类主观精神的诗性，③ 又立基于客观实存的逻辑，二者的辩证让人们充分体会到法律的人性关怀。不同的语言会塑造出不同的大脑。④ 所以，汉语的构词法塑造了汉语世界的思维模式，汉语世界的思维模式又推动着汉语国家的文明，

---

① 邹碧华：《要件审判九步法及其基本价值》，载《人民司法》2011 年第 3 期。
② 维特根斯坦认为："凡是存在意思的地方，也就一定有完美的秩序……即使最含糊的语句也一定有完美的秩序。"而秩序在初民社会就是人们渴求的价值，所以由语言而生的命名也一定契合着现实世界的运作。参见［奥］维特根斯坦：《哲学研究》，李步楼译，商务印书馆 2000 年版，第 72 页。
③ 维柯认为按照原始的人性，要把一些主体摆在一起，才能这些主体的形式摆在一起，或者毁掉一个主体，才能把这个主体的首要形式和强加于它的相反形式分离，而这些相反的观念摆在一起就造就了诗。参见［意］维柯：《新科学（上册）》，朱光潜译，商务印书馆 1991 年版，第 204 页。
④ 王士元：《语言、演化与大脑》，商务印书馆 2015 年版，第 138 页。

而当我们落足于法律的微观世界时,汉语法学的构词如何推动汉语法学在汉语国家的取效,是我们关注的实践之维。"视为"一词尽管是规范语句的虚词,但结合这一词汇自身的表达方式折射的价值和对"视为"规范调适的对象的安置,我们能够踏出一条通向法治中国建设的独特而有效的路径。

五、结语

党的十九大对全面推进依法治国的战略做出全方位部署,就立法而言,我们要推进科学立法、民主立法、依法立法,以良法促进发展、保障善治。立法的科学原则、民主原则使得我们需要借助"视为"语句的拟制性表达,科学地体现立法的利益取向和客观现实的关系,民主地彰显对大众语言习惯的尊重。短短"视为"二字看似是个极细微的法律叙事片段,然而对它的梳理最终指向了对法律语言正当化使用的进路。湖南省娄底市双峰县的禁放鞭炮公告对法律概念的胡乱使用无疑亵渎了法治,折损了政府部门的公信力。人类将法治视为治理共识的原因就在于法治蕴含着人们的既有生活范式,这也就包含了人们既有的语言秩序。同时,以语言的表达为入点,法治方能发挥其应有的作用。规范分析是法学研究的基本路径,对规范的载体——规范语言的分析是规范分析必不可少的,乔姆斯基认为对语言语法的分析就是对特定语言的发音和词组的分析,[1] 笔者也不惜笔墨地论证"视为"在语言学层面的意义,但语言绝不仅仅是构造规范的质素,它自身的实质意义也关联着法律的价值理性。就如周赟所言:"立法语言不仅仅创设一些概念,实际上还创设了人们从法律的视角所认识到的世间万物。"[2] 规范语言研究的未来,也不会拘泥于语言本身,新时期的法治建设,离不开人文关怀视域下的语境建构,甚至需要在很多方面加以重构。

---

[1] See Noam Chomsky, *Syntactic Structures*, Walter de Gruyter GmbH & Co. KG, 10785, 1957, p.50.
[2] 周赟:《立法语言的特点:从描述到分析及证立》,载《法制与社会发展》2010年第2期。

第三节　论法律的预设修辞
——以"视为"规范为视角

规范乃是人们对客观世界的调整而形成的权利义务体系，人们基于多元的利益需求对不同的事物采取了不同的调整方式。既然涉及利益需求，也就意味着任何规范都蕴含了主体性的寄托。拉德布鲁赫说："人之所以为人，并不是因为他是一种有肉体和精神的生物，而是因为根据法律规则的观点，人展现了一种自我目的。"① 这种寄托，正意味着人们试图依托规则彰显自我目的。这种彰显往往抛离了——尽管在有的场域可能是一种无意识的背离——对客观世界的复写，从而释放出主体的心灵之流，呈现的是规范制定者的想象之域。规则的制定者对他者的预设，则是这种想象之域的彰显。当我们以规范的语言维度考察这种预设，心灵对规范的指引机理将清晰起来，规范对利益的推动作用也将寻求到明确的所指。"视为"在某些规范中作为语句的谓语动词表现的正是主体的价值取向，而"视为"也在一定程度上成为法律预设的触发语。因此，在深层次意义上，主体的预设被结构于规范的语词之中，成为有待我们破解的人性符码。

一、法律预设的机理与终极指向

预设（presupposition），即预先设定，乃是主体筹划事物之前对事物的性质做出的假定。它不是对事物的科学认知，不是对事实背后的事物性质的揭露。它既然是一种假定，也就意味着它是主体对客体赋予的意义，它意味着人们试图用心灵结构某种外在。这种假定的目的在于使人们确定对事物的筹划方向，使之按照人们理想的境地运作。预设与不可知论紧密勾连，后者构成了前者的条件——正是由于人们对事物本体与发展走向的认知是混沌的，才需要借助预设的修辞寻找心灵安放的家园。远古时期的人们用动人的传说

---

① ［德］G. 拉德布鲁赫：《法哲学》，王朴译，法律出版社2005年版，第134页。

阐释人的日常生活与自然世界的现象，其原理端在于智力尚处于低端状态的人类试图用主观的想象为自己构造一种可预期的秩序，用秩序筹划日常，或是如柏拉图描写的洞穴中的人们那样以有限的视域为预设，以至于难以接受洞穴之外的阳光。纵然现代社会的人们诉诸理性的认知，预设性思维仍承担着重要角色。理性难以认知不可名状的伦理，因而康德用权利普遍法则的公设确立人的行为秩序。① 对科学世界的探索也有理性不能达之处，胡适的"大胆假设，小心求证"的方法论所强调的"假设"的重要性，就立基于人们在研究事物的初级阶段对研究对象的认知局限。休谟悲观地认为无论理性还是经验都无法帮助人们认知事物的因果关系，一切都只是人们的假设罢了，他说："我们只是假设，假设，再假设，却永远无法将之证明，证明我们经历过的这些物体与那些还未接触过的物体之间必然存在某一相似性。"②

主观想象也好，假设也罢，都意味着人们具有预设性思维。它基于人类的认识不能却又不得不做出某种筹划的困窘，拟想出了某种不一定符合客观世界的场域。人的"视域不能"是不能避免的，人工智能的开发在一定程度上就是为了解决人类的认知局限，而预设则是弥补视域不能的人类特有的思维模式。但人的不可知只是预设存在的原因之一，其实从笔者上述的内容也能够很清晰地看出，人的"筹划"本身也意味着预设存在的必要性。所谓"筹划"，意味着人们必然要从自身利益出发，安排一系列的行动以达到人们向往的目标。安排本身不是"认知"而是"行动"，是一种主体性的范畴。主体性的理想往往在于对现实世界的突破，自然不会亦步亦趋地追随客观世界。因而这种主体意识会依据自我筹划而率先做出筹划的预设。换句话说，只要存在主体的能动，也就存在预设。而本书确立的法律论域，当然地与立法者的筹划密切相关，也当然地表现为立法者的预设。

问题在于怎样铺设这种预设？从哲学解释学的视角来看，人类的前见为

---

① "外在地要这样行动：你的意志的自由行使，根据一条普遍法则，能够和所有其他人的自由并存"，这条经典的实践理性论断在康德看来只是用来说明何为权利的，但这种"说明"无疑成为指引立法的前提预设。参见［德］康德：《法的形而上学原理》，沈叔平译，商务印书馆2015年版，第41页。

② ［英］大卫·休谟：《人性论（上）》，贺江译，台海出版社2016年版，第98页。

预设提供了认知进路。海德格尔对"前理解"结构的解读体现了诠释学的主观性,他说:"把某某东西作为某种东西加以解释,这在本质上是通过先行具有、先行见到与先行掌握来起作用的。解释从来不是对先行给定的东西所作的无前提的把握……任何解释工作之初都必然有这种先入之见,它作为随着解释就已经'设定了的'东西是先行给定了的,这就是说,是在先行具有、先行见到和先行掌握中先行给定了的。"① 他的弟子伽达默尔更是试图将"前见"理论更为彻底地贯彻到诠释学中去,他说:"并非我们的判断,而是我们的前见,构成了我们的存在。"② 问题在于,前见和预设的关系为何?海德格尔的"先入之见""先有"的提法已经预示了预设性思维存在的可能,因为正是人的先入之见推动了心灵流向,这种流向也与人们对事物预设的走向保持大体一致。更为关键的是,即使抛开对事物的认知,心灵之流本就是人的存在方式。因此,人们的外在秩序需求和内在的先见结构协同促成了人的预设。

在弗雷格看来,预设是无处不在的:"如果人们陈述某些东西,当然总要有一个预设,即所用的简单或符合的专名有一个意谓。"③ 根据上文阐述的预设基础我们可以看出,预设的重要性是不言而喻的,人类需要认知事物,就必然要借助内心的构造和猜想。并且,预设的内容受制于预设者的知识结构、思维方式和价值理想。这意味着以下两个方面,第一,尽管预设是借助语句表达的,但预设的根本在于言说的主体而非言说内容本身。有学者就说过:"预设是说话人在说出话语之前假定如此的内容,预设是说话人而不是句子产生的。"④ 第二,人的理念对预设起到推动作用,王文博就曾说:"预设是语言使用者的一种认知环境,起着背景的作用。"⑤ 冯棉也认为:"在给定的语境中,说话人在说话的时候,无论是进行陈述、提出问题,还是发出

---

① [德]海德格尔:《存在与时间》,陈嘉映、王庆节译,生活·读书·新知三联书店1987年版,第184页。
② [德]伽达默尔:《真理与方法:哲学诠释学的基本特征》(上卷),洪汉鼎译,上海译文出版社2004年版,第261页。
③ [德]弗雷格:《弗雷格哲学论著选辑》,王路译,商务印书馆出版社1994年版,第103页。
④ Yule, G., *Pragmatics*, Oxford University Press, 1996, p. 25.
⑤ 王文博:《预设的认知研究》,载《外语教学与研究(外国语文双月刊)》2003年第1期。

命令、作出请求，往往相信或假定了一些前提条件或背景知识，这些前提条件或背景知识就是这一语境中该语句的预设。"[1] 因此，预设是人的主观活动，是一种"我思故我在"的主体性彰显。

法作为抽象的存在需要调整具体的社会关系，对社会关系本身的认知以及法与社会关系的相互调适所形成的走向往往溢出了人们的认知视界，而调整策略的选择又需要我们预先做出某种筹划，因而，法律的产生必然需要借助我们的预设思维。事实上，我们业已建构的法学思维和法律思维都将这种预设性思维纳入了麾下。然而本书亟待解决的关键问题在于，我们应做出怎样的预设才能尽可能地实现筹划的理性？首要问题在于我们应从认识论上体悟法律预设的性质。本书所探讨的法律预设是站在法律的形成层面上看的，即着眼于当我们研究规范的形成以及制定规范的时候应对规范所欲结构的事物做出何种预设。前文所言的预设机理从哲学的认识论语境中展开，法律语境下的预设机理在吸纳哲学预设的一般性同时，也应展现法律自身的特性。

具体而言，我们首先考察宏观意义上的法在形成层面的预设。古希腊的斯多葛学派认为人应"按照自然而生活"，因此他们构建的自然法理念就在于将秩序预设为宇宙秩序，而将人预设为平等的人。中世纪的法学家，诸如奥古斯丁，借助双城理论区分了神法和人法，前者则以上帝的意志与智慧的至高无上为预设，后者则以人的原罪为预设。资产阶级革命之后的法学家在法的预设上更多考量的是世俗世界。霍布斯与洛克的社会契约论的重要区别之一就在于霍布斯以人性恶为预设，洛克以人性善为预设。霍布斯在《利维坦》中说："我们看见天生爱好自由和统治他人的人类生活在国家之中，使自己受到束缚，他们的最终动机、目的或企图是预想要通过这样的方式保全自己并因此而得到更为满意的生活；也就是说，要使自己脱离战争的悲惨状况。"[2]

即使脱离战争状态的语境，霍布斯的人性预设也是站在人的自利性维度上的："当一个人转让他的权利或放弃他的权利时，那总是由于考虑到对方

---

[1] 冯棉：《含有预设的推理与推理的有效性》，载《华东师范大学学报（哲学社会科学版）》2003年第4期。

[2] ［英］霍布斯：《利维坦》，黎思复、黎廷弼译，商务印书馆1985年版，第134页。

将某种权利回让给他，要不然就是因为他希望由此得到某种别的好处。因为这是一种自愿行为，而任何人的自愿行为目的都是为了某种对自己的好处。"①

可见，霍布斯预设了自然状态下人们对自我保全的价值取向。洛克则在《政府论》中说："每一个人对其天然的自由享有平等的权利，不受制于其他任何人的意志或权威。"② 其预设的乃是自然状态下人们享受和平的情状。二者最终对国家和法的产生理论的提出即是源自这两种预设。卢梭的社会契约理论也是基于他对自然状态下人们的善恶情状的预设："（在自然状态下）他们既不可能是善的也不可能是恶的，及无所谓邪恶也无所谓美德。"③ 孟德斯鸠在三权分立的理论构想上也是基于对权力属性的预设。他将权力主体预设为"恶人"，其也因之做出了"一切有权力的人都容易滥用权力，这是万古不变的一条经验"④ 这一经典的法哲学论断。新自然法学家们在构筑其观点时也同样要借助预设。德沃金推崇平等与自由理念指引的法律，因而他对法律的价值预设也定位在法律调控的事物对人的平等自由的满足上，所以他曾针对法律的福利制度说："我一开始描述的抽象形式的福利平等，它的首要的、直觉上的吸引力在于这样一种看法：福利对于人们有着实实在在的重要性……就是说，福利平等的目标是，在对于所有人都至关重要的事情上使人们达到平等。"⑤

罗尔斯在论述他的以平等为核心的两大正义观之前也试图用"无知之幕"的虚构建立论证的出发点，"无知之幕"是建立在不可知论基础上的，这种"不可知"，甚至包含了对自身的"不可知"。他在《正义论》中说："平等的基础在于人们这样两方面的相似：目的体系并不是以价值形式排列的；每个人都被假定为具有必要的理解和实行所采用的任何原则的能力。这些条件和无知之幕结合起来，就决定了正义的原则将是那些关心自己利益的

---

① [英] 霍布斯：《利维坦》，黎思复、黎廷弼译，商务印书馆1985年版，第105页。
② [英] 洛克：《政府论》（下），瞿菊龙、叶启芳译，商务印书馆1964年版，第34页。
③ [法] 卢梭：《论人类不平等的起源和基础》，李常山译，商务印书馆1962年版，第97页。
④ [法] 孟德斯鸠《论法的精神》（上），张雁深译，商务印书馆1961年版，第154页。
⑤ [美] 罗纳德·德沃金：《至上的美德：平等的理论与实践》，冯克利译，江苏人民出版社2003年版，第26页。

有理性的人们,在作为谁也不知道自己在社会和自然的偶然因素方面的利害情形的平等者的情况下都会同意的原则。"① 罗尔斯自己也将其定性为一种"假定"而不是事实,也当然地是一种预设。他从这种预设出发,建构了他的正义论体系。即使看似与价值评判无涉的分析法学,② 也会借助"预设"思维建构逻辑自洽的法律系统。凯尔森在论证他的纯粹法学理论时试图搭建一个层层递推的法律结构,但这个结构的源头——基础规范来自他的预设,他说:"这第一个宪法是一个有拘束力的规范这一点是被预定的,而这种预定的公式表示就是这一法律秩序的基础规范。"③ 基础规范作为预设的基点,不断生发出较低层次的规范,层次鲜明的法律大厦也赫然矗立在眼前。及至当下的法学研究,预设思维的应用也随处可见,谢海定在总结法教义学和社科法学的争议时,就从二者的不同预设入手辨析其异同。就法教义学的预设而言,他认为,由于理论基点上的特殊预设,(法教义学的)研究者往往对规范体系中不符合其预设的那些规范置之不顾,尤其是涉及"社会主义""公有制"等类型的规范,往往被视为纯粹的意识形态表达而弃之如敝屣。操作技术的知识具有共通性,而规范原理体系并不只是操作技术知识的累加。④ 他如何调适二者的争论不在本书的讨论范围,但预设作为理论铺陈的基调,在对法这一社会现象的认知上是必不可少的。前人对法的生成起点的论述,早已生动地将"预设叙事"娓娓道来。

其次,微观意义上的部门法规范在形成上也得益于预设思维。在推崇法治的国家,法律一经立法机关的制定即被预设为有效力。并且,多层级的法律位阶制度意味着,立法者预设了法律秩序内部的和谐整体。⑤ 李友根在经

---

① [美]罗尔斯:《正义论》,何怀宏、何包钢、廖申白译,中国社会科学出版社1988年版,第19页。
② 学界早就提出了"排他性实证主义"和"包容性实证主义"的两分。参见曾莉:《自由裁量论研究——以德沃金自然法学和包容性实证主义法学中的自由裁量论为视角》,载《法律科学》2009年第2期。
③ [奥]凯尔森:《法与国家的一般理论》,沈宗灵译,中国大百科全书出版社1996年版,第130页。
④ 谢海定:《法学研究进路的分化与合作——基于社科法学与法教义学的考察》,载《法商研究》2014年第5期。
⑤ 胡玉鸿:《试论法律位阶制度的前提预设》,载《浙江学刊》2006年第2期。

济法的预设层面提出，经济法视野下"政府被假设为基于社会整体利益的目标，适时有效地对市场运行中出现的各种问题进行规制、管理与宏观调控，也即有两项基本的假设：政府行为的出发点是社会整体利益，政府具备市场规制与宏观调控的相应能力"①。并且经济法对公民的行为也基于某种预设而予以调控，李友根认为，从整体而言，与经济学研究中的"理性经济人"假设相一致，法律制度在确定权利义务时，也基本上是以理性经营者为其基本假设的，即假定经营者均以最小的成本追求最大的利益。② 他就消费者的法律定位问题为例，提出在如何认识消费者的法律定位即主体假设问题上，在我国法学界实际上仍然存在着分歧。最为典型的例子就是以"王海现象"为代表的"知假买假"者是否属于消费者权益保护法意义上的消费者。③ 周安平针对公权力机关要求证明"我妈是我妈"这一荒谬的社会现象，就公法对人的预设问题予以论述，在他看来，公权力机关应当在具体的个人面前将他预设为"可信的"。因为法律"人性恶"预设是以抽象的人性为基础的，而政府部门对公民得"先信"是面对具体人而言，抽象人性之假设与具体人格之对待是不同性质和不同层面的法律问题。正如刑法惩罚的对象是有罪的犯罪分子，但当具体刑罚施之于具体人时，得推定其为无罪一样，即刑罚假定的人的恶是抽象人的恶，无罪推定假定的人的无罪则是具体人的无罪。因此，要求政府部门对公民得"先信"，此与法律"人性恶"的假定并无矛盾。④ 无罪推定当然也是预设思维下的产物，它要求法律预设未经审判的犯罪嫌疑人或被告人的"无罪"。贝卡里亚对之的经典表达，显现出他对社会整体的"无罪预设"期望：

"在法官判决之前，一个人是不能被称为罪犯的。只要还不能断定他已经侵犯了给予他公共保护的契约，社会就不能取消对他的公共保护。"⑤

---

① 李友根：《论经济法主体的制度预设——分析法律实效的一种可能进路》，载《学海》2008年第5期。
② 李友根：《论经济法主体的制度预设——分析法律实效的一种可能进路》，载《学海》2008年第5期。
③ 李友根：《论经济法主体的制度预设——分析法律实效的一种可能进路》，载《学海》2008年第5期。
④ 周安平：《"先信"还是"先疑"——"如何证明我妈是我妈"的制度选择》，载《现代法学》2015年第6期。
⑤ ［意］贝卡里亚：《论犯罪与刑罚》，黄风译，中国法制出版社2002年版，第35页。

而在以民法为核心的私法领域，人被预设为具有意思自治能力的、具有高度自利性的理性动物，正如富勒所言："私法中的主角是这样一位法律主体：他承担义务、享有权利，并被赋予了通过协议来解决自己同他人之间的纠纷的法定权利。因此，这位法律主体是经济生活中的商人角色在法律中的对应者。"① 具体的部门法规范在调整具体事物时必然要体现它的特性，因此它的预设必然要面向特殊的情状。

上述对法律预设情形的勾画已经指向了法律预设的机理。事实上，正如哲学层面的认知理论揭示的那样，人的自我前见和有限理性在面对与人的利益密切相关的法律并需要以法律为依托筹划事物时，预设思维将伴随着主观视域的释放而为法的形成生成逻辑起点。法本身是抽象之物，它融合了他者的思想，作为认知主体的我们，如果完全抛离预设思维而仅仅将法视作一种单向度的客观叙事，必然导向对法本体的偏离。但对法律的预设机理必然体现着法律的特殊性，上文已经将这种特性体现出来——法对"中人"的人性预设。胡玉鸿对此做出了精妙的陈述："一个规则的合理、正当，就源于它是在归纳一般人的基本行为过程中，抽象出了常态的人的行为类型。当然，这种抽象出的人的模式，并不完全等同于现实中真实的、具体的个人。"② 他还特别强调了法律的视野下人的独特性和特殊性之间的张力："法律往往根据社会常识与社会公理来确定一个相对精确的尺度，以此度量人的行为的合法与否及决定利益的具体分配。这种'大致如此'的标准，只能建立在人们的共识上，而无法根据每个人的实际状况逐一作出确定的判定。"③ 因此他将这种分析进路解读为以"人"为逻辑起点的法学研究进路："对法律规则的分析，其根本要务就在于穿透规则的表象，探究规则所蕴含的人性基础。"④ 一般人的情状当然不是真实的人类社会，人类的性情、智力、经历的千差万别才是人类社会的真实情状，但法律的表达必然只能借助文字，文字的局限不可能将人的多样性完全涵射，因此立法只能预设一般人的人性。科殷认为：

---

① ［美］富勒：《法律的道德性》，郑戈译，商务印书馆2005年版，第31页。
② 胡玉鸿：《"法律人"建构论纲》，载《中国法学》2006年第5期。
③ 胡玉鸿：《个人独特性与法律普遍性之调适》，载《法学研究》2010年第6期。
④ 胡玉鸿：《"法律人"建构论纲》，载《中国法学》2006年第5期。

"法首先应该接受人的真实的样子,并且预计到他的一切特性。但是同时,法不能到此为止而止步不前。它不能干脆让人的一切本能、直觉和激情放任自流。毋宁说,它必须遏制人的某些特性,鼓励促进另一些特性,并使它们发挥作用。"① 他并非是从法律自身的"无奈"入手提出对人性的预设,但他对法与人性的关联解读体现的正是法对人性的预设。与此同时,法律乃是对未来事项作出规划的事业,规划是一种主体性的释放,其当然地需要依托立法者的构思,这种构思则要依托立法者的预设方能形成。上述的"中人"人性预设,就源自立法者的"筹划",毕竟,人性的复杂性需要经过思维的深度酝酿才能认知。

行文至此我们不难察觉,法的预设如桥梁般最终通向了人性之域。因为规则研究针对的是"善"的学问,"善"的本质在于自我的良性关照和主体际的良性互动,它当然意味着人对自身②和对他者的利益考量。而同时,法律作为对未来事物的调整机制,在肇始必然要预设某种秩序,这种秩序显然是被"善"结构的。但人的有限理性无法整体把握不同的个体应当具有的善型与应得到的善型眷顾。有限理性下的秩序构造必然依托于预设,因而法的预设是对人性之善的考量。面对规则的调整走向,人的前见也必然会发生作用,所谓"中人"之善表现为法的筹划者作为"人"对一般人性的见解,这种见解固化为筹划者的心灵朝向,从而为法的筹划面向的"中人"之貌奠定基础,毕竟,世上对人最了解的,莫过于人自身。同时,法的预设在立基于人性的时候,必然也会释放出法的利益之维,"善"的预设也是在对利益的关切之中产生的。而法的"中人"预设,也包含了对"中人"的利益需求的回应,而利益的预设,也是源自法的筹划者的"利益"前见和他对"利益"认知的有限理性。

所以,对法的预设理论的阐释应当在充分汲取哲学的预设观之下结合法

---

① [德] H. 科殷:《法哲学》,林荣远译,华夏出版社2002年版,第152页。
② 在有的学者看来,对自我利益的尊重也是一种"善",菲尼斯认为"参与游戏"是人应当具有的品格,而"游戏"是一种个人的放松活动,让人自我感受到愉悦,并且增进智力、增强体力。菲尼斯认为这也是"善"的一种。See John Finnis, *Natural Law and Natural Rights*, Clarendon Press, 1980, p. 87.

的品性展开。关乎法的筹划乃是以"中人"的人性为预设前提的。但对这一预设的机理和最终指向的揭示也仅仅在于确立论域的着眼点,尽管这对论述而言非常重要。具体说来,它究竟应如何进一步在法域中找到性质归属?它的这一性质归属又将如何推动法对人类的关照?这些都是下文将进一步关注的。

二、法律预设何以成为一种修辞

法律预设既然是一种主观视域的定在,必然意味着它的叙事结构指向的不一定是客观事实。毋宁说,它反映的是维柯式的"诗性思维"——人们借助灵性去想象而非借助智性去推理的思维方式。立法背后的预设指向"中人"的善,这一命题成立的实践根源在于它契合社会整体的利益,因之被社会成员整体认同,从而具备了取效的前提。而从形式层面来看,规则的预设必然借助文字表达,而无论这种表达是直白的还是委婉的。我们对法律预设的解读,也必然要立基于文字的表达。因此,法律预设意味着一种以言辞取效。而"以言取效"是典型的修辞技术。[1] 它意味着人们借助语言的表达技术说服他者,以取得言说者试图达到的效果。古希腊的智者学派试图用语言技巧说服他者接受自己的观点,柏拉图驳斥其为"蛊惑人心"。但从今人的视角来看,我们不得不承认的一点是,人们中间有时候并不存在所谓"先验的真理"(a priori truth)。[2] 乔姆斯基就说过,语言学的核心在于"语言水准",它的意义指向在于指出语法结构的要素,在于描述性的语音、语形、词组结构。[3] 法律预设的语言表述也必然借助对这些要素的整合释放出它的

---

[1] 刘亚猛通过对整个西方修辞学史的考察认为:"修辞作为一种人类实践,作为对语言的技巧性应用和对语言应用效果的追求,是和语言同步发展起来的。有关修辞起源的这一种无从考证的推测,却早已成为修辞学界的共识。"如果具体到法律修辞领域,焦宝乾通过法律语言的功能的深入剖析认为"法律修辞学实际上是一种根据现在的情形,旨在完善法律语言使用的学科……当然,这其中也免不了把法律当成论证说服的要素"。因而,对修辞的理解如果从语言出发,总会落于语言的效果层面。参见刘亚猛:《西方修辞学史》,外语教学与研究出版社 2008 年版,第 19 页;参见焦宝乾:《法律修辞学:理论与应用研究》,法律出版社 2015 年版,第 21~22 页。

[2] 舒国滢:《西方古代修辞学:辞源、主旨与技术》,载《中国政法大学学报》2011 年第 4 期。

[3] Noam Chomsky, Syntactic Structures, Walter de Gruyter GmbH & Co. KG, 10785, 1957, p. 11.

取效导向。毕竟,语言本身就是思想的载体。[①] 人们对语言的应用方式甚至构成了人区别于其他动物的存在方式。当然,即使绕开语言的形式要素而从人的精神存在上看待法律预设,它也会开出一种修辞性。谢晖在法律预设和制度修辞的关系梳理中就提出,修辞有两个维度,一是语言交往的技术之维,这也是笔者前文提及的"以言取效"的问题,二是人的精神的存在方式。如果从后者出发,它指向的是对人的价值追求的指引。[②] 法律预设当然地表现为立法者渴求借助规则的语言结构,实现在调整方式和方向上满足人类的价值。因此,修辞的形式之维和实质之维都关联着法律的预设。

然而形式和实质并非对立的存在,换句话说,修辞的这两种维度仅仅意味着我们对修辞的不同认知视角,它们与法律预设的关联具有共时性,它们之间也密不可分。修辞的实质——"以言取效"中的"言"不仅仅是指符号意义的文字。正如索绪尔所言,语言符号是"概念"(所指)和"音响形象"(能指)的结合体。[③] 语言表达的含义是推动语言发挥交流作用的重要因素。韩礼德和韩茹凯的语言聚合理论就试图从语句的语义入手发挥文本的表意功能。[④] 纪尧姆对语言的社会性因素的考量则更为显明地从语用学层面探究语言。[⑤] 有的社会学家在对部族文化的实证考察上索性从部族的语言使用情况入手。[⑥] 福柯作为后现代主义的代表,在话语的分析上更加着眼于话语

[①] [奥] 维特根斯坦:《哲学研究》,李步楼译,商务印书馆2000年版,第160页。
[②] 谢晖:《诗性、修辞与法律价值预设——制度修辞研究之二》,载《现代法学》2012年第5期。
[③] 索绪尔认为"符号"这个概念的使用并不是最合适的,但他无法找到更合适的词。参见 [瑞士] 索绪尔:《普通语言学教程》,刘丽译,中国社会科学出版社2009年版,第81页。
[④] 在他们看来,语义(semantic)是文本的组成单位,语义使得语句被聚合(cohesion)在一起构成文本,从而构建了表意的语境。See Halliday & Ruqaiya Hasan, *Cohesion in English*, Longman Group Ltd, 1976, pp. 293 - 294.
[⑤] 纪尧姆认为,要想研究某种语言的源头,就必须了解这种语言的书写方式和语言背后的社会性因素。Guatave Guillaume, *Foundation for a Science of Language*, John Benjamins Publishing Company, 1984, p. 144.
[⑥] 如 Boas 在考察美国不同种族的文化时,就从部族的语言,具体而言,是发音、语法和词汇这三个层面寻求部族文化的相同点和差异性。蒯因在讨论土著人语言的时候也说,只有通过这样一种先在的语言习惯的直接的投影,我们的语言学家才能发现土著语中的普遍词项,或者既经发现就使其与自己的语言相融合。See Franz Boas, *Race, Language and Culture*, Free Press, 1966, pp. 213 - 214; 参见 [美] 蒯因:《语词和对象》,陈启伟、朱锐、张学广译,中国人民大学出版社2005年版,第71页。

第三章 ‖ 法学研究的修辞学视角

之外的世界:"显示话语世界展开的纯净空间……是要不受束缚地在其自身中和它之外描述关系的游戏。"① 可见,人们在关注语言时绝不会脱离语言之外的环境,而"言外之功",指向的是一种生存定在。就如海德格尔认为语言是"存在"之家一样。语言的制度领域的修辞既应从制度语言本身的词汇构建上寻求取效之道,也应不断从词汇指向的意义世界出发调适修辞的方向。修辞与人之存在的关系就如殷鼎对"理解"的阐释那样:"人的理解是在使用语言时才能发生的。在语言之外,没有一个理解和意义的所谓的自在世界。"② 索绪尔区分了作为整体系统的语言和勾连着具体情境的言语,但这种区分是他为了从概念上做出学理说明而为之的,事实上他在做区分之前就说过:"语言只是言语一个确定的部分,尽管也是基本的一个部分。"③ 可见言语和语言事实上是不可分离的。而单纯地从"预设"的角度出发,也有学者区分了修辞预设和语义预设:"修辞预设(rhetorical presupposition)是某一体裁作品从语用角度把将要讲的内容与一系列其他内容相联系起来的行文策略,因此也要求读者对它采取某种期待或理解的态度。与修辞预设相关的是语用预设(pragmatic presupposition)。后者分析的不是句子间的关系,而是言谈与语境的关系。语用预设是说话者的预设。"④ 但如果从笔者界定的修辞概念出发审视,"语用"又何尝不是"修辞"的一部分?列日学派的学者们甚至认为修辞自身可以完善语言系统,如通过对传统语言规则的打破或创设新的规则消解语言的冗长。⑤ 而且这两种看似有区别的预设在笔者看来已不自觉地走向了"合流"——甚至从一开始就是难以区分的,即言谈内容和外在于内容的环境之间的相互融贯——这种外在的环境当然也包括了其他的言谈内容(语言环境)。

对法律预设的修辞意义的认知也必然落足于语言的这两个方面。魏德

---

① [法]米歇尔·福柯:《知识考古学》,谢强、马月译,生活·读书·新知三联书店出版社2003年版,第30页。
② 殷鼎:《理解的命运》,生活·读书·新知三联书店出版社1988年版,第114页。
③ [瑞士]索绪尔:《普通语言学教程》,刘丽译,中国社会科学出版社2009年版,第11页。
④ 严轶伦:《基于预设的批评性语篇分析》,载《山东外语教学》2007年第6期。
⑤ Group μ, *A General Rhetoric*, Translated by Paul B. Burrell & Edgar M. Slotkin, Johns Hopkins University, 1981, p. 40.

士强调了法律语言与法律共同体的关系："语言的内容必须经过若干人的共同实践，并在社会交往中达成一致。它一切的词意、内容联系和使用规则都是在某个语言群体的'集体意识'中逐渐累积起来的。正是在这个意义上，我们称之为语言共同体。"① 法律预设使用的言辞自然也是法律共同体长期实践积累的语言系统，这种"积累"，自然在某种程度上立基于取效的经验，这使得一代代立法者在遣词造句上逐渐向法律读者的心灵世界靠拢。事实上，法律预设之所以被划定为法律修辞的一种方式，原因即在于我们对法律预设现象的揭示本就得益于相关法律语词的呈现，法律预设也必然借助语词背后的价值指向才能实现它的效能。法律预设的语言既然是法律语言，也就意味着它是规范的书面语言词汇，严格准确的表意，运用词语的直接意义和本来意义。② 这样的表述体现的是一种"零度修辞"。③ 也有很多学者认为法律语言也具有节奏感和阅读的美感。大卫·梅林科夫就曾说："有节奏的风格贯穿了法律语言，有时是传统的口头语言，有时只有笔头语言……这个传统不仅仅是为了有节奏而有节奏，也是为了便于记忆和说明。"④ 考夫曼也认为："最好的法律文本是出色的文学作品，它们用精确合适的语词模塑出一种世界经验，并帮助我们通过同样精确得富有美学意义的语言模式，把人类的共同生活调控到有秩序的轨道上。"⑤ 但我们也不难发现，法律的语言美学结构绝不仅仅是供人观赏的艺术品，它释放的是立法者借助打动人心的法律言辞表现对人的行为有效调整的期待。而笔者之前论及的书面性、严格准确等特征的实质也在于，规范语言的品性必须着眼于与法律读者的精神之域的契合。齐延平否认法学等人文学科研究的是客观必然的规律，但论及语言问题，他又强调了语言与这种必然性的联结。因为人文

---

① ［德］魏德士：《法理学》，丁晓春、吴越译，法律出版社2005年版，第72页。
② 邓世豹主编：《立法学：原理与技术》，中山大学出版社2016年版，第214～215页。
③ 根据列日学派的观点，这种修辞方式借助未经雕琢和注释的言辞产生。See Group μ, *A General Rhetoric*, Translated by Paul B. Burrell & Edgar M. Slotkin, Johns Hopkins University, 1981, p. 30. 这也成为不少学者心目中的立法语言的特征。
④ ［美］大卫·梅林科夫：《法律的语言》，廖美珍译，法律出版社2014年版，第54～55页。
⑤ ［德］阿图尔·考夫曼、温弗里德·哈斯默尔：《当代法哲学和法律理论导论》，郑永流译，法律出版社2002年版，第293页。

科学的这些客观性质也不过是"人类通过语言的建构、通过逻辑的连接人为制造的结果"。① 但"人为制造"显然又表明了一种针对"人"的修辞技艺。总之，法律语词的编排、组合，绝不是语词在表面上的"冰冷"表述，它必然以人性作为修辞的依归，修辞的"惯常性偏离"② 事实上发挥了作用。而这，自然引向了笔者对法律预设的语言的看法：既然法律的语言和法律的预设都以人性价值为基点，那么，法律预设依托的词项必然对人的利益更为推崇，也必然以此作为实现取效的推力。许章润从法律语词的功能预设上说："正因为规范性概念旨在'规范'，意味着法律语词对于实体事物的功能预设，甚至寄寓着某种政治愿景和道德理想。"③ 那么，法律预设的语词必然需要释放出某种价值取向。就如谢晖说过的那样，无论何种法律，作为一种政治治理和社会治理的宏观方案和规范设计，在本质上说都是一种应然方案。这种方案预设了"法律就应如此"的效力。④ 它将法律的价值取向借助语言的陈述内化在规则体系中。而价值预设是根据人的好恶做出的，即使那种被宣布为人类一般价值的法律预设，依然受一定利益关系的掣肘。⑤ 并且"应然只是一种预设，有预设就有问题在，就包含设问的可能性"。⑥ 因而，法律预设有其特殊的语句表达方式，是一种对未来的"价值设问"。我们甚至可以说，法律就是借助价值预设的制度修辞。⑦ 而"价值设问"的语句，又再度将法律预设的修辞本性——"以言取效"的品性——彰显。由此可以看出，预设与价值，其实如是互为表里的辩证性存在。

---

① 齐延平：《法学的入径与法律意义的创生——论哲学诠释学对中国法学与法治的可能贡献》，载《中国法学》2001 年第 5 期。
② 根据列日学派的观点，"惯常性偏离"是指语词在表达时将读者的注意力放在文本的整体含义而非语词自身的含义上，是这种"注意力"的偏转而不是对语词本意的偏离。See Group μ, *A General Rhetoric*, Translated by Paul B. Burrell & Edgar M. Slotkin, Johns Hopkins University, 1981, p. 30. 法律的预设修辞就表现为法律语词用法的这种"偏离"。
③ 许章润：《法言法语的规范化（性）——一个基于近代中国语境的历史法学解释》，载《法学》2010 年第 11 期。
④ 谢晖：《法治预设与设问修辞——制度性修辞研究之三》，载《文史哲》2014 年第 2 期。
⑤ 谢晖：《诗性、修辞与法律价值预设——制度修辞研究之二》，载《现代法学》2012 年第 5 期。
⑥ 谢晖：《法治预设与设问修辞——制度性修辞研究之三》，载《文史哲》2014 年第 2 期。
⑦ 谢晖：《论法律价值与制度修辞》，载《河南大学学报（社会科学版）》2017 年第 1 期。

既然法律预设属于法律修辞的范畴，而法律修辞的核心在于法律语言对他者的影响。那么我们就应考量如何构建法律预设的语言实现修辞的理性。有学者就预设的语言围绕"触发语"理论发表了观点："由于预设有一定的可预测性，除了受语境制约外，它往往与一定的词语和结构也就是触发语相关。只要熟悉引发预设的语言形式就可以。"[1] 触发语在这里就应被理解为"预设"的标志性语言，这种标志性语言也当然地成为预设的符号，构建了预设的语境。斯托内克尔（Stalnaker）强调了预设针对的背景："预设某事就是把它想当然地，或者至少是表现得仿佛想当然地，视为背景信息——会话参与者之间的公共背景。"[2] 公共背景的构造自然依托于预设的言说者和听者认同的话语系统，这种公度的话语，就是修辞意义下的预设应当选择的话语。因而，法律预设语言的选择关乎法律制定者何以借助文本对法律接受者的心灵产生触动，唯有借助此种修辞性进路的构建，法律预设才能编织出人类憧憬的意义世界。

本书则选择规范语句中大量存在的"视为"一词作为法律预设修辞的正当触发语，从而在研究方法上形成以"视为"为谓语动词的规范语句为切入视角分析并完善法律的预设修辞的进路。这也使得本书在宏观分析方法上采用规范分析方法，且将规范本身已采用的语言和相关的语法，作为法律预设修辞的研究基点。至于如何借助规范自身的结构实现对法律预设修辞的全面理解，笔者将在下文具体展开这一研究路径。尽管我们对"视为"自身的语义没有疑义，因为规范中的"视为"本就源自人们日常惯用的"视为"一词。但话语所做的，不只是使用这些符号以确指事物。正是这个"不止"使话语成为不可减缩的东西，正是这个"不止"才是我们应该加以显示和描述的。[3] 当"视为"规范显现了预设修辞时，我们对"视为"的切入也一定不止于"视为"这一简单的文字符号，我们更应以深层次的视角关注这种符号

---

[1] 陆少兵：《预设在法庭询问中的语用分析》，载《江汉大学学报（人文科学版）》2005年第3期。

[2] Stalnaker. R. C, *Common Ground*, Linguistics and Philosophy, Vol. 25:5 – 6, p. 701(2002).

[3] ［法］米歇尔·福柯：《知识考古学》，谢强、马月译，生活·读书·新知三联书店出版社2003年版，第53页。

与主体性的勾连。

三、"视为"规范与法律预设修辞的关系

"视为"规范作为规范表述的一种特殊形式，当然地表现为一种修辞，而当我们从预设的角度审视这种修辞艺术时，它也必然显现出法律预设修辞的独特性。事实上，纵观整个法律体系，当"视为"作为规范的谓语动词时，它的含义与日常生活中的"视为"是一致的，表示"将……看成……"。例如，《民法典》第25条规定："……经常居所与住所不一致的，经常居所视为住所。"它表示"经常居所与住所不一致的，把经常居所看成住所。"法条中的"视为"，已经彰显出立法者的预设。立法者预设的情景是：人们事实上经常居住的地方才是被人们广泛认同的栖息地，基于这种事实上的"常居"与认同，法律赋予了"经常居住地"以"住所"的法律地位。

然而，立法的独特作业只能显示特定立法语境下的预设指向，尚不足以揭示"视为"规范的预设机理。"视为"自身的含义仅仅表明立法者的主观视域产生的规范效力，换句话说，"视为"的宾语指向的是最终的表意结果，而不是预设本身。但"视为"之所以能成为法律预设的触发语，首先与"视为"规范句的语言形式有关，其次，则在于这种语言结构浸润的人性之域。语句的功能是多元的，我们要同时从多个角度看语句。[①] 在"视为"作为谓语动词结构的语句中，我们既要从形式层面认知语言的认知技术，也要从实质层面探究它的人文属性，这二者协同作用，才能实现预设修辞的理性。

（一）"视为"预设修辞的法语言学之维：形式表象下的认知方式预设

"视为"规范的表述在句法结构上是一种被动句。"视为"本身是一个动词+介词的结构，被动句的表述意味着"X被视为Y"。在这里，X是"视"的宾语，Y是"为"的宾语。在立法的"视为"语句表达中，"视"的宾语是客观的情状，"为"的宾语是立法者主观建构的世界。客观情状和主观世界的契合度有三种：一是完全不相符，二是不能确定是否相符，三是完全相符。

---

① Halliday & Ruqaiya Hasan, *Language, Context and Text: Aspects of Language in a Social-semiotic Perspective*, Oxford University Press, 1989, p. 23.

对于第一种情况而言，立法者将不同的事物等同视之，从而赋予二者相同的法效果。这被称为"立法拟制"。① 拉伦茨对之有过经典的论述："法定拟制的目标通常在于：将针对一构成要件（T1）所作的规定，适用于另一构成要件（T2）……因此，立法者并非主张，T2 事实上与 T1 相同，或事实上为 T1 的一种事例，毋宁乃是规定，对 T2 乃是赋予 T1 相同的法效果。"② 考夫曼则从类推的角度看待拟制。他说："拟制的本质是一种类推：在一个已证明为重要的观点之下，对不同事物相同处理，或者我们也可以说，是在一个以某种关系为标准的相同性中（关系相同性，关系统一性），对不同事物相同处理。"③ 笔者认同考夫曼对拟制的性质认定为不同事物的不同处理，但以"类推"阐释之则失之偏颇。"视为"表达的是立法者主体认知，甚至是一种想象的释放，它产生的拟制并非一定建立在本体与拟体系"同类"事物的基础上。相较而言拉伦茨的观点更为精确。但二者都指向了"视为"规范句表现的拟制本性——立法者是在明知两种事物不同的情况下做了同一化处理，是故意将客观存在的某个事物"看成"另一个主观建构的事物，是一种"指鹿为马"。而结合"视为"的被动句结构，我们不难发现，客观存在的事物是置于"视为"一词之前的。刘风景就曾提出过这样的观点——"视为"的设置应以社会为根本，尊重事物之本性。④ 而他对"视为"规范功能的理解，也主要定位在立法拟制上。

对于第二种情况而言，立法者面对的是一个模糊的情状，但立法者借助"视为"的表述将这种情状清晰化。例如，《民法典》第 145 条第 2 款规定："相对人可以催告法定代理人自收到通知之日起三十日内予以追认。法定代理人未作表示的，视为拒绝追认。……"法定代理人未作表示意味着立法者

---

① 梅因和庞德也都使用过"拟制（fiction）"的概念，但他们都是站在司法的角度上说的，且他们探讨的是以判例法为主要法源的英美法系。而在以制定法为主要法源的中国，我们更侧重于立法层面的拟制。参见［英］梅因：《古代法》，沈景一译，商务印书馆1959年版，第18页；［美］罗斯科·庞德：《法律史解释》，邓正来译，商务印书馆2013年版，第175页。

② ［德］卡尔·拉伦茨：《法学方法论》，陈爱娥译，商务印书馆2004年版，第142页。

③ ［德］亚图·考夫曼：《类推与"事物本质"》，吴从周译，学林文化事业有限公司1999年版，第59页。

④ 刘风景：《"视为"的法理与创制》，载《中外法学》2010年第2期。

无法确认被代理人追认与否的意思表示,"拒绝追认"是在这种模糊情形下构造的一种法效果。有学者将这种情形看作是"推定"。① 这种界定是失之偏颇的,因为"推定"意味着存在基础事实和推定事实,并且基础事实和推定事实之间存在一定的逻辑关系。就如张海燕所说:"推定是指由法律直接规定或裁判者依照经验法则所确立的某一事实或若干事实与另一事实或若干事实之间的一种充分条件关系,是立法者或裁判者在价值考量基础上对基础事实和推定事实之间或然性常态联系的肯定。"② 但在"视为"规范对模糊情状所做的处理上,并没有体现立法者对它们之间的逻辑性、经验性的推测,而是一种"认定",甚至可以认为是一种"无中生有"。笔者认为这种现象毋宁被称之为"法律虚构",③ 它是立法者基于主观性从而在悬而未决的情状中虚构出的事实,是主观决断的表现。和"法律虚构"相近的概念是"法律虚拟",但笔者之所以不使用"法律虚拟"这一概念,就在于"虚拟"过于宽泛地表述了立法者在建构法律时的主观进路,以至于它和"法律拟制"之间的关系在逻辑上容易出现混乱。④ "虚构"的重心词在"构"上,它反映出立法者的构造而非"拟制"出对他物的"拟想"。从"视为"规范的被动句表述上来看,客观的模糊性情状也是被置于"视为"一词之前的。

从上述分析可以看出,"视为"规范的表述试图凸显已有的事物,因为

---

① 杜艳萍:《"视为"的法律解读》,南京师范大学 2014 年硕士学位论文;张海燕:《"推定"和"视为"之语词解读?——以我国现行民事法律规范为样本》,载《法制与社会发展》2012 年第 3 期。

② 张海燕:《"推定"和"视为"之语词解读?——以我国现行民事法律规范为样本》,载《法制与社会发展》2012 年第 3 期。

③ 富勒使用 Legal Fiction 表达"法律拟制"或是"法律虚拟"。他认为 Legal Fiction 是提出的陈述伴随着完全或部分意识的虚假,或者一份虚假的陈述被认为是具有效力的。但这样的解析无疑溢出了"法律拟制"的将"不同事物等同视之"的定义,所以笔者认为 Legal Fiction 除了表示法律拟制之外还有其他表示立法者的主观想象之意。See Lon L. Fuller, *Legal Fictions*, Stanford University Press, 1967, p. 9.

④ 温晓莉和杨奕华在"法律虚拟"和"法律拟制"的概念使用上纠缠不清,谢晖通过对"法律虚拟"在广义、中义和狭义层面的界定才使其与"法律拟制"的关系厘清。但即便如此,同词异义的现象还是难免影响观点的清晰化阐述。参见温晓莉:《论法律虚拟与法律拟制之区别》,载《北大法律评论》编辑委员会编:《北大法律评论》,北京大学出版社 2007 年版,第 236~239 页;杨奕华:《法律虚拟与法学研究》,载葛洪义主编:《法律思维与法律方法》,中国政法大学出版社 2002 年版,第 110~116 页;谢晖:《论法律拟制、法律虚拟与制度修辞》,载《现代法学》2016 年第 5 期。

被动句的主语是客观实存。对客观实存的彰显就表明了一种预设——对法律接受者的"前见"考量。亦即,立法者预设了法律读者对客观世界的知晓程度甚于对他者的主观世界的知晓程度,从而在语句表述上强化前者的地位。正如纪尧姆所言:"人们总是要处理如何在对事物的表现和对语言的表达之间达致平衡的问题。"① 这种"平衡"的关键,就在于语言的表述要尽可能地结构人们内心所想。事实上,人们对客观世界的体认与人类文明的起源相生相伴,钻木取火、种植谷物、建造房屋等无一不体现为人们与客观世界的"互养",这种"互养"对应的是马斯洛提出的"需要层次论"的底端——生理的需要,但对他者的心灵的认知,唯有在这种底端需要得到满足之后才会产生。因而,人们必然首先考量的是"视为"中"视"的宾语——客观实存。而在语言学的关照下,立法者显然尊重了人们的这种考量。

因此,"视为"规范从形式表象上用被动式的句法昭示了立法者对人类认知方式的预设——基于对客观实存的依赖而形成的认知起点。而语言学的任务是揭示出文本对读者和听者究竟意味着什么,并且探究这种评价是基于怎样的方式得出的。② 规范语言的任务还在于促成规范秩序的达成。维特根斯坦曾说:"凡是存在意思的地方,就一定有完美的秩序。"③ 立法者言说的"视为"规范就在于用预设修辞表现出人类的心灵流动秩序。而从法哲学层面来看,它无疑彰显了预设修辞的语言学之维。

(二)"视为"预设修辞的法人文学之维:实质内容下的人性预设

正如上文所言,法的预设终归指向的是人性。"视为"规范本身是预设修辞的表现形式,而它所勾连的内容,将从实质的维度上揭示立法者对具体人性的预设。刘风景针对"视为"的法理曾有过这样的论述:"'视为'……是为某种法的目标而设立,并不有害于任何人的正当权益。"④ "视为"语句对人性利益的关切取决于语言形式之外的实质内容,而对之的审视,意味着

---

① Guatave Guillaume, *Foundation for a Science of Language*, John Benjamins Publishing Company, 1984, p. 94.
② Halliday & Ruqaiya Hasan, *Cohesion in English*, Longman Group, 1976, p. 328.
③ [奥] 维特根斯坦:《哲学研究》,李步楼译,商务印书馆2000年版,第58页。
④ 刘风景:《"视为"的法理与创制》,载《中外法学》2010年第2期。

我们必然将视角置于更为广阔的论域中。但"视为"规范的三个基本功能——拟制、虚构、提示——依然是切入这一论域的视角，因为它们体现出了"视为"规范的独特性。

首先，就拟制层面的"视为"规范而言，其涉及的问题是立法者基于何种预设将不同的事物同一化。法律作为抽象的规范需要面向具体的、多元的事物，因而立法者需要在考量事物性质的基础上对事物做类型化处理，否则规范的内容就会十分冗长以致立法成本巨大，法律阅读者也会因过于烦冗的语言而难以阅读。但即便是类型化，立法者也应尽量契合人们在日常生活中对事物的分类。拟制则打破了常规的分类标准。契合大众思维，本是一种对人性利益的结构，因而这种打破必然意味着立法者追逐着更大的人性利益，追逐的前提则在于"预设"。笔者之前说过，拟制的技术对不同的事物赋予了同一的法效果。法效果的同一，本身就体现了一种人性利益——对平等的追求。平等本就是一种"强不齐以为齐"的拟制，它表明一种人性尊严的价值，表明人们不想被矮化。[1] 对本来相异的情形规定相同的法效果，自然是对平等价值的落实。这自然折射出立法者对人们热爱尊严甚于对事物日常分类标准的固守的预设。热爱与崇尚，是人的主观心境，它必然超越了客观事物的禁锢，而拟制技术，显然促进了这种主观心境的追逐。就如李振林对刑法中的法律拟制发表的看法一样，他认为"法律……是为达至某种价值目的，通过假定赋予某些不同行为以相同法律效果"。[2] 既然是价值目的，那就是一种主观的指向。除此之外，拟制生发的预设在于对人们渴望精简立法成本的预设。罗传贤曾提出，基于"同一理由，同一权利；同一理由，同一法律"之价值判断，对它们做相同的处理。这实际上是为了简化法条的结构而运用拟制性法条的立法技术。[3] 人的经济利益也会反映在阅读思考活动中，以较小的阅读时间精力成本获得较多的信息，当然也是人性利益的体现。

其次，就虚构层面的"视为"规范而言，它折射出立法者对效率价值的预设。当一个模糊的情形出现的时候，立法者如果不能对法效果做出决断，

---

[1] 胡玉鸿：《平等概念的法理思考》，载《求是学刊》2008年第3期。
[2] 李振林：《刑法中法律拟制论》，法律出版社2014年版，第23页。
[3] 罗传贤：《立法程序与技术》，台湾五南图书出版股份有限公司2009年版，第186页。

则意味着人们的行动被"悬置"。因而这种虚构是为了促进人们的"行动效率"。换句话说,立法者在这里预设人们渴求得到规则的明确指引。孔子的"刑不可知则威不可测"的时代已去而不返,法治必然要求法律的明确化,人们正是在规则的明确表述中找到心灵的依归。对明文指引的期待自然也是人的价值所趋。"视为"这一预设触发语就试图将人们的行动结构在明晰化的语境中,人们浸润在这一语境中最大限度地找到了自我筹划的方向。不可否认的是,场景的虚构也必然立足于具体部门法的价值追求,这在前文已经有所阐述。但这种具体的价值追求,在这里也一定是借助"视为"语句的导向将其明晰化的,规范中的任何价值彰显,都是建立在语义表述本身清楚的基础上的。因此,当"视为"规范用来虚构某一事实时,立法者预设了人们对"清晰语义"的向往,由此而产生的预设修辞,也深刻体现出,在现代社会,法律成为人们如何规划自身行为的重要"规则指引"。①

最后,就提示层面的"视为"而言,它反映出立法者预设了法律读者的"粗心"与体系化思维的不张。提示注意本是对已有规范的重申,这种重申的背后预设了法律读者在阅读时对文本的遗漏。尽管哈特曾说:"当一般化语汇不仅在某一单一规则之每一适用情形中,而且是当它出现在法体系之任何规则中,皆被赋予相同之意义时,我们造就了一个法学的概念天堂,在这个天堂里,我们再也不需要从各式各样相关议题的角度,来解释规则中的词汇了。"② 但倘若法律读者未能察觉到散见在规则中具有相同含义的词汇,这种概念的天堂又有何意义?立法者基于这样的考量,用"视为"的修辞重复规则的表述以提醒注意。可以说,立法者担忧法律阅读者不能充分获得条文的信息而使用了这样的修辞。而对法律条文体系化理解的欠缺,又在法律外行人上表现得较为明显——尽管法律职业者也会出现这一问题。因此,从本质上说,当"视为"规范发挥提示作用时,法律阅读者被预设为一般的法律读者而非法律内行。这样的预设充分体现了立法的民主性。从立法体制上看,中国的人大立法制度本就预设了立法的"全民性",尽管真正参与立法工作

---

① 付子堂、崔燕:《民生法治视野下的法律激励功能探析》,载《法治论坛》2012年第6期。
② [英]哈特:《法律的概念》,许家馨、李冠宜译,法律出版社2011年版,第119页。

的只是代表本人，但代表制度的设计初衷就在于寻求立法的民主化。美国的违宪审查制度也遭遇了"反多数难题"，这本身也说明了人们对法有着根深蒂固的"全民意志性"理念。这种理念上可追溯到古希腊的全民参政的城邦制度中。在文明社会，民主立法的命题也当然成立。既然立法是全民导向的，法律就应考量民众整体的阅读能力，除了在遣词造句上契合民众的日常用词习惯之外，也要考量民众的理解强度。而"视为"规范的提示修辞就是建立在对民众一般理解能力的预设上的。

从上述分析来看，"视为"拟制修辞预设了人们的尊严和经济利益，"视为"虚构修辞预设了人们对清晰化事物的向往，"视为"提示修辞预设了民众一般理解能力，后二者其实可以合并为对民众认知水准的预设，这与之前论及的从语言形式导出的"认知方式的预设"不同。实质意义上的预设无疑指向的是人的固有本性。因此，"视为"语句指涉的内容走向了实质化。而事物有自然的和社会的，它们各自都有自己的本性，这也决定着"视为"的可能空间。① 这种"决定"就在于它深蕴了立法者心目中关乎人之本性的理想摹本。在乔姆斯基看来，某一语言的语法必须说明，这些抽象的结构在该语言中是如何付诸实现的。② 所以我们只有掀起语言的"盖头"，才能见识到那美如出嫁新娘般的立法憧憬。这憧憬，自然离不开立法者倾注的人性预设。

语言的外在形式和语言结构的实质内容构成了"视为"规范的内外结构，它们的协同作用使得"视为"规范的修辞裹挟着立法者的预设。有学者认为："法律既是国民言行遵循的准绳，也应该成为语言规范的范本。"③ 笔者不赞同后半句对法律语言功能的夸张化表达，但至少，法律语言的取效之功紧密勾连着法律语言的表述方式。就"视为"规范的预设修辞而言，它展现的形式和实质预设之维应予以综合考量方能对之全面认知。这正如表3-3所示。

---

① 刘风景：《"视为"的法理与创制》，载《中外法学》2010年第2期。
② Noam Chomsky, *Syntactic Structures*, Walter de Gruyter Gmbh & Co. KG, 10785, 2002, p. 12.
③ 张伯江：《法律法规语言应成为语言规范的示范》，载《当代修辞学》2015年第5期。

表3-3 "视为"预设的不同指向

"视为"预设的法语言学之维的指向	"视为"预设的法人文学之维的指向
对事物的认知方式	人性尊严
	经济利益
	对事物的认知水准

可以说,"视为"规范在发挥修辞功能时,它的形式和实质维度充分展现了它的预设指向,这种指向,从深层次来看都直指对人性的悲悯情怀。或许想象一种语言就意味着想象一种生活形式。① 纸面上的规则呈现的语言是固化的而不是想象的,它对生活的指引将更为确定化。这种确定化的指引融入了善法理念,也就当然地预设了人类的生活理想。纪尧姆认为"语言结构显示的是特定时期人类共同体的文明"。② 这一观点仅仅考量了语言的时代局限,殊不知,当语言结构了人类共同体的理想时,语言也凌驾于时空之上。事实上,"视为"修辞的预设,就已经超越了所谓"特定时期",化作被法治的理想之域结构的重要文明因子。

四、"视为"预设修辞的应用:法律语言的全面作业

或许在科学认知层面,理论的前提预设越多,理论的自洽性就越弱,距离波普尔意义上的科学理论的标准也就越远。③ 但法律的独特作业更应该关乎对人类价值的确立与实现而不是对现实事物的揭示。理想的法律在于将人类的生活推向理想世界,并且基于"不溯及既往"的性质,法律是一种"向后看"的调整机制,因此它必然需要在调整的前阶段就勾勒出契合人性的调整轨迹,这种勾勒自然就体现为本书论述的预设。"视为"规范的预设修辞从语言表述和实质精神的双重维度促进了预设的理性。这种理性化的进路应当在法的技术层面上体现出来。当然,修辞性应用的主要工作在于法语言学

---

① [奥]维特根斯坦:《哲学研究》,李步楼译,商务印书馆2000年版,第12页。
② Guatave Guillaume, *Foundation for a Science of Language*, John Benjamins Publishing Company, 1984, p.138.
③ 桑本谦:《"法律人思维"是怎样形成的》,载《法律和社会科学》2014年第13卷第1辑。

的构造。法律修辞的准确、清晰,一是表现在选词准确、清晰,二是表现在概念准确、清晰,三是表现在表述科学、缜密。① 这些标准显然都与法律语言的构造密切相关。

首先,现有立法中的"视为"规范已经借助法的语言哲学凸显了立法者的预设进路。规范的制定也应在相同情形下沿用这一预设修辞。当立法者试图表达拟制、虚拟和提示时,以"视为"为谓语动词的被动句应成为立法的语句。从词汇、句法中预设的思维架构到文化、价值观念预设的思维架构都是交际者理解和阐释话语的前提。② "视为"语句释放的立法者-法律读者之下的修辞语境实现了规则的预设所指,未来的立法也应结合"视为"的语用学之维追逐这种预设的意义。但"视为"的措辞在这三种场景中要注意宾语的使用,确定何为客观事实,何为立法者主观视域结构的世界,从而实现宾语的妥当安放。乔姆斯基认为:"语言的每一个句子不是属于核心句,就是用一个或一个以上的转换式序列从一些以一个或一个以上的核心句为基础的符号链推导出来的。"③ "视为"规范的表述不止于"视为"这一修辞语本身的出场,关键在于它是否结构着立法的理想——至少是理想的预设。并且,立法是民主协商的产物,毕竟人们对很多事项的理解并不能借助某种客观的标准,而只能诉诸"少数服从多数"的民主制度。因这种商谈而导出的立法者群体的预设也应借助"视为"的表达在立法背景材料中显现出来,换句话说,商谈体现的也是主观视域,是人们发挥主体性的关系学之维,它最终形成的决断体现的是多数的立法参与者的一种利益取向,这种"取向"也当然地是一种预设思维的体现。但预设毕竟表明的是一种"可能",是立法者对利益实现的期盼。图尔敏的论证理论如果用在立法论证的层面,预设生发的这种"可能"具有重要的价值。④ 本来,立法协商机制指向的也就是这种良性的"预设可能"。

---

① 李秀芬:《构建法律修辞学理论体系刍议》,载《山东社会科学》2013年第1期。
② 严轶伦:《基于预设的批评性语篇分析》,载《山东外语教学》2007年第6期。
③ Noam Chomsky, *Syntactic Structures*, Walter de Gruyter Gmbh & Co. KG 10785, 2002, p. 45.
④ 图尔敏认为,"可能地"这一副词构成了我们对不确定事物的认知工具,它表达的是一种预测,就如同本书谈及的"预设"一样。而他的这一说法构成他对论证理论的阐述的理论前提。Stephen E. Toulmin, *The Uses of Argument*, Cambridge University Press, 2003, p. 83.

其次，司法中的预设应借助以"视为"为谓语动词的语句语义表述。司法的过程究竟应采用结论先行的路径还是演绎推理的路径？这一问题看似造就了司法的内在张力。弗兰克认为"司法判决如同其他判断一样，在大多数情况下是从事先设计好的结论出发进行逆向推理的"。[1] 但传统的司法观念认为法官应在正当程序的框架中有意识地阻隔对结论的过早把握，[2] 司法女神的蒙眼布象征的正是这一司法机理。然而事实上，这只是一种"看似的张力"罢了。正当程序带来的"保守理性"是一种理想（当然也是我们不断追逐的司法理想），在判断事物之前形成的"前见"则是不可避免的，这是人的认知结构中无法消除的部分。我们只能将法教义学主张的司法认知进路作为判断的姿态。甚至这种"姿态"可以被喻为"剧场表演"，就像舒国滢描述的那样，在庭审活动中，"表演"按照一定的"程式（程序）"开展，法官抛离个体的情感，演绎法律人的角色。[3] 这里的"程序"，当然包含了对司法结论的事先阻隔。但即便如此，戏剧的表演终难掩饰人性固有的"前见"。作为法律职业共同体中最重要的成员之一法官，其在司法三段论框架内裁决案件时，必然也早已在心中对所欲解释的待决事实及规范有了初步的见解。[4] 而基于这种"前见"就必然形成某种对裁判结论的预设，法官的裁判过程也会跟随这种预设，这时，我们就应当借助正当的修辞将这种"预设"思维表现在语言文字中，以实现司法结论的可接受性。立法中的"视为"修辞应当迁移到司法文书的写作中，表现裁判者的主观认知思路。但我们也不能一味依赖"预设"思维的作用，司法本性依托的思维方式依然是裁判者思考的主流，当借助程序理性得出的结论推翻了这种预设的时候，我们当然应当遵循后者。事实上，从司法对既有法律的权威尊重的角度审视"预设"，也是司法活动的"预设"之维。正如拉兹对"先例的推翻"提出了严苛的适用条件

---

[1] J. N. Frank, *Law and Modern Mind*, Tudor Publishing Company, 1936, p. 101.
[2] 孙笑侠：《法律人思维二元论兼与苏力商榷》，载《中外法学》2013 年第 6 期。
[3] 舒国滢：《从司法的广场化到司法的剧场化——一个符号学的视角》，载《政法论坛》1999 年第 3 期。
[4] 苏晓宏、韩振文：《论法律前见对司法裁决的影响》，载《东方法学》2013 年第 5 期。

那样，① 英美法系中的先例是被预设为具有权威的。麦考密克也站在判例法的层面提出："在一个可以预期法官们能够做出清晰裁判的系统中，有理由预期，他们能够通过现在与以后的相关案件来检测这些裁定的可接受性。"②这一观点则也意味着一切相关案件的裁判结果被预设为具有相似性。这也使得，司法官员自身也会被预设为具有公平正直的职业素养。③而司法裁断为了彰显司法品性以契合民众的这种良性预设，也应借助"视为"语句的修辞将这种品性体现出来。司法场域也同样存在意见交涉，这和立法一样，因为诉讼参与人的意见裹挟的是对案件涉及的利益的取向，当它以裁判文书的形式表现出来时，"视为"语句也应彰显诉讼参与人的价值预设，以实现裁判的完全公开并增加裁判结论的说服力。并且，既然司法的核心在于遵循既定的法律，那么，当司法需要援引以"视为"为谓语动词的规范时，法官应当严格遵循"视为"的含义，并要在个案裁判中将"视为"语句结构的预设指向体现出来，换句话说，这种预设应成为指引法官司法裁断的方法与理念，这无疑也是产生可接受性裁判结果的重要条件之一。

最后，我们在法学研究上也应拓宽路径。学界早已不再狭隘地用几何公理式的科学视角打量法学，法的"善性"而非"真性"让人们愈加在意如何用理想的伦理作用于法律。但法律的形式主义品质在中国法律传统和现实操作中的缺失让我们不能罔顾规则自身的语言。因而法学研究表现出"诸神之争"的景象。用修辞打量法律，无疑实现了法律内部语言的精致和法律对外在事物的理性结构。因为法律修辞学是分析学和诠释学融合的产物，它旨在研究"主体间性"问题，完成如何"达成主体之间的相互理解"的诠释学任务，同时借用了分析学的研究方法和研究工具，揭示法律论辩的内在规律，使法律修辞的实践理性发展为规范性的方法论。④ 当"视为"规范表达一种

---

① 拉兹认为，只有在法院获得引入新规则的权力或被授权可以使用自身的权力创制规则的时候，才能推翻先例。See Joseph Raz, *The Authority of Law*, Oxford University Press, 1979, p. 190.
② [英]尼尔·麦考密克：《修辞与法治：一种法律推理理论》，程朝阳、孙光宁译，北京大学出版社2014年版，第211页。
③ 罗尔斯就提出人们会认为法官必然在适用和解释法律时能做到公平正直，人们也因此愿意诉诸法院的力量解决纠纷。See John Rawls, *A Theory of Justice*, Harvard University Press, 1971, p. 111.
④ 王彬：《法律修辞学的源流与旨趣》，载《北方法学》2013年第1期。

预设修辞的时候,"视为"自身的语法结构和语义关照着规则的自洽,预设产生的理想促进了对法价值论的审视,预设又因这种修辞性而勾连着社会主体的交流之域,从而达成了价值法学、规范法学和法社会学相互交织的立体化研究视角。这将为未来的法学研究提供新的思路:以一种看似微观的视域观审规范,终为规范确立无限敞开的论域。

上述实践和理论的作业都是围绕着法语言学的机理实现对现实的促动,这当然源自"视为"预设的修辞意义,这种意义开出了对涉法之域的整全关照。笔者对"视为"规范的修辞世界的全面阐发,无法满足对理论的"白描"。有学者将法律语言研究的历程描述为,法律语言特征的静态的研究(句法词汇特征的研究)→法律语言作为过程的动态研究(语用研究,话语分析)→法律语言作为工具的研究(社会语言学研究)。① 然而法语言学的作业不在于上述这种历时性演变的勾勒,而在于这些研究范式的综合角力。"视为"预设的修辞,也只有在法语言的多维结合下,才让我们能够欣喜地看到法治事业的无限前景。

法治本身就是一种预设性的存在,它从善治的意义上预设了人们的美好憧憬。从权威性出发,法治价值预设则把法律视为最高的不能撼动的权威,因此,具象的、表现为权力的权威,与所有普罗大众一样,皆须服从于法律和法治的权威。② 中共十九大的报告以强有力的修辞凸显依法治国的重要性,预设了中国特色社会主义法治能够解决当下中国社会的矛盾,能够促进国家的整体发展。法治因种种预设而产生的修辞因契合民众的向往而与民众产生了情感共鸣,从而成为被民众推崇的治理模式。这种共鸣也正说明了法治的预设释放的是修辞之性。而法治关照下的微观的规则也应与这种预设修辞的节拍共奏,借助权利义务的设定演绎和谐的人性乐章,让价值背后的仁爱撒播于我们的日常。人类共同体的命运性诉求将在这些构成乐章的音符中掀起高潮,毕竟,那些"音符"释放的意义,预设着人们的美好夙愿。"视为"规范的独特叙事深蕴着人们的朴实向往,当它将人性的预设潜藏于"视为"

---

① 廖美珍:《国外法律语言研究综述》,载《当代语言学》2004 年第 1 期。
② 谢晖:《论法律价值与制度修辞》,载《河南大学学报(社会科学版)》2017 年第 1 期。

语句的字里行间时，我们找到了在规范中安放的初心。对制度的描绘与反思，在于凸显法治对主体性的尊重。规范裹挟着人类的福祉，纵然年华易逝、观念多元，也因人性规范的普世性价值的恒在而不致冲突。我们奔走在法治的阳关大道上，相信我们践行的规范修辞还会沉淀出更加饱含悲悯的人性预设。

第四节　论法的"镜喻"
——以"视为"规范为视角

法因人而生，因此融入了主体性。他者往往因为这种主体性的间距而与法之间产生了认知上的距离，而距离带来的隔阂则往往阻滞了法的取效。在法的认识论上，人们试图构筑种种理论以实现对法的理性——至少是人类自身体悟的那种理性——认知。以他物喻法，不失为一种便捷的认知途径。正如文学作品里时常可见的以客观的物象比喻某种情感或其他物象一样，法也往往会被他物比拟从而勾勒出规范与现实缠绵的景象。在文学的比喻中，语言的形象与隽美促成了对读者心灵的触动，读者因这种比喻而与作者的视域相融合。法的比喻也会产生类似的效果，语言的生动也对法律读者的认知产生了指引，读者依循这种比喻实现对法之世界的探索，也一样实现了文字的取效。因为只有培养了对法律的理解之后，法才有能力获得普遍性。[①] 本书试图从"镜"这一喻体出发，结合"视为"规范的表述，构建一条法学的修辞路径。因为"镜"的映照功能有机联结了规范世界和现实世界。当法也如镜一般照映万物的时候，我们的心灵也在关切法律的调整机制时变得澄澈起来。

一、问题的提出：以"镜"为喻的法律

比喻，是修辞学的辞格之一，它通过将一种事物看成另一种事物的方式强化认知，语言文字也因比喻的艺术而被赋予了灵动之美。比喻的前提条件

---

① ［德］黑格尔：《法哲学原理》，范扬、张企泰译，商务印书馆1961年版，第220页。

在于，存在本体和喻体两种不同的事物。人们结合二者各自的性质，寻找到它们之间的联结点，从而用语言文字将这种关联结构起来。这种关联并非对事物的逻辑性表达，而毋宁说是一种修辞，是借助人们熟知的事物艺术性地描绘所欲突出强调的事物。通过这种言辞，听者能够更为直观地了解说者指涉的对象，并且，这种修辞因为勾连着百姓日用之物、贴切人们的日常语境而在语词表达上更具有感染力。就如海德格尔所说："我们谈及某种'比喻'，也说'象征'，这意味着：一种可见的外观，它非常明确，以至于所看到的东西完全等同于所暗示的某种东西，外观不单独地自为存在。"[①] 刘风景也认为，人类认识遵循着"近取诸身，远取诸物"，即由近及远、由实体到非实体、由简单到复杂、由具体到抽象的基本规律。一般地，隐喻中的喻体对言者或听者来说，要比本体更为熟悉。[②] 尤其当我们面对看上去晦涩难懂的学科术语时，比喻修辞对认知的助力显得重要得多。艾兰就认为哲学术语使思想理论化，对之的语言表述不可避免地以具体意象为基础。[③] 当然，比喻技术的应用应当得体，这是比喻发挥其修辞效能的前提，因此人们试图用比喻的修辞表述对法律的认知时，本体的选择和本体喻体之间的有效联结是法律之喻正当性的关键所在。

正如前文所言，人对法的认知方式往往不能如对现实事物的把握那样直接，也就选择用能够直接体认的事物作为喻体比喻各种法现象，在比喻修辞的应用中人们也流露出对法的态度，法律也借此释放出它的价值。具体说来，关于法有以下几种类型的比喻。

第一，对法律学说的比喻。法律本就是无形之物，法学家对法的看法则更加"超凡脱俗"。法学家试图借助比喻让大众理解深奥的法律学说，也试图借助比喻让自己的学术观点能够依托于某种具象，从而便于展开。斯多葛学派用自然秩序比喻人类社会的道德秩序，从而提出了众所周知的自然法思想。罗斯科·庞德提出"让我们暂时把法理学看成是一门社会工程科学（a

---

① ［德］海德格尔：《论真理的本质》，赵卫国译，华夏出版社2008年版，第17页。
② 刘风景：《法律隐喻学》，中国人民大学出版社2016年版，第23页。
③ ［美］艾兰：《水之道与德之端——中国早期哲学思想的本喻》，张海晏译，商务印书馆2010年版，第22页。

science of social engineering)"。① 作为法社会学的创始人，庞德用"社会工程"的比喻描绘他的学说实质，以形象地表达他的学术视角。德沃金用"链条小说"（chain novel）的比喻论证法律各部分之间的有机联系，从而为他的法律整体性阐释理论提供了生动的修辞。弗兰克为了强调司法的现实主义，用"父权情结"比喻人们对法律确定性的推崇，从而确立了批判的"靶子"。博登海默认为"法律是一间带有许多大厅、房间、凹角、拐角的大厦"，② 这一比喻也恰当地彰显了他的综合法学学说脉络。乔根森的"多元论法学"也用"盲人摸象"的比喻批判其他西方法学家只偏重对法学某一方面加以研究而没有全面把握法学的综合性。

第二，对法律功能的比喻。法的功能也需要借助比喻的方式使人们领略到它的"工具性效用"，毕竟它不像物理世界的工具那样能够直观地将这种效能一次次地试验。管子认为"尺寸也，绳墨也，规矩也，衡石也，斗斛也，角量也，谓之法。"③ 这一系列对"法"的比喻正是借助日常的测量工具表现法的定纷止争功能。关于法律功能，在中国运用最多的喻体是"水"，王人博曾做过总结："'法'是一套人为的普遍规则，它来源于对水之义律和'秩序'的模仿。"④ 的确，许慎在《说文解字》中曾说："法，刑也，平之如水。"尽管许慎的本意只是想从字形上揭橥"法"，但"平之如水"的比喻也折射出法律以公平的标准衡量万物的功能。梁治平从法律对罪犯的放逐上来理解这个比喻，他说："考察这个字（法）的古义，当从人类学的角度入手。它指把罪者置于水上，随流漂去，即今天所谓的放逐。"⑤ 对罪犯的放逐之刑也当然是法功能的体现。《广雅疏证》中则说："井者，法也，井训为法，故做事有法谓之井井。"这里是用井来比喻法律对秩序的维护。王人博对此作了进一步地说明："'刑'的最早书写结构左边是个'井'旁，而不是

---

① [美] 罗斯科·庞德：《法律史解释》，邓正来译，商务印书馆 2013 年版，第 204 页。
② [美] E. 博登海默：《法理学：法哲学和法律方法》，邓正来译，中国政法大学出版社 1999 年版，第 198 页。
③ 《管子·七法》。
④ 王人博：《水：中国法思想的本喻》，载《法学研究》2010 年第 3 期。
⑤ 梁治平：《法律的文化解释》，生活·读书·新知三联书店 1994 年版，第 365 页。

两个'干'字的拼合。"① 并且柏拉图在《法律篇》中试图用比喻强调法对人的理性水准的提升功能，所以他说："我们每个活着的人都是众神的傀儡，我们要么是神的玩物，要么是神的伟大创造物，不管怎样我们都受着我们感情的支配，这些感情是一种力，它拉着我们东奔西突，或者导向善德，或者导向邪恶。在这所有的力中，有一种力我们必须永远顺从、紧抓不放，这根绳索是金的和神圣的，它就是一个国家的公法。这根绳索是金的、柔韧的，如果得到这种力的帮助，那么我们这些傀儡就可以变成一个道德高尚的人。"② 国家公法被比作绳索，它的作用就在于通过规范的伟力和价值理念完善人的德性，"紧抓绳子"则意味着人人都应遵从规范。霍布斯在《利维坦》中将赏罚比作"利维坦"这个人造之人的神经，公平和法律则被比喻成"利维坦"的理智和意志。③ 他在此处使用的比喻意在强调法律对国家治理的理性化作用。富勒认为"法律是使人的行为服从规则治理的事业"。④ 其通过"事业"这一喻体力图表达法律应通过形式理性的建构实现人民服从的功能。耶林认为缺乏责任设置的法律是不燃烧的火和不发亮的光，这无疑体现法律责任在法律世界中不可或缺的地位，以及法律责任对法律实效的推动作用。福蒂斯丘则用"肌腱"比喻法的维系功能，他说："法律就像自然之体上的肌腱，一群人借助法律而形成一个民族，正如自然之体通过肌腱而维系起来；这神奇的实体借助法律而维系并且成为一体，'法律'一词就是从'维系'派生而来的。并且，这身体的组成部分和骨骼，正象征着那真理的坚实基础，这共同体就是借此而得以存在，它凭借法律而捍卫人的权利，正如自然之体凭借肌腱所为之举。"⑤ 苏永钦提出，如果我们把法律体系当作一个社区从上空俯瞰，民法典就会像一个典雅的中古城堡，立刻进入眼帘。城墙上高竖

---

① 王人博：《水：中国法思想的本喻》，载《法学研究》2010年第3期。
② ［古希腊］柏拉图：《法律篇》，张智仁、何勤华译，上海人民出版社2001年版，第28~29页。
③ ［英］霍布斯：《利维坦》，黎思复、黎廷弼译，商务印书馆1985年版，第1~2页。
④ ［美］富勒：《法律的道德性》，郑戈译，商务印书馆2005年版，第113页。
⑤ ［英］约翰·福蒂斯丘：《论英格兰的法律与政制》，袁瑜琤译，北京大学出版社2008年版，第21页。

"私法自治"的大纛,迎风招展。① 民法典对私法自治保护的功能在这里借助城堡和大纛的比喻得以体现。

第三,对法律内容的比喻。法律的取效必然要建立在法律的受众理解法律内容的基础上,夏雨认为:"由于法哲学的匮乏,人们穿行在纷繁复杂的法律条文中,知其然不知所以然,任凭支离破碎的法律感觉泛滥,把握不了法律背后的深层原理。"② 但真正直接触碰人们生活的是法律的具体内容,法律内容中的比喻修辞也正是为了促进人们对其的理解。如商朝法律中有"巫风"之罪。这里是用"巫"这种神秘却具有蛊惑力的现象比作官吏对歌舞的沉溺。《民法典》中的"连带"一词也借助了比喻表述民事责任承担主体和承担方式。《刑法》中的"黑社会"一词就是用颜色比喻相关组织的恶性,"洗钱"一词则是用动作比喻对非法财产的处置。《行政强制法》等公法中的"冻结"财产也是用比喻表明公权力机关对私人财产的处置措施。《公司法》中"子公司"的概念也是用母与子的比喻以表达公司的法律地位。"毒树之果"是美国刑诉法中对非法获取的证据的比喻。"不洁之手"是英美法系衡平法中的喻体,以比喻实施不公平或不正当行为的当事人,对此类当事人,法官不予禁令或损害赔偿的救济。

第四,对法律运行的比喻。在中国古代,刑罚,尤其是死刑的实施,往往与"天象"联系起来。西汉时陈宠曾上奏汉章帝:"夫冬至之节,阳气始萌,……十二月阳气上通,……十三月阳气已至,……若以此时行刑,……不合人心,不稽天意。"③《隋书·刑法志》也记载:"圣王仰视法星,旁观习坎,弥缝五气,取则四时,莫不先春风以播恩,后秋霜而动宪。是以宣慈惠爱,导其萌芽,刑罚威怒,随其肃杀。"④ 中国古人的法律思想遵循的逻辑在于将刑罚与天意结合起来看,这和西方斯多葛学派的自然法思想很相似。而这种思维的重心就是将秋冬季节的肃杀比作刑罚中的杀戮,以此为预设前提确定刑罚实施的时间。苏力对许慎的"水喻"理解不同于笔者上文提及的观

---

① 苏永钦:《私法自治中的国家强制》,中国法制出版社2005年版,第1页。
② 夏雨:《法治的传播之维》,长江文艺出版社2013年版,第90页。
③ 《后汉书·陈宠传》。
④ 《隋书·刑法志》。

点，他认为从法律运行而非功能的视角也能看待水的比喻。所以他提出了反驳："仔细琢磨起来，许慎的解释在词源学上就是值得怀疑的。法的这个水旁为什么在这里就意味着公平？不错，水在静止状态下的特征之一是'平'，但这并不是水的全部特征或'本质'特征，甚至未必是其最突出显著的特征。水也是流动的，水还是由高处向低处流淌的，水是柔和的，水是清的水，水又是容易混浊的，等等。"① 在他列举的种种可能性里面，水的流动带来的喻义就是法律的制定、颁布到实施的运作，因为从国家制定出规则到规则在社会的具体运作正如水从高处向低洼处流动一样。文本的开放性会使得不同的诠释者就这一比喻生发不同的诠释结论，笔者无意调和上述对"水喻"的不同解读，本书试图揭橥的"镜喻之法"也不过是笔者的自我之见。而前人对"镜喻"的理解主要在司法场域展开，笔者与之的视角也有所不同，具体将在下文详述。徐忠明认为"镜"的基本功能，是"鉴"，是"照"，当然也是"明"。也就是说，通过"镜"的鉴或照或明的功能，以使被鉴、被照的对象变得纤毫毕现。落实到司法上来，我们可以这么说，正是通过这种"鉴"或"照"或"明"，待决案件的事实真相才能水落石出，从而使冤狱得以平反，正义得以实现。毋庸置疑，在传统中国的司法公堂上悬挂"明镜高悬"的匾额，乃是"使民无冤"的象征符号。② 查明案件事实是司法的重要环节，古人喜欢用镜子的照映比作对案件事实的查找，因为他们认为镜子能够毫无差池地将现实世界投射在镜面上。之前提到的"水喻"，在法的运行中也有所体现，《荀子·君道》中曾说："法者，治之端也；君子者，法之原也。……故械数者，治之流也，非治之原也；君子者，治之原也。"这一比喻就是为了说明法律出自君王。在西方国家，丹宁勋爵将法官的职责比喻为将法律的编织物熨平的行为。韦伯将司法比作自动售货机的运行，试图借此提出司法背后的严密科层制以及法律的形式理性。

  我们对法律领域的各类比喻无法列举穷尽，但上述具有代表性的法喻涵盖了法的各方面，已经昭示了比喻技巧对法律修辞之力的推动。史彤彪热衷

---

① 苏力：《法的故事》，载《读书》1998年第7期。
② 徐忠明：《凡俗与神圣：解读"明镜高悬"的司法意义》，载《中国法学》2010年第2期。

于对西方之法的比喻,认为东方的法喻指向的是法的工具理性。① 然而站在认识论而非价值论的层面,对关涉法的比喻尽可能全面地考察,才能归纳出法喻的特点。法律蕴含着主体性,主体性则蕴含着感性成分,莫里森通过对西方法律史的考察认为,在法律理性后面,潜藏着非理性。掘开文明的表层,人们就会发现大量冲突的感情和欲望。② 人们借助直观感受到的事物,以超越逻辑的视角,品察、审视法律各角度的样态,也确乎构建了以比喻技术为导向的法修辞图景。刘风景认为这种比喻也折射出法律背后的价值取向。③ 因此,当我们在法的价值和技术之间逡巡时,法律的比喻理论终会找到安放之所。在喻体的选择、比较以及最终的确定过程中,运用主体基于特定的目的,在本体与喻体之间形成"最"相类似的判断,至关重要。④ 笔者将"镜喻"之法作为研究对象,目的之一也是对这种"最"相类似予以证成。

问题在于,为什么笔者用"镜"作为喻体呢?这又要回归法喻的目的上。前文已提及,人们为了认知法以及关于法的学说这些相对抽象的事物,借助直观感受到的事物与之的相似性找到认知方式的嫁接,而此种认知外化的修辞方式即是比喻。从笔者对法喻类型的梳理来看,法的运行是法律的最终去向,它涉及法律如何在实践中发挥作用以实现立法的原初目的,但法运行的前提条件是法在内容制定上要将现实中的事物合理地纳入规范框架中,纳入的方式即决定了法律的调整方式。而关于法的这一环节,前人并没有用比喻修辞予以肯认,但关于这一领域的认识论问题又是至关重要的,因为它直接关涉法律运作的效果。有学者从哲学认识论的角度提出:"人是有目的的,人与他的产物,如他在过去与现在建立的社会世界,它的艺术作品、文学、科学和宗教,得'从里面来理解'。"⑤ 哈特提出的法的"内在观点"就在于从法的"里面"认知法。对法律的理解如果"从里面"入手,当然涉及法的调整方式。毕竟法律需要通过作用于纷繁复杂的社会关系实现权利义务

---

① 史彤彪:《法律的比喻赏析和研究》,载《政治与法律》2011年第8期。
② [英]韦恩·莫里森:《法理学:从古希腊到后现代》,李桂林等译,武汉大学出版社2003年版,第311页。
③ 刘风景:《法律隐喻学》,中国人民大学出版社2016年版,第222页。
④ 刘风景:《法律隐喻学》,中国人民大学出版社2016年版,第168页。
⑤ 张汝伦:《意义的探究——当代西方释义学》,辽宁人民出版社1986年版,第40页。

关系的正当化。缺乏调整机制的法，则是孤立于世的文字表述。法的调整发挥的机理有如镜子的"映照"机理一样，将世间之物映于规则的字里行间。正如博尔赫斯的作品总将镜子里的像比喻成幻想的世界，镜外的现实世界因为镜子的映照与幻想形成对应，真实和虚拟的对立因为这种对应而被消融。他的文学作品也因这种神奇的映照机理将读者的心灵引入超时空之境，读者也因之体会到阅读带来的享验。与之对应的，规范结构的事物与现实的事物也会因法律的映照而达致一种理想对现实的指引，人们接受了这种指引，也就认同了法律的精神意蕴，法律也就因此而取效。

但问题在于，当具体的事物被纳入规范中时，事物还能否、或是否应当与它的本质保持一致呢？换句话说，这种"纳入"确实可以看作一种"映射"。然而映射生成的是一种虚像，就如镜子对万物的映射一般。那么，映射出的虚像可能忠实于本像，也可能变幻出其他的像。对法律本体的考量如果缺乏对这种"映射"意义的思考，那必然导致法调整理论根底的缺失。

从对前人的法喻的整理来看，法律的功能、内容和运行都围绕着法的实用性展开。所以我们有必要将这三者合为一体寻求整全意义上的法喻观照。而从法律调整方法层面寻求比喻的修辞无疑是明智的选择。前人对镜这一喻体的选取是为了表达司法对案件事实的全面查明的期望，正所谓"夫镜水之与形接也，不设智故，而方圆曲直弗能逃也"。[①] 然而，客观事物在规范世界映照出的样貌才是法律在具体案件的审视中描摹的对象。所以从法律的调整机制入手寻找喻体具有对实践的助推意义。

规范对事实的结构从比喻修辞上看以"镜"为喻体最为合适，因为镜的功能在于映照事物，"明镜高悬"的比喻和中国神话中的照妖镜传说都能体现这一点。前文提及的以"井"喻法，涉及的其实也是井水的映照功能。王人博曾说，从"井水"的形式中，可以生成一种意象：清澈宁静，可作镜鉴。"对井梳妆"表达的就是这种意蕴。[②] 至于前面提到的"水喻"，也有"以水照鉴万物"之意。王人博对此也提出看法，他认为静止的水不但因为

[①] 《淮南子·原道训》。
[②] 王人博：《水：中国法思想的本喻》，载《法学研究》2010 年第 3 期。

"平"而映照出"法"的意象,而且它直接与人的"心"性相吻合。法之"平"可以为行为之"准",水之平可以为"万物之镜"。[①] 镜的映照性反映到法律调整层面也同样涉及客观事物和映照之物之间的对比,并且规范的内容反映了立法者的主观心灵对事物的理解,心灵与事物的关系又无疑构成一种"映照"。所以,我们有必要考量如何借助"镜喻",既关照固定下的文本与事物的关系,又关照流动的心灵对事物的结构。这些促进了规范的客观意义和主观意义的融合,这也是我们对法律认知的重要维度。

尽管立法的语言讲求平实、精准,比喻式的修辞似乎不应出现在其中,也尽管柏拉图在《对话录》中大力批评修辞的虚假,但我们不可能绕开语言的维度去探究这种"镜喻"。维特根斯坦就认为一个词有"原初的含义"和"次级的含义"。唯当这个词对你有原初的含义,才能够在次级的含义上使用它。[②] 本体和喻体就对应着词的"原初含义"和"次级含义",对这两种含义的解读当然都必须借助语言的表述。毕竟语言是表达概念的符号系统。[③] 倘若没有语言作为表意媒介,比喻自然也无从谈起。语言也如镜一般映射出人们心灵的场域。就如罗蒂所说:"我们的镜式本质不是一种哲学学说,而是一幅图画,会读写的人发现他们读过的每一页文字都以这幅图画为前提。说它是镜式的(像镜子的),有两点理由。首先,它具有未被改变的各种新形式,但这是理智的各种形式,而不是像物质的镜子那样具有感性的形式。其次,镜子由一种实体组成,这种实体较纯净,纹理较细腻,较精致,而且比大多数其他实体更为灵敏。"[④] 语言是法律文本的组建质料,心灵是法律内容的价值所指,语言之镜与心灵之镜转化为法律文本之镜,照映出的世界未必像罗蒂所说的那样"纯净精致",笔者会在下文详加阐述这一问题,但行文至此,我们至少必须承认这种照映本身是值得关注的。

既然规范的映照必然要借助语言,心灵的映照也必然借助语言才得以实

[①] 王人博:《水:中国法思想的本喻》,载《法学研究》2010年第3期。
[②] [英]维特根斯坦:《哲学研究》,陈嘉映译,上海人民出版社2001年版,第339页。
[③] [瑞士]费尔迪南·德·索绪尔:《普通语言学教程》,刘丽译,中国社会科学出版社2009年版,第18页。
[④] [美]理查德·罗蒂:《哲学和自然之镜》,李幼蒸译,商务印书馆2003年版,第55页。

现，所以以规范中的语言为视角实现法之镜喻的阐述将使得理论的建构更为直观。笔者试图以规范中的"视为"一词作为切入的视角，端在于"视为"的语义——把……看作……——已经充分表现出立法者的主观视域，事实上即使跳出规范看待日常用语的"视为"，它的含义也更多地表现在"视为者"的主观世界里，这种主观性的彰显又当然表现为心灵的映射。语言作为织体，当然地将这种映射方式固定下来。规范中存在的"视为"以语言符号标记出了客观实存在法律世界中的镜像及二者之间的关系，顺从"视为"规范的表述并从"视为"织体构造的规范语境入手，我们找到了法律之镜，它纵然不似科幻小说中的那般神秘，至少也在法律理论的王国中施展出神奇的力量——用法律语言的质料实现规范王国有异于现实世界的叙事，且这种差异又是在心灵的映照机制下产生的。就如吕世伦所说："语言把沉睡的在者唤醒，使在者从被遮蔽的状态现身，挺立，生动而鲜活。"[①]"视为"对人们的唤醒方式，依托于我们用思维编织的"镜喻"。

综上所述，以他物喻法的认知路径使人们能够凭借熟悉的事物驾驭对法律的认识，古今中外的学者也从法的各角度呈现出这种比喻。以法喻为中心的理论加深了法认识论研究的厚度。笔者以"镜"喻法生成了关乎法认识论的符码，对符码的破解必将借助法律修辞理论，法律修辞又必然涉及以言取效的问题。所以笔者试图从"视为"规范的语言学意义出发，以实现法喻理论的创新与法喻实践的助力，并且这种创新，将为法律修辞领域带来理论甘露，这种实践，将覆及法律制定和法律实施的整体性面相。

二、法之"平面镜"对现实世界的还原式映照："视为"规范的提示

反照世间之物，乃镜的自然与原初功能。平面镜工作的光学原理指向的是对事物的还原，是虚像与实像之间形态上的完全对应。正因为平面镜的这种反射机理，事物自身的状态和在空间中的位置与镜中的场景之间达到一种绝对的匀称境地，表现出法律调整的美学。所以这种映照，忠实于客观世界，形成一种"看似"与主观情感毫无关联的复写（只是一种"看似"，客观世

[①] 吕世伦主编：《法的真善美——法美学初探》，西安交通大学出版社2016年版，第404页。

界事实上与立法者的主观性结合得很密切,下文将予以详述)。上文提及的"明镜高悬"已经体现出这种复写式的映照,尽管它只是一种法律文化层面的比喻,但它乃是基于物理学层面的平面镜原理生发的修辞。本书详加探讨的法律调整领域也同样关涉平面镜般的复写,因为法律对事实的纳入,时常体现出平面镜般的"忠诚",也因此而实现合乎客观逻辑的调控。

当用比喻的修辞描述法对事实复写时,我们容易只将注意力放在规范内容和客观世界的绝对相谐的"美感"上,这当然是法之"平面镜"的特质所在。但规范出自立法者之手,也必然融入了立法者的主观意志。法的"平面镜"映射背后的主观意义在于立法者对法律调整机制的确定性价值的追逐。就像麦考密克认为的那样:"法治被宣传的最重要的优点之一就是,凡是存在法治的地方就存在着确定性"。[①] 但机制的确定性不同于法律自身的确定性,后者是指法律文字没有歧义,人们能从中找到行为模式的共识。前者则强调法律对已然形成的事物秩序的确认,其体现的是法律的进化理性,哈耶克的"自生自发秩序"理论表述的即是这种现象。它试图从与人们日常紧密联系的事物中探寻心灵的安放之处。孟德斯鸠认为"法律,在它支配这地球上所有人民的场合,就是人类的理性;每个国家的政治法规和民事法规应该只是把这种人类理性适用于个别的情况"。[②] 在法律产生之前,人们就已经借助理性实现生活秩序的形成,国家建构的法律也应遵从这种理性。"遵从"就是本书所说的"映射",它意味着当主体找寻到事物的本质和人们对事物的惯常认知与法律的互养关系时,就把这种"映射"体现在文字表述上。

在以"视为"为谓语成分的规范句中,体现这种"映射"的语句承担的功能在于提示。提示性修辞的目的表现为立法者对已经被人们接受的情状的强调,以提醒人们不要疏漏,而即便不存在这样的提醒,人们也应如此行事。

提示一定是对已然成为众人接受之理的强调,所以"视为"就如同平面镜般将已经形成的事物反射在提示条款内。北欧的斯堪的纳维亚法学受到哲学的还原论影响,认为概念总是可以经由分析而还原为一系列事实命题,它

[①] [英]尼尔·麦考密克:《修辞与法治——一种法律推理理论》,程朝阳、孙光宁译,北京大学出版社2014年版,第309页。
[②] [法]孟德斯鸠:《论法的精神》(上册),张雁深译,商务印书馆1961年版,第6页。

们与实施命题等量齐观,亦可由其取而代之。① 提示规范的前提就在于还原已有的命题,并强调已有命题的法效果。所谓"心静则可以察天地之精微,镜万物之玄妙"。② 在以色列最高法院的走廊上,大理石地面用一条狭长的玻璃镜与墙隔开,这也有两层意思。第一,镜子似乎将西墙反射得具有永恒的意味。第二,镜子给大理石和石头提供了有形的媒介。③ 平面镜在这里也作为司法文化的符号样态表达对事物的映照之意。而当"视为"语词构造的"平面镜"型构既定的事实时,它也反映出立法者心灵如平面镜般透彻:一是对法律阅读者的理解深度的洞察,二是对已有秩序重要意义的体悟。还原事实的修辞意义自然在于,将人们已经接受的事物之理从规范文字上固定下来,文字的含义也顺理成章地被接纳。既然是还原,当然体现的是立法者对事物的客观性诠释。事实上,人们不仅在内在心理结构中具有认知事物关系和法律的能力,而且还能通过外在的符号结构表达出内在心理认知到的事物关系,从而令法律表现出客观性,也把诠释者内在心理结构汇总理解的客观性转换成外在符号结构中解释的客观性,即通过人造的符号来映照对象的客观性。④ 从规范中的"视为"一词——也即是一种符号——着手,寻找这种对客观性的映照,不正意味着把法律那平面镜般的反射艺术彰显出来吗?

平面镜映照的"像"终究是一种虚像,换句话说,对某种事实的语词表述仅仅意味着在规范上取得效力,能否产生实效则未必。但即便如此,作为提示的"视为"至少表明了对法律阅读者的利益考量,因而在修辞意义上能够得到道义证成。有学者认为法是一种在艺术上有价值(内在的,依赖于感性的,互主体性的,人类中心的,相称的,语境式的,偶然的,非种族中心的,客观的)的行动型(通过艺术家来表演,有自身的结构和诱导,能够被多次重复表演)。⑤ 这种行动一定以某种价值作为动力和目标,比喻则是彰显这种价值的修辞。德里达认为文字是可感知的物质和人为的外在性:一种

---

① [美]劳埃德:《法理学》,许章润译,法律出版社2007年版,第353页。
② 王人博:《水:中国法思想的本喻》,载《法学研究》2010年第3期。
③ 吕世伦主编:《法的真善美——法美学初探》,西安交通大学出版社2016年版,第380页。
④ 谢晖:《法律的意义追问——诠释学视野中的法哲学》,商务印书馆2003年版,第515页。
⑤ Gary Bagnall, *Law As Art*, Dartmouth Publishing Company Limited, 1996, p. 142.

"外衣"。① 文字书写的世界释放的思想伟力应借助文字自身的表述得到体现，法的"镜喻"也当然出自规范文字的意涵。所以"镜喻"的正当性也一定离不开文字表达的正当性，法律修辞之所以成为一门学问就在于它关涉法律语词的妥切安置问题。而无论是从逻辑正确还是从道义理性上看，作为提示注意的"视为"都表现出了法律平面镜式的映照。

然而，这并不意味着"视为"是作为"平面镜"的法的最佳材质。毕竟从语义上看，"视为"表示的是人的主观看法，而注意规定表示对已有事物的确认，是一种忠实于客观意义的陈述。因此，用"是"表达这种不带感情色彩的陈述更为妥切。在语义上，"是"表明言说者对某一事实的确定，表现的是主体对逻辑事实的自觉。在语用上，"是"表达言说者的判断，这是汉语语境下人们约定俗成的语言规则。所以，"是"作为法律的修辞，传递给法律读者的也必然是扎根于现实语境的事实判断，而这在提示注意的规范功能中显然契合了大众的思维常理。也正因为这种语词应用的理路，"是"的表达更能将法律的平面镜映照之功体现出来。规范中的"A 是 B"的语法结构就以"是"作为将 A 映射到 B 中的"平面镜"材质，基于对"视为"一词的切入是本书的研究基点，对"是"的探析不再深入下去。最起码，"视为"作为提示性规范的修辞语，已经最大可能地扮演了"平面镜"的角色。

三、法之"哈哈镜"对现实世界的扭曲式映照："视为"规范的拟制

法律如果仅仅表现为对客观事物的无差池复写，用无可置疑的几何原理确立规则对事物的调整方式，那么其虽然实现了对人类的确定性指引，却会导致过度追随这种向客观世界看齐的姿态，毫不夸张地说，这无异于将人类置于自然的法则中任其自生自灭。作为出自人之手、调控人们行动的机制，法律必然融入了人类的主观意蕴。这种主观意蕴或许有悖于逻辑事物，就像哈哈镜映射出一种被扭曲的虚像一般。这种扭曲式映照，就是规范的拟制。

"拟制"的概念最初源自旧罗马法，是一种辩诉制度。但梅因试图揭示

---

① ［法］雅克·德里达《论文字学》，汪堂家译，上海译文出版社 1999 年版，第 47 页。

出拟制表明的主体对不同事物的同等化处理，在那部经典的历史法学著作《古代法》里，梅因说："'拟制'（fictio）在旧罗马法中，恰当地讲，是一个辩诉的名词，表示原告一方的虚伪证言是不准被告反驳的……但我现在应用'法律拟制'这一个用语，是要以表示掩盖，或目的在掩盖一条法律规定已经发生变化这事实的任何假定，其时法律的文字并没有被改变，但其运用则已发生了变化。"① 梅因乃是站在司法的角度看待拟制这一司法方法，而本书探讨的是立法中的拟制。拉伦茨对法律拟制的理解与本书的研究对象更为契合，他说："法学上的拟制是：有意地将明知为不同者，等同视之……法定拟制的目标通常在于：将针对一构成要件（T1）所作的规定，适用于另一构成要件（T2）……因此，立法者并非主张，T2 事实上与 T1 相同，或事实上为 T1 的一种事例，毋宁乃是规定，对 T2 乃是赋予 T1 相同的法效果。"② 在这里本体和拟体的差异性、拟制之后产生的同一性都体现出来。但拉伦茨忽视了本体和拟体之间的关联性，相较之下考夫曼的观点补充了这一缺憾，他说拟制是"在一个已证明为重要的观点之下，对不同事物相同处理，或者我们也可以说，是在一个以某种关系为标准的相同性中（关系相同性，关系统一性），对不同事物相同处理"。③ 所以，就像哈哈镜映射出的像虽然在形态上与镜外的本像具有差异，但依旧能看出是本像而非其他事物的映射一样，本体和拟体的关联性应在法律拟制中体现出来。

哈哈镜之所以照射出和本像的状貌相差甚远的虚像，就在于构成它的特殊材质——凹凸不平的玻璃镜面。而法律之所以拟制出和现实世界不同的事物，则在于立法者的需求，"视为"的表述也仅仅是这种需求的外化。然而，这并不是说这种比喻就没有实际的意义。即便是语言的形式质料，在"选材"上也应遵循一定的准则。毕竟，语言系统投射出一个存在于符号和语言之外的、具有参照物的外在客体世界，符号的力量消解了古老神话世界的经

---

① ［英］梅因：《古代法》，沈景一译，商务印书馆1959年版，第18页。
② ［德］卡尔·拉伦茨：《法学方法论》，陈爱娥译，商务印书馆2004年版，第142页。
③ ［德］亚图·考夫曼：《类推与"事物本质"》，吴从周译，学林文化事业有限公司1999年版，第59页。

验,并体现出物化的力量。① 就法律拟制而言,拟制语词的表述必须展现出拟制的修辞面相,而"视为"语词有效联结了本体和拟体。

具体说来,"视为"的意思是"把……当作……",拟制也意味着将某情形"看作"另一情形,因此"视为"将拟制主体的主观视域表达了出来。《民法典》第25条规定:"自然人以户籍登记或者其他有效身份登记记载的居所为住所;经常居所与住所不一致的,经常居所视为住所。"这里的"视为"显然表达出立法者期待法律阅读者将经常居所与住所这两个不相同的概念等同视之。《法国民法典》第785条规定:"抛弃继承的继承人视为自始即非继承人。"抛弃继承的继承人和非继承人的等同化也意味着立法者的主观视域彰显出的法律类型化处理。若套用康德的观点,则立法语言是一种"理性为生活立法"的产物。② 立法体现的建构理性当然在语言表意上也试图结构这种理性。表现拟制的"视为"中的动词"视"意味着立法者的建构理性的实施,介词"为"则体现出建构理性实施的效果。汉语一字一义,经由字与字的组合,可以生成无数词组,从而不仅展现出其创意的无限可能性。③ 法律的创造性以及对取效之功的期望也会试图借助汉语的表现艺术得以展现。"视为"从语义上呈现的无限开放在立法者的拟制层面被定位在一种"指鹿为马"的反逻辑上。在这里,"视"的宾语是现实事物,"为"的宾语则是立法者在想象的空间中构造的事物。从语法结构上,立法者采取被动句式,将"视"的宾语置于最前面,这与表示提示的"视为"规范是一样的。这当然也表明立法者所欲强调的是客观的事物,而这种强调本身也是一种修辞的技巧。因为立法者预设人类以现实事物的发展规律为生活准则,事物的客观形态本身即能"征服"人之心灵。法律拟制中的"视为",是法律修辞的标记,它的语义使得整个"视为"语句实现了立法者在法的主观意义上对法律阅读者的说服,从而表现出与客观逻辑截然不同的修辞。

---

① 潘知常、林玮:《传媒批判理论》,新华出版社2002年版,第359页。
② 周赟:《立法语言的特点:从描述到分析及证立》,载《法制与社会发展》2010年第2期。
③ 许章润:《汉语法学论纲———关于中国文明法律智慧的知识学、价值论和风格美学》,载《清华大学学报(哲学社会科学版)》2014年第5期。

刘风景认为"视为"的运用也要受到事物本质的制约。① 这在作为"平面镜"的法律里已经得到体现，而法律作为"哈哈镜"也通过"视为"的表述强调法律在主观性调整上并不否弃事物的客观性，而且毋庸置疑的是，立法者的主观视域就是一种客观存在。如果说存在即合理，这种主观视域产生的"反逻辑"的合理性就在于立法者的利益取向是一种主观意志。不同事物的等同视之或是意在对立法成本的精简，或是某种法律价值的贯彻使然，它们都扎根于一种主体性需求，即便外化于凝滞的文字，也因为"视为"语句的正当应用而流露出这种主观性。

人与自然的互养使得人类的生活有赖于客观的事物。因此有学者说："人是历史性的存在。历史性在这里不仅仅指人处于某一特定的时空环境中，更意味着人对这一环境的意识。"② 但主观认识的流会不自觉地尝试摆脱时空环境而进入超时空幻境。法律的"哈哈镜"之喻反射出的主体思维就已经逸出了逻辑的禁锢，从而步入想象之境。吕世伦认为我们从哲学上要讲主客统一，就既要尊重主体的主体性，又要尊重客体的客体性，天人和合，主客相通。③ 主客相谐的美景固然令人神往，然而从美学的角度上看，就像荷兰版画画家埃舍尔将扭曲的意象诉诸笔端那样，其表现出的与现实的悖谬也能生发美感，且这种美感出自作者的主观伟力。法律的画卷也是如此，用"视为"表述法律拟制，在尊重事物的客观定在的前提下，更侧重于对立法者主体性的张扬，从而以"扭曲"的笔调抛离了现实世界。这也是笔者以此比作哈哈镜映照出的奇幻效果的原因所在。

四、法之"照妖镜"对现实世界的揭露式映照："视为"规范的虚拟

神话世界源自人们想象力的释放，这种想象力的"质料"则往往源自现实的物质。譬如镜子在日常生活中本是用于映照，但神话中的照妖镜"开发"出镜子对未知事物的"探索"功能。神话作品借助照妖镜的神奇功效让化作其他形状的鬼魅显现出原形。《西京杂记》记载："高祖初入咸阳宫，周

---

① 刘风景：《"视为"的法理与创制》，载《中外法学》2010年第2期。
② 张尧均：《如何撑开历史的中立空间?》，载《读书》2014年第2期。
③ 吕世伦主编：《法的真善美——法美学初探》，西安交通大学出版社2016年版，第308页。

行库府，金玉珍宝，不可称言。其尤惊异者，……有方镜，广四尺，高五尺九寸，表里有明。人直来照之，影则倒见；以手扪心而来，则见肠胃五脏，历然无碍；人有疾病在内，则掩心而照之，则知病之所在；又女子有邪心，则胆张心动；秦始皇常以照宫人，胆张心动者则杀之。"[1] 或许正如有的学者所言，"照妖镜"之俗信，渊源于"影像即灵魂"的古老观念。[2] 照妖镜照映影像的最终目的是实现对人之灵魂的找寻，而人的一切真实，都在灵魂中映射。也无怪乎古代的司法官使用"明镜高悬"的牌匾象征司法对人性的挖掘。

以"照妖镜"为喻体实现对法律本体的修辞，我们描摹出法律虚拟的画卷。法律对现实的调整有时是乏力的，毕竟人的认知存在限度，现实的复杂往往令人捉摸不透。当立法者面对这般窘境时，法律将以"虚拟"的调整方式实现取效，即从含混的状态中虚制出某种确定的情形。麦考密克认为法律和法律推理的要义在于，赋予一般合理性观念所无法确定的事物以确定性。[3] 法律的确定性使人的行为有所依凭，实现法律对人类行为的有效指引，法律也因之构建了安定的社会秩序。而法律虚拟作为一项立法技术，就如"照妖镜"般，让无法确证的事实在规范之镜中映射出某种形貌，从而消解人们因认知局限而导致的神秘。当然，作为法律的"照妖镜"并非用奇异材质构建的，它的神奇之处也一样是借助语词"视为"的伟力展现的。

正如上文所言，"视为"表达的含义是对主观视域——将……看作……——的抒发。法律虚拟也显然需要依托立法者的主观性，并以恰当的语词结构这种主观性。如《民法典》第145条第2款规定："相对人可以催告法定代理人自收到通知之日起三十日内予以追认。法定代理人未作表示的，视为拒绝追认。……"立法者在法定代理人"未作表示"的情形下，无法知晓法定代理人的真实意思，于是"虚拟"出"拒绝追认"的情形，以实现法

---

[1] （东晋）刘歆、葛洪：《西京杂记·卷三》。
[2] 万建中等：《中国民间散文叙事文学的主题学研究》，北京大学出版社2009年版，第185页。
[3] ［英］尼尔·麦考密克：《修辞与法治——一种法律推理理论》，程朝阳、孙光宁译，北京大学出版社2014年版，第355页。

律的取效,尽管"拒绝追认"不一定符合法定代理人的真实心理。这源自立法者的视域不能,即不能在法定代理人的沉默中体察其意思。而只能依私法理性的一般原理(也未必符合某个个案中的真实情形),认为法定代理人未能表达出自己的理性,因而虚拟出"拒绝"的意思。再如《最高人民法院关于适用〈中华人民共和国行政诉讼法〉的解释》(法释〔2018〕1号)第 31 条规定:"当事人委托诉讼代理人,应当向人民法院提交由委托人签名或者盖章的授权委托书。委托书应当载明委托事项和具体权限。公民在特殊情况下无法书面委托的,也可以由他人代书,并由自己捺印等方式确认,人民法院应当核实并记录在卷;被诉机关或者其他有义务协助的机关拒绝人民法院向被限制人身自由的公民核实的,视为委托成立。……"这里的"视为"同样表达立法者在被诉机关拒绝法院核实相关人身份时对委托成立与否的不确定状态的虚拟。

然而在学界,对法律虚拟和法律拟制的理解存在混同的情形。富勒曾说:"法律拟制是提出的陈述伴随着完全或部分意识的虚假,或者一份虚假的陈述被认为是具有效力的。"① 这样的定义显然也包含了对法律虚拟的理解,毕竟法律虚拟同样也是"虚假的陈述",并且基于法律的权威性,这种"虚假的陈述"是"有效力的"。谢晖认为法律虚拟应分为广义的法律虚拟、中义的法律虚拟和狭义的法律虚拟,其中狭义的法律虚拟才是无涉法律拟制的独立概念,它的意思是"对人类交往秩序的一种诗性描述和修辞预设,是一种立法者或司法者近乎首创的虚构的命名和规范"。② 这一概念表达出了法律虚拟的特性——虚构,其是一种"无中生有",而法律拟制则是"不同事物等同视之",二者的分野是显明的。也有学者将"视为"的虚拟功能看作是推定,杜艳荨在分析"视为"的时候发表过这一观点。③ 但"推定"显然指的是当基础事实与推定事实之间应存在一定的逻辑关联时,人们做出的一种虽不完全经得起推敲,但也契合一定逻辑规律的推理。"虚拟"体现的就不是推理的过程,而是一种创制的过程,"虚拟"的前提不在于此事物与彼事物

---

① Lon L. Fuller, *Legal Fictions*, Stanford University Press, 1967, p. 9.
② 谢晖:《论法律拟制、法律虚拟与制度修辞》,载《现代法学》2016 年 9 月。
③ 杜艳荨:《"视为"的法律解读》,南京师范大学 2014 年硕士学位论文。

第三章 ‖ 法学研究的修辞学视角

之间的逻辑关联,而是从"混沌"创制出"确定"。笔者之所以用"照妖镜"作为法律虚拟的喻体,就在于"照妖镜"的机理也是从不能体察的事物中映照出一种确定的结论。卡西尔也认为人在掌握语言的过程中总是持一种能动的创造性态度。在这方面,甚至连儿童身上能动性和自觉性的最好证明。① "视为"在法律虚拟的规范中当然表现出的是创造的一面,就如小说的情节来自作者的虚构一样。

很显然,立法上的虚拟同样冲破了逻辑的囚禁,用流动的语言体现立法者的主观性审视,而主观性又必然与利益诉求挂钩。《民法典》第145条第2款将法定代理人未作表示的情形"视为"拒绝追认。虚拟的结果则意味着立法者对意思自治的利益的尊重,因为法定代理人的沉默让立法者在揣测他的意图时选择了"拒绝"而非"承认",是试图使人的非表意状态不产生法律关系的形成,从而实现对"不表态"的意思的尊重。这种尊重契合了法定代理人的决断利益。在法定代理人犹豫不决的情形下,立法者也借助法律虚拟实现一种决断,其也符合效率利益。因为这样做无疑实现了交易状态的明晰化,以使得交易相关人员不会一直处于交易悬置中。用"视为"的规范语句从难以辨别的情状中照射出利益的渴求,也无异于"照妖镜"对难以辨别的正邪事物的洞见。

伽达默尔曾说:"语言并非仅仅是在我们手中的一个对象,它是传统的储存所,是我们通过它而存在并感受我们世界的媒介。"② "视为"在法律虚拟中投射出我们某种难以体认的事实,即便这种投射源自立法者的利益考量,也丝毫不损它作为语言的媒介性价值。在以制定法为主要法源的中国大陆,立法机关是法律发展的主导力量,只有立法机关才有权通过"视为"的方式。③ 法律之"照妖镜"以"视为"语词作为质料,反照出利益推动下的立法者决断。因而"视为"规范的虚拟功能,投射出规范之域那海市蜃楼般的幻景,但我们又万不能将其看作"幻景"。

---

① [德] 恩斯特·卡西尔:《人论》,甘阳译,上海译文出版社2013年版,第385页。
② [德] 伽达默尔:《哲学解释学》,夏镇平、宋建平译,上海译文出版社1994年版,第29页。
③ 刘风景:《"视为"的法理与创制》,载《中外法学》2010年第2期。

五、法的"镜喻"之应用:"视为"语句对规范语言、司法运作、规范研究方法的完善

法律对事物的调整方式借助法律语言的选取与表述展现出来,法之"镜喻"修辞也因语言对心灵的映照而产生。我们可以完美地使用一个比喻手段,而无须认真看待它是这样一种词汇的一部分的主张。① 这是从纯粹的认识论哲学上得出的结论,然而在立法领域,比喻不可能脱离词汇本身的特性。因为立法的艺术在形式层面正是语言的艺术,前文所述阐释了语言对心灵的映照关系,所以立法的修辞表现的是立法者观返现实的艺术。周赟认为,立法语言不仅仅是一种给定实在规范的语言,在根本上它还是一种创生性语言。② 创生性就意味着我们应认真斟酌对语词的构造与安放,"斟酌"自然表现为心的流动,是立法者的主观性定在。所以,当我们用"视为"语句作为实现法律镜喻理性建构的切入点时,一定要借助语言学的原理,但更重要的是要围绕法律的应然价值。法律的"镜喻"面向的是规范世界与现实世界的关系,而对这种关系学的认知,将大力推动法治国家的全面建设。

首先,在立法上我们应当结合法律所欲调整的事实构建的语境实现"视为"语词的妥切运用。修辞不但具有判断和命题效果,而且还具有逻辑判断和命题在功能上无以取代的作用——尽管修辞命题并不追求严谨,但它追求实践有效性。③ 修辞的本质是以言取效,从上述法律的三种"镜喻"来看,"视为"的理性取效取决于它的"映照"功能。如果从平面镜的还原功能、哈哈镜的扭曲功能和照妖镜的虚拟功能来看,当法律复写客观事实时,立法者应以"是"作为虚词,因为"是"从语义上更能体现立法者对现实的客观描述之姿。而相对地,在上文提及的注意规定的措辞上,我们应对"视为"一词予以警醒,毕竟"视为"是主观色彩浓郁的表达,其背后折射的是法哲学对主体性的张扬,而注意规定的表述需要主体的相对归隐以实现表达逻辑

---

① [美]理查德·罗蒂:《哲学和自然之镜》,李幼蒸译,商务印书馆2003年版,第476页。
② 周赟:《立法语言的特点:从描述到分析及证立》,载《法制与社会发展》2010年第2期。
③ 谢晖:《论法律的逻辑命题与修辞命题——制度性修辞研究之四》,载《法学评论》2014年第3期。

事实之本性的修辞效果。"是"的规范应以陈述句为表述的形式，以表现立法者对事物本质的阐发。在法律拟制和法律虚拟的场域，"视为"在现有规范中的用法是值得推崇的。因为拟制和虚拟的立法之"术"正是主体性之"道"的彰显，法学的非科学性就在于它在很多方面乃是主体心境的展示。李凯尔特认为"谁都可以说，他希望借助于认识来达到的不外是事物的映象：科学必须如实地'描述'世界，而那种不与现实准确地相一致的描述是一概没有科学价值的"。① 但法律拟制和虚拟显然从运作机理上与这种"科学"的意涵无涉，它毕竟反映的是人的主观价值。"视为"规范的语法结构也显然实现了规范的主观性享验。我们在立法语言上也应继续秉持这种规则措辞，让规则之镜显露出心灵对普泛大众的慈爱，而这种修辞也必然会推动规范价值的实现。从中国现实的语境出发，立法的主观性修辞是法治国家在立法科学层面必须面对的课题，正如季卫东所说："由于法律试行的影响，中国的立法实际上呈现出一种类似竹根或者莲藕等地下茎那样的结构，法律规范在不同方向上展开，多种多样，错综复杂。其外观显然不同于凯尔森式的纯粹的体系，而是穿过社会关系网络的间隙簇状组合的一种复杂的法律群落。"② 其实不只是法律试行制度，只要人际关系与规则的形式理性发生碰撞，规则就必然不再表现为冰冷的逻辑架构，而必定融入对人性的观审。

其次，法的"镜喻"应迁移到司法之域，实现司法判断的正当。刘星认为："在司法方法中将'理性'元素与'基本是非判断'、情绪情感等元素结合起来，完全可能获得更好的司法效果，促进司法公正理解的'公共认同'。"③ 既然"视为"在立法语言体现的是对人之心灵的映照，那司法场域又何尝不能借助"视为"语句表现出这种主观性呢？毕竟司法程序中存在大量的说服—被说服关系，这自然也需要借助修辞的伟力。对事实和法律的认知也难以避免地被主观世界结构，商谈理性、适用规则自身的不明确性等因素同样会导向主观视域的作用。有如任何法律治理手段一样，司法方法本身，

---

① ［德］H. 李凯尔特：《文化科学和自然科学》，涂纪亮译，商务印书馆1986年版，第30页。
② 季卫东：《法治秩序的建构》，商务印书馆2014年版，第154～155页。
③ 刘星：《司法的逻辑——实践中的方法与公正》，中国法制出版社2015年版，第34页。

不仅具有自身的边界，而且也是在社会关系中不断建构的。① 人们对社会关系的认知当然不同于对事物的科学性的认知，它融合了主观的情感、伦理等因素。心灵的映照在司法中也同样借助语言文字体现出来，"视为"语句也因之大有用武之地。对主观性把握的事实部分，诉讼参与人应用"视为"语句阐述，对之的法律评价也应结合"视为"背后的主观视域。季卫东认为，就关系网络的性质而言，大多数现象的含义都是特定的，必须在具体的背景和细节中加以确认，这就导致了对于情境思维的强烈要求。显然，情境是由事实构成的，情境思维倾向于认知性。② 司法相对于已发生的事实而言是"后在"的，这使得它不可能实现对事实的绝对还原，而只能结合诉讼规则对可能的情境予以认知。加之司法还蕴含着法律对事实的评价，主体视域在其中起到的作用更大，这就不可避免地会引发人们的"合理性判断"。并且合理性关联的主题是可变的，而与判断有关的因素也随着主题的变化而变化。③ 指导性案例的编写和在司法中的"参照"意味愈发彰显司法的主体性，合议庭制度更是呈现出沟通理性——而非逻辑理性——建构的修辞。主观建构的场域必然应借助"视为"这一主观性强烈的言辞，实现司法决断的言辞修饰。所以司法的本质是判断，判断必然意味着主体的价值对事物的作用，也必然表现为一种修辞。如果用"镜喻"审视之，其当然是用语言之镜映射事实的可能性和规范的可适用性。对于确定无疑的事实或法律，司法当然应当纤毫无爽地认同或适用，前文所述的古人"明镜高悬"之喻也更多地强调的是这类司法。季卫东也从现代司法理念的视角试图归纳出"一条关于判决严格对应于法律、同案同制裁的'司法镜像原则'"。④ 司法确凿无疑的运行当然如同平面镜般映射世界。但在修辞上，和立法一样，我们应使用"是""确定为"这样的描述性语词，而不应使用"视为"。还需要强调的是，司法的修辞应以规范的文书形式表现，中国当下的司法文书存在缺乏说理或说理

---

① 刘星：《司法的逻辑——实践中的方法与公正》，中国法制出版社2015年版，第149页。
② 季卫东：《法治秩序的建构》，商务印书馆2014年版，第341页。
③ [英]尼尔·麦考密克：《修辞与法治——一种法律推理理论》，程朝阳、孙光宁译，北京大学出版社2014年版，第230页。
④ 季卫东：《法治秩序的建构》，商务印书馆2014年版，第346页。

不到位的问题，这就导致司法修辞难以发挥作用。所以正当修辞的前提在于确立裁判文书写作的规范化机制，确立不同种类的司法文书应当包含的要素，针对论证的到位问题和写作的修辞问题予以制度规制。

最后，法律的"镜喻"应当成为法学研究的重要入点，力求对规范分析方法的理性重构。当下的不少学者试图跳出规范分析方法对规范文本的执拗，认为其不能只强调对规范自身的描述从而陷入法条主义的窠臼。① 相反，它应当以包容性的姿态考量社会事实和法律理想，实现规范在社会生活中的可接受性与运行的顺利。从"镜喻"对法律调整机制的关照来看，法律显然是在与社会事实的互动中发挥作用的，对规范本体的考量必然会"拔出萝卜带出泥"地关切它结构的事实部分。而当我们以"视为"规范作为研究切入点时，规范的价值意蕴也随着修辞学的维度而显现。法律本体、法律价值与法律事实的综合体在"视为"规范通达的"镜喻"之法中必然实现规范分析方法的开放性构造。这种构造无疑融合了法教义学和社科法学的积极要素，达致一种"尊重学科独立性的实用主义"。正如刘星所说："无论中国还是世界，'底层大多数人'和'正规法律实践'，均为必须面对的两个现实，亦为必须思考的两个概念。"② 两者之外再加上对法哲学的思辨，我们迫切感受到规范分析方法的综合性面向之重要性，事实上，学界对排他性实证主义和包容性实证主义的界分已经说明了规范分析方法对规范之外领域的关照。

法学研究输出的成果成为立法的重要知识资源，立法的成果向社会输出后会转化为法律的运行，这一系列的过程都勾连着规范与现实，其借助的语词也必然表现出这种勾连，这也是"视为"一词应当成为规范分析的重心所在。艾兰认为使任何语言与概念体系特征化的名称与范畴的原型，都不是任意的，而是历史与文化使然。因为概念的术语是根基于类比、类推，所以，

---

① 王启梁和雷磊就这一问题展开过论战，前者站在社科法学的立场上认为社科法学接受法的规范性特质，只是反对"法条主义"导致的学科孤立；后者站在法教义学的立场上认为法教义学的研究不排除经验和价值。二者的观点推进了社科法学和法教义学的融合。参见王启梁：《中国需要社科法学吗》，载《光明日报》2014年8月13日，第16版；雷磊：《什么是我们所认同的法教义学》，载《光明日报》2014年8月13日，第16版。

② 刘星：《司法的逻辑——实践中的方法与公正》，中国法制出版社2015年版，第260页。

它们以一种体现为隐喻结构的复杂方式相互关联。[①] 事实上未必如此，就"镜喻"的几个喻体而言，除了照妖镜之喻源自中国的神话外，平面镜和哈哈镜的映照之功源自自然科学，与历史文化无太大关联。但如果用艾兰此言观审"镜喻"的核心语词"视为"则不无道理，汉语的"视为"连接的双宾恰如镜子内外的"像"，这又得益于"视为"的汉语语义，汉语之义也自然牵涉到了中国汉族的语言文明。并且，"视为"规范为上述三者带去的不仅仅是规则自身的语义，也不仅仅是"以镜照物"的修辞美感，它通过言辞对心灵的结构促动规则运作与理论探讨的正当化与理性化，这也必然体现为法之镜对现实的照射。罗蒂曾悲观地说："一旦用谈话取代了对照，作为自然之镜的心的观念就可予以摒弃了。预设作为这样一门学科的哲学概念就变得无法理喻了，它在组成这面镜子的诸表象之间寻求特殊的表象。"[②] 但法律实践和法学研究都必然涉及主体际关系，而这种主体间对话外化为文字又必然如镜子般映照出最终达致的共识。文字作为人类文明的产物，在规则与规则背后之理发挥作用的场域，又必然以其生发的修辞实现规则的实效与学理的建构。"视为"语句的普泛应用推动了涉法领域的欣欣向荣，从学术理论的铺就到法律对社会的实际作用，一切正如明镜一般勾连着外部环境与内在结构，一切也正如明镜一般透过此在反照彼在。我们的"心镜"外化为语言之"镜"，推动着对现实的照射。

唐太宗曾云："以铜为鉴，可以正衣冠；以人为鉴，可以明得失；以史为鉴，可以知兴替。"镜在这里作为政治修辞的意向，以统治者的人格魅力掀起了贞观之治的波澜壮阔。笔者"以法为鉴"，也祈盼在法认识论上实现修辞的理性。当我们用"镜喻"的修辞诠释法律的定在，我们也就找寻到了思维对规则的认知入点。规则与现实千丝万缕的联系，也因为这种"镜喻"而变得清晰起来。同时，比喻修辞生发了诗性的语言，唤起了人类性灵与文字组成的社会规则之间的接引，是刘风景所认为的"在阐述、传播某种法学

[①] [美] 艾兰：《水之道与德之端——中国早期哲学思想的本喻》，张海晏译，商务印书馆2010年版，第27页。

[②] [美] 理查德·罗蒂：《哲学和自然之镜》，李幼蒸译，商务印书馆2003年版，第186~187页。

理论或观点时，对读者来说可收到赏心悦目的良好效果"。① 这当然促进了法律的取效。法治之所以为人类广泛推崇，就在于法治对事物的理性结构能够使人类的行动与心灵在其语境下得以被妥帖地安置，法治则因之成为一项福泽于世的伟大事业。作为"镜"的质料，"视为"规范展现的语义和语法结构促进了法律之"镜"在不同场景下的映射机制，尽管在有的场合也确乎存在比"视为"更恰当的表达。本来，自然之镜的形象（这面镜子比它所映照之物更容易、更清楚地被看见），暗示着作为这样一种追求的哲学的形象，并为后者所暗示着。② 因而，当我们选择以"镜"喻作他物时，也必然意味着我们要把握本物与影像的关系学维度。换句话说，以"镜"的视角看待法律，就意味着被法律调整的事物和法律内容涵盖的事物之间的关系——而非规范或事物本身——是法认识论的重心，而上文的论述也实现了对这种关系学的解读，并且也揭示了关系学背后反映的法律对人类正当利益的关切。"视为"语句的修辞实现的取效正体现出这种关切。在人工智能大行其道的当下，专属人类世界的修辞与数字化的逻辑难免形成龃龉。整合的关键就在于寻求一种对人性的关切的理念，将其作为实现人文修辞与现实逻辑的安放之处。而那份被法律之镜包装的悲悯，必然超越了生产力发展本身，以悲悯之心直面人类的正当利益，人类社会也因此而充满了温情。

第五节　论"视为"规范的三重维度

规范形成的目的，在于对现实世界的调整。现实世界之于规范，断不会如万事万物在平面镜中的映射一般，将全貌毫无保留地呈现出来。因为规范乃人造之物，人性的复杂亦会体现为规范的复杂性。规范以人之正当诉求为逻辑起点，因此其在接引现实世界时，也会在利益诉求的导向下加工现实。而接引与加工，又必然需要借助文字的结构，文字的理性结构，则在于文字

---

① 刘风景：《法律隐喻学》，中国人民大学出版社2016年版，第166页。
② ［美］理查德·罗蒂：《哲学和自然之镜》，李幼蒸译，商务印书馆2003年版，第196页。

表述方法的得体上。因而对于任何规范而言，事物自身的逻辑、利益诉求的修辞和语言表述的方法之三重维度勾连着规范的本体和价值。然而普世性的规范维度反映在规范制定的独特性作业中时，对规范维度的解读亦将放射出独特的意蕴。就本书针对的"视为"规范而言，当"视为"作为规范的虚词重心时，我们对规范三重维度的解读将掀起规则世界的冰山一角，因为破译了"视为"规范的深层次符码，对规范的整全性理论的思考亦会从中受益。

一、问题的缘起：语句的三维性知识何以成立

事物存在的维度在自然科学领域引发了无限的讨论，传统的三维空间观为普通大众所感知，爱因斯坦对时间之维的引入又构建了四维空间观，霍金的宇宙模型甚至提供了十一维空间的概念。维度的神秘触发了我们对事物存在方式的遐思。我们在日常生活中必然要和语句打交道，语句作为抽象的存在，它的存在维度应怎样把握呢？众所周知，语句是以语言文字为载体形成的以表述某种意义为目的而形成的句式，对事物的描述构成的陈述句也好，对他人的命令或请求构成的祈使句也罢，其间都孕育着表述主体的意义世界。人类是群居的存在，亚里士多德和马克思分别将人比作"政治的动物"和"社会的动物"，其揭示的正是人之群体性的意义。即便是为了原始性的生存欲望，人类也需要分工协作以实现生存利益的最大化。更何况，人类作为高等生物，需要满足一定的精神需求。对于前者而言，实现生存性的分工，需要主体际的约定，约定的过程则需要单一的主体各自用语句表述某种物质利益诉求，约定的结果也需要以语句的形式固定下来成为对分工具有指导意义的准则。对于后者而言，一方面，人类需要借助语句的表述抒发与生俱来的情绪，在情绪的外露中努力实现他者的认同与精神支持。另一方面，某种准则的形成，即便是以物质性分工为主要内容的准则，也需要在人的内心产生精神性的认同才能取效，而认同的对象，也一定是准则形成中的话语表达和最终形成的准则性话语。因此，语句结构着人们的精神世界和物质世界，也是规范世界的最终表现形态。既然语句之于人类生活如此重要，问题就在于，人类需要的语句表述应符合怎样的标准，才能达致人类文明秩序的形成与维系之境？

在遥远的古希腊，雅典人的奴隶制度划分了人类等级，阶级的形成离不开精英政治的选拔与管理艺术，这种艺术主要在于用言辞为阶级存在的合理性张目。由此，为了在政治职务的竞选中胜出，或者为了实现民众对现有政体的支持，政客们慷慨激昂的陈词是必不可少的，雄辩之重要性在其中彰显出来，语句的表述艺术也自然具有深远的价值。因而，对精英政治的身份追求催生了古希腊哲人对语言类学科的重视。也正是在这种现实需求的驱动下，古希腊人提出了文法、修辞、逻辑这三门艺术。① 因为文法、修辞和逻辑将使得言辞的表述更为准确，更能打动人心。在其中，文法使得语句的结构清晰化，听者能迅速从中寻求到言说者表达出的思想观点；修辞使得言辞打动人心，听者能从中寻求与言说者的共鸣；逻辑使得言辞的内容具有实用性，能够准确地结构客观事实，同样能够在听者中实现取效。所以有学者就此认为，修辞学与逻辑学一样，是被视为在古代社会的政治生活中最"有用"的博雅技艺（liberal arts）。② 古希腊时期杰出学者组成的"智者学派"的主要职责就在于通过周游世界各地训练广大青年学人在修辞、逻辑、文法的技艺，及至古罗马共和国时期，面向贵族子弟的文法学校和修辞学校对"三艺"之学的重视更是推动了政治言辞在西方世界的繁荣，从实践层面上也为西方世界民众广泛的政治参与度和高超的政治参与水平奠定了基础。正如普罗泰戈拉声称的那样，掌握技艺的最终目的在于"在私事中如何能把家庭料理得井然有序，在公事中如何能在言语上和行动上对城邦产生最大的影响"。③

对"三艺"教育的简要历史回顾旨在强调逻辑、修辞和语法的言辞三维性。其实，就如人类生活在物质世界、精神世界和规范世界一样，独立于人而存在的语句也依托物质之维（逻辑）、精神之维（修辞）和规范之维（语法）而存在。物质和精神都指向人类的利益，但它们都需要被规范结构；逻辑和修辞也都指向语句的取效之功，它们也被语法的规则决定了存在的方式。正如前文所述的那样，语句结构了人类的存在，人类的规则需要借助语句的

---

① 杨明全：《"七艺"考略：西方古典课程的传统与流变》，载《全球教育展望》2015 年第 7 期。
② 焦宝乾：《逻辑与修辞：一对法学研究范式的中西考察》，载《中国法学》2014 年第 6 期。
③ Plato, *Protagoras*, The Loeb Classical Linrary, Harvard University Press（12 Volumes）, Volume 4, 1981, 319A.

表述，当我们踏入法律之域，形形色色的法律规则的语句也呈现出具体的三维面相。在规范集合中大量存在着以"视为"作为虚词重心的规范语句的三重维度，"视为"意指"把……看待成……""将……算作……"，英文翻译为"deem to be...""regard...as...""treat...as...""look on...as..."。"视为"联结了双重宾语，"视"的宾语是现实中的物象，属于逻辑范畴；"为"的宾语是主体的视域所指，属于修辞范畴。"视为"规范以语句形式表现，又必然被某种语法规则所结构。因此，规范语句的三维性，将接引"视为"规范本身的要义，实现"视为"规范的立体化解读。

二、"视为"规范的逻辑之维

逻辑的本质在于探求事物的真实。人类生活在物质世界中，渴求借助某种知识体系和方法认知事物以寻求主体对客体的控制，试图用某种先验的知识统合经验的存在。逻辑的前身是"辩证法"。古希腊智者派的赫拉克利特的哲学就试图借助辩证法追寻事物的始基，他认为事物运动的本性在于事物自身。赫拉克利特发明了"逻各斯"的概念，而"逻各斯"指向的是万物遵循的规律。正如赫拉克利特将这种规律指向了"火"，泰勒斯将万物的起源指向"水"，阿那克西美尼则热衷于"气"之源一样。"逻各斯"是"一"，是万物的统一性，听从"逻各斯"就是"承认'一切是一'"。[①] 逻各斯对万物始基的追索成为其天生的使命。先哲们试图借助逻各斯实现主体对客体的认知，逻各斯如一道光芒般，照亮客体之于主体的神秘迷雾，主体从而通过对客体的掌控在现实中被上扬到崇高的地位，客体亦沦为主体的行为工具而非目的，逻辑自身也是主体的重要认知工具。正如普罗塔哥拉的"人是万物的尺度"、柏拉图笔下的特拉西马库强调的"强者的利益是万物的尺度"[②] 和康德的"把人当作目的"都借助逻各斯把万物的始基指向了人本身。当人类思潮的直线性运动遵循着"神至上"向"人至上"迁移时，现代性走向的轮廓也基本勾勒完成。

---

① 北京大学哲学系外国哲学史教研室编译，《西方哲学原著选读》（上卷），商务印书馆1981年版，第22~23页。

② [古希腊]柏拉图：《理想国》，郭斌、张竹明译，商务印书馆2005年版，第16页。

然而，逻辑指向的结论性观点并非逻辑的全部所在。有学者认为，辩证法在苏格拉底和柏拉图那里产生了分殊：一种是从感性实在出发，虽然承认辩证法与本体论问题有关，但是否认把辩证法看作本体，而仅仅将其规定为通达于本体的苏格拉底路向；另一种是完全撇开感性，从理性出发，不但把辩证法看作是通达于本体的方法，而且根据柏拉图的路向，辩证法本身就是本体。① 但这两种路径正是笔者试图综合的逻辑面向——认知与思维。笛卡尔的主客体二分范式强调的是认知事物的标准，但费希特和谢林的辩证法又转向了事物本身。所以，逻辑是探究事物之具象与思维方法之抽象的综合体。后者强调的是一种思维方式，逻辑是思维因为"逻辑是关于思维的形式、规律及其方法的科学，是对思维形式、规律、方法的高度抽象与概括。"② 也就是说，逻辑也强调思维的规律性运动而不仅仅是这种运动指向的对象。思维的规律性根源于现实事物的规律性，但又不等于事物的规律性。因为思维是一种反映，是一种认识，它同被反映者、被认识者必然有所区别。我们说思维规律和现实事物的规律是统一的，但这并不等于它们之间没有任何差别，它俩是一个东西。事实上，它们的差别就在于：现实事物的规律是客观存在着的，而思维的规律作为一种对事物规律性的反映而存在于人类的思维中。③ 就如柏拉图试图区分理念世界和现实世界一样，逻各斯一方面是思维的抽象性定在，另一方面，唯有在情境化的应用中，逻各斯才会显现出"普罗透斯式的多元"。黑格尔在《小逻辑》中说："思想的真正的客观性应该是，思想不仅是我们的思想，同时又是事物的自身，或对象性的东西的本质。"④ 逻辑的存在，其实是思维形式和内容实质的辩证统一之存在。以此为学问的逻辑学，则也应当既关注形式的思维方式，也投注对现实事物的关切。就如亚里士多德的演绎推理强调思维规律，培根的归纳推理强调事物本体一样。

因此，无论是对事物本体的揭示也好，是思维本身的定在也好，"逻各

---

① 孙乃龙：《古希腊辩证法的分化及其后果》，载《长安大学学报（社会科学版）》2009 年第 2 期。
② 王庆英：《辩证逻辑与逻辑辩证法》，载《河南社会科学》2007 年第 5 期。
③ 马兵：《形式逻辑规律及其客观基础问题》，载《学术月刊》1959 年第 8 期。
④ ［德］黑格尔：《小逻辑》，贺麟译，商务印书馆出版社 1980 年版，第 120 页。

斯"都体现出人类世界的工具理性，它通过某种定式确立思维的范型，人类沿着思维范型铺陈的路径，走向事物的"真"域。这种范型的建立过程和人类对事物本源的孜孜不倦地追逐过程，也正是人类文明的进化之路。"逻各斯"作为工具理性关照人类的普世性场域，自然也照拂着结构人类基本生活的规范。

对规范而言，其外在于主体而存在，存在的方式既合乎人的某种思维运作准则（当然，人类对规则的表述也时不时会溢出这种思维准则，这牵涉下文论述的修辞问题），也必然以现实世界的多元为依托。因此，规范的逻辑之维也必然同时关照着立法者思维的抽象性规律与规范所调整事物的具体形态。法律也因逻辑的求真性而获得了一定的权威，就如阿列克西所说："法律判断必须至少从一个普遍性的规范连同其他命题逻辑地推导出来。"[①] "视为"规范是以"视为"作为虚词重心的规范，从上述"视为"的含义出发，似乎"视为"强调的是人的主体视域，是立法者将一种主观上的看法外化于规范表述中的情状。但"视为"规范绝非一种隔绝于逻辑世界的自在自为，事实上，从"视为"规范的逻辑之维出发，我们不难发现"视为"的逻辑理性早已存在于规范的客观定在中。

具体说来，"视为"规范的表述本就切合立法心理的实际，"视为"一词的选择正体现了一种客观真实。因为"视为"的意义就在于表现人的主观想法，"视为"固定下的是人的看法。而"视为"规范也正是人的主观性作用形成的规范。但人之主观性，本身又是一种客观的存在。就"视为"规范而言，其制定源自人的协商理性。法律本身是无法从确定性意义上证成的，就如季卫东教授所言："法律命题不确定性的渊源以及法律规范确定化的机制就在法律议论及其抗辩清单之中。"[②] 在协商和议论中，作为群体的立法者达成"重叠共识"，所以规则的产出是这种共识性的协商之果，换句话说，是人的主观认知推动了法律的形成，法律的产生并不依赖对现实世界的简单纳入。这是对符合客观现实的立法状态的描述。而逻辑，就是借助某种共识性

---

① [德] 罗伯特·阿列克西：《法律论证理论》，舒国滢译，中国法制出版社2003年版，第370页。
② 季卫东：《法律议论的社会科学研究新范式》，载《中国法学》2015年第6期。

的思维方式发现并表述客观事实,因此,当规范准确地表述出规范制定的主体性要素时,其恰恰彰显出的是规范的逻辑之维。就"视为"规范而言,立法者基于某种利益指向,或立法效率,或人权保障所需,而选择突破客观世界的本体,用思维的嫁接将不同事物等同视之,或者突破自身认知的模糊,用思维的想象"造出"某种能够确立的意象。而嫁接与想象,又依托立法的民主协商程序展开。因此,"视"的宾语被看作"为"的宾语,后者产生的法效果被赋予前者,这是立法者在立法过程中的思维范型。尽管其是立法者的主观定在,但这是从思维本体的主观意义上看待思维的。而跳出立法者思维本身,用外在于这种思考范型的角度看待这种思维,立法者的"视为"——这种思维——是一种客观存在的方式,前者是本体论意义的"视为",后者是认识论意义的"视为",后者的这种认识,落足在逻辑的探究事物之"真"的维度上,如果再细化到立法者制定"视为"规范具体的思考步骤,我们不妨这样理解:

事物本身是这样的/模糊的;

但如果我们按这样的/模糊的方式调整的话,法的利益难以得到保障;

如果把事物看成那样的/确定的,法的利益才能得到保障;

"把事物看成那样的/确定的"这种做法得到了多数人的同意;

那就这样看待事物并用规范予以调整。

一旦付诸实施,形成了最终规则,那么这样的"看待"就用"视为"这一虚词固定下来,以表明这是一种立法者的"看待",这种"看待"才是曾经真真切切发生过的思考方式。"视为"则描述了这种确切发生过的事实。就如黑格尔的辩证法强调的那样,世界的结构本就如此,人站在意识的内部,所能认识到的只是世界的一个或几个层面,而且那是一些比较浅表的层面,最多只能达到反思的、知性的认识,只有立足于世界本身,才可以看见众多深浅不同的层面,而且深层面既是浅层面的根据和条件,也将浅层面涵括进去了。[①] "视为"规范的逻辑之维,就是从现实的"视为"思考范型入手,探寻"视为"的真实语境。

---

① 庄振华:《黑格尔辩证法探本》,载《武汉大学学报(人文科学版)》2015年第5期。

"视为"规范的逻辑之维不仅限于如此,因为"视为"规范或许表现为一种提示性的规范。所谓提示性规范,乃是立法者对法律阅读者不能一次性捕捉到规范的重要信息的"担忧",试图重申某一重要事项,以提醒法律阅读者注意这其中的法律关系的存在。即使不存在提示性规范,其内容依然是具有效力的。"视为"规范有时会用来作为提示性规范,在这种情况下,"视为"即是提示性的语词。立法者借助"视为"作为法律修辞语,旨在实现法律的提示性修辞,因为"视为"的表述能够突出立法者试图强调的语段。既然"视为"规范作为提示性规范,那么其必然只是重申已有的规则,也必然严格地遵循了逻辑上的同一律。倘若背离了被重申规则的逻辑,那么立法者提示注意的意图也必然会落空。陈金钊教授认为:"没有对明确法律的各种逻辑推演,法律意义的固定性就会出现问题。"[1] 法律规范遵循的逻辑之维"视为"规范相对精确地反映出了规范制定过程中的思维运作方式,"视为"规范的提示功能扎根于规范的逻辑本身,彰显规范体系的逻辑性指引。这两方面使得"视为"规范呈现出逻辑之维,这种呈现,使得"视为"规范对客观世界的认知成为可能。雷磊认为:"逻辑构成了任何理性思维的最低标准,尽管其本身不足以证立理性。因为现代逻辑本身的形式性本身就保障了理性的可普遍化要求。"[2] 它借助思维的规律性定在,实现的是"视为"规范对已有规则的确证,而这也正如作为工具理性的"逻各斯"探究事物的本来面貌一样。真理是客观的、普遍有效的,它应以理念世界为对象。若要获得理念世界的"可知的实在",则必须借助"辩证法"。[3] 作为古希腊"三艺"之一的"辩证法"是逻辑的前身,它指向的也正是事物的"真"。

三、"视为"规范的语法之维

任何规范,都必然要借助语言的表述方能形成。索绪尔区分了语言和言语,在他看来,语言只是言语一个确定的部分,尽管也是基本的一个部分。

---

[1] 陈金钊:《法治时代的法律位置——认真看待法律逻辑与正义修辞》,载《法学》2011年第2期。

[2] 雷磊:《法律推理基本形式的结构分析》,载《法学研究》2009年第4期。

[3] 舒国滢:《西方古代修辞学:辞源、主旨与技术》,载《中国政法大学学报》2011年第4期。

第三章 ‖ 法学研究的修辞学视角

它既是言语能力的社会产物,也是一套必要的规约。这些规约必须被社会集团所采纳,并允许个人付诸实施。① 言语则体现的是一种零散化的、异质的口腔发音。结构法律规范的机制显然是语言而不是言语,因为法律规范需要调整现实的生活,以人的理性认知作为调控的基点,因此其在表述上遵循的是系统化的语法规则。当然,在当下的法治文明中,规范表述的载体更多的是借助固化了的语言——文字,除了个别地区的乡规民约的表述借助的是口耳相传的方式之外,绝大多数的规范是用文字的方式表述的。梅因在《古代法》中甚至断言,罗马人正是有了"十二铜表法",才避免了印度文明式的恶化。但即便是文字的使用,也必然遵循着语法规则才能实现法律规则的取效。维特根斯坦认为:"一方面,我们语言中的每个语句'就其现状而言就是井然有序的'……另一方面,看来也很清楚,凡是存在意思的地方,就一定有完美的秩序。"② 无论是索绪尔还是维特根斯坦,都将语言结构在某个系统之内,换句话说,语言之所以在人们的日常生活中须臾不可分,就在于语言本身的表述规则是一种人们约定俗成的系统,这种约定俗成又形成了一种秩序。当然,这是从民众的自治意义上理解的。即使从国家整合的角度出发也是如此,正如苏力所说:"中国历代的政治文化精英,为促成并进而确保有效和统一的政治治理,以各种方式和途径,有意无意地追求以汉字为基础的,基本为政治文化精英口头交流使用的,有别于任何一地方言的通用语言。"③ 语言在国家治理层面,需要形成统一的话语系统,将国家范围内的普遍事项浸润在其中。而民众的自治和国家的整合功能借助的语法维度指向的是一种沟通理性。哈贝马斯的"交往理性"理论强调:"交往行动者必须承担一些虚拟形式的语用学前提。也就是说,他必须预设某些理想化——赋予表达式以同一的意义。"④ 语言的规律旨在实现沟通平台的搭建,约定俗成的

---

① [瑞士]费尔迪南·德·索绪尔:《普通语言学教程》,刘丽译,中国社会科学出版社2009年版,第11页。
② [奥]维特根斯坦:《语言哲学》,李步楼译,商务印书馆2000年版,第67页。
③ 苏力:《文化制度与国家构成——以"书同文"和"官话"为视角》,载《中国社会科学》2013年第12期。
④ [德]哈贝马斯:《在事实与规范之间:关于法律和民主法治国的商谈理论》,童世骏译,生活·读书·新知三联书店2003年版,第6页。

· 153 ·

语法也因而彰显出人类的沟通理性。

因而，当我们用语言去表述规范的时候，也必然通过语言的秩序去结构规范的秩序。因为规范也是沟通的定在：规范的产生本就源自立法主体之间的沟通，规范产出之后需要大众对规范的理解与诠释，而这，又何尝不是大众与立法者之间的沟通？既然规范与沟通相生相伴，自然需要借助语法以实现这种沟通的理性。语法意味着语言的秩序，语言的秩序是语言使用的"章法"——语法，进入规范之域后，规范的语法之维成为规范的另一维度。英国法学家哈特认为语言表述的限度使得法律规则存在"空缺结构"，这也是他的观点与美国法学家德沃金针锋相对的原因之一，因为后者的核心观点落脚于对法律的整体性诠释，其认为法律背后的权利道德哲学产生的原则+规则结构使法律呈现出圆融的一面。但哈特在法律的语言面前并没有执拗于这种空缺结构，他认为"法院过多地把判例作为永久是空缺的或可修改的情形对待，而几乎不去注意立法语言的限度，立法语言尽管是空缺的结构，但它毕竟提供了这种限制"。[1] 在他看来，立法语言的秩序有助于法律的圆融，这甚至与德沃金的整体性法律观走向了"合流"，倘若把语言的秩序也理解为一种"至上美德"的话。规范的语言特性一方面应当从规范本身的特性入手加以理解，周赟认为立法语言因为具有权威性，所以可能"规范、严谨"、"庄重、严肃"以及具有"相对稳定性"、"专属性"和"直接性"。对于用法者而言，立法者经由其权威而给定的立法语言其实就是他所无法回避、不得不接受的法律世界本身，而非他可以任意选择的、主要具有工具属性的单纯范畴。[2] 郭育艳认为："立法语言作为语言文字的一种，是立法活动与语言文字长期融合积淀的产物和成果，它与其他语言文字有着共同的属性，都是作为人类传递信息的符号。但作为一种特殊的语言文字，立法语言与其他语言文字有着明显的区别。它是立法者在立法过程中使用的，相比其他语言文字更为严谨、简洁、明确、通俗。"[3] 朱涛和柴冬梅认为法律的内容始终以规

---

[1] [英] 哈特：《法律的概念》，张文显等译，中国大百科全书出版社2003年版，第130页。
[2] 周赟：《立法语言的特点：从描述到分析及证立》，载《法制与社会发展》2010年第2期。
[3] 郭育艳：《立法语言规则之辨析》，载《河南师范大学学报（哲学社会科学版）》2014年第5期。

范和调整人们的行为为中心，因而立法语言的内核是相对稳定的，其外在表现就是，语言受法律内容的要求或限制而形成的运用规律基本是稳定可考的。这一点在当前的理论研究和立法实践中也可得到印证。[1] 这几位学者从法律的客观属性（权威性、符号指引性、稳定性）探讨立法的语言应当遵循的准则。规范的语言特性在另一方面也应当从人的主观性选择入手。刘风景认为，我们在自身之内有一个和法律语言的发送器相同波长的接收器。就如同士兵们按照鼓点行军一样，我们是被法律语言的结构、韵律和声音迷惑住了。[2] 许章润推崇汉语法学的原因是"汉语一字一义，经由字与字的组合，可以生成无数词组，从而不仅展现出其创意的无限可能性，而且，有助于理解和记诵……汉语多两字或者四字词组，形成了特有的音韵感和节奏美。"[3] 这几位学者则认为立法语言出自人的主观选择，是主观性而非客观性形成了法律规则的特有语法。但其实这种主观性和客观性是规范语言结构的辩证统一面相，规范本身出自人的选择，必然融入了人的主观需求；规范被固定下来后成为独立于人的客体，也必然呈现出规范自身的客观性。所以对规范的语言的理解也应跟随规范的双重属性：规范语言遵循的规则切合人之诉求，也必然符合规范的实际属性。

"视为"规范的语法之维也必然结合"视为"语句的语法系统才得以成立，在"视为"语句中的语法既体现人性中的语言秩序渴求，也符合"视为"规范的性质。从前一个方面看，人们试图借助"视为"规范表达对不同事物的法效果的同一化赋予，或是对模糊事物的清晰化，或是重申某一已制定出的规范。那么，"视为"语句的表述就必然要凸显两重宾语在各自在规范中的角色，角色的赋予自然依托于"视为"的语法。从"视为"规范的语法来看，其主要使用被动句表达，这就意味着"视"的宾语放在"视为"之前。《民法典》第25条规定："自然人以户籍登记或者其他有效身份登记记

---

[1] 朱涛、柴冬梅：《刍议立法语言的"准确性"元规则及其实现——基于规范化的分析视角》，载《河北法学》2016年第6期。
[2] 刘风景：《法律隐喻学》，中国人民大学出版社2016年版，第19页。
[3] 许章润：《汉语法学论纲——关于中国文明法律智慧的知识学、价值论和风格美学》，载《清华大学学报（哲学社会科学版）》2014年第5期。

载的居所为住所；经常居所与住所不一致的，经常居所视为住所。"这里的"经常居所"是"视"的宾语。而透过被动句的语法结构，可以看出立法者侧重于对"视"的宾语揭示。因为"视"的宾语是客观存在的事实，是事物的"本质"。刘风景在"视为"规范的问题上也强调，在立法过程中，"视为"的运用也要受到事物本质的制约。① 事实上，法律的制定必然要将重心放在"事物本质"上面。伽达默尔认为事物的本质"是一种界限，用来限制那些颁布法律的立法者的专横意志和对法律所作的解释"。② 但伽达默尔的观点仅仅从事物本质的消极方面论证其对立法权力的制约，殊不知，事物本质在立法中被推崇也因为事物的本质结构了人类的日常，是人类生活的基本定在。所以我们还应从积极的方面认清事物的本质在立法中的重要性，就如考夫曼所说，事物本质"是将实质的正义及规范的正义相中介，这种中介是与所有的法律认知都有关的"。③ 综合观照考夫曼和伽达默尔对事物本质的理解，我们才能更为全面地认同其重要性所在。回归到"视为"规范的语法上，"视"的宾语是规范调整的事物本质，被立法者认定为调整的重心也是基于大众的生活认知层次，"经常居住地"是普通人对居住频率较高的地方的表述，被置于"视为"之前，架构起被动句的语态。包括立法者对于模糊情状的重心归置，《民事诉讼法》（2021 修正）第 95 条第 1 款规定："受送达人下落不明，或者用本节规定的其他方式无法送达的，公告送达。自发出公告之日起，经过三十日，即视为送达。"但公告送达是否达到了送达的效果，是模糊不清的，但这种模糊才是现实世界的本质，所以"公告送达"被置于"视为"之前，是立法者强调的重心，仅仅"公告送达"而非"实质送达"，才是现实的情形。

"视为"规范的语法维度还在于对"视为"之主语的省略。我们不难发现，在"视为"规范中，立法者并没有点明是由谁来"视为"。《民法典》第 621 条第 1 款规定："当事人约定检验期限的，买受人应当在检验期限内将标的物的数量或者质量不符合约定的情形通知出卖人。买受人怠于通知的，

---

① 刘风景：《"视为"的法理与创制》，载《中外法学》2010 年第 2 期。
② [德] 伽达默尔：《哲学解释学》，夏镇平、宋建平译，上海译文出版社 1994 年版，第 72 页。
③ [德] 阿图尔·考夫曼：《法律哲学》，刘幸义等译，法律出版社 2004 年版，第 136 页。

视为标的物的数量或者质量符合约定。"其中，条文并没有写明究竟由谁来将怠于通知数量或质量情况的标的物"视为"数量或者质量符合约定。是立法者？是买受人？还是出卖人？省略了主语的法律语句的解读关键在于探究法律的读者究竟为谁。在古代强调等级制度的礼治社会，规则出自政治精英而不是大众的协商，规则的公开面也仅仅局限于政治精英阶层，规则对大众的神秘感与规则的权威性相伴相生。但社会的发展冲破了阶级等差的束缚后，平等观念的强势渗透使得法律的制定也必然面向全体大众，大众自身即为法律制定的主体。富勒在《法律的道德性》中强调了他对法律的内在道德的理论构建旨在"服务于更为广泛的人生目标"。① 因而，法律的伦理取向应当是普泛的大众价值，而不是某些集团的利益所指。谢晖认为，近现代以来权利本位观念的传授，使民众与法律之间的亲和感越来越强，民众既是法律实践者，同时也是法律的理解和解释者。② 法律家、法学家和其他普通民众对于法律内容的阅读和解读的目的不同，但法律的普适性是毋庸置疑的。有学者认为法律的读者是法律的适用者，吴学斌在区分刑法上的法律拟制和注意规定时说："注意规定，是在刑法已作相关规定或以相关的、已为刑法理论所认可的刑法基本原理为支撑的前提下，提示司法人员注意，以免司法人员混淆或忽略的规定。"③ 其言下之意是刑法的规则是面向适用刑法的司法人员的。其实不然，因为规则的功能在于教育、惩戒、指引、评价等多重维度，尤其是规则的指引功能更在于妥帖安排民众的日常，所以笔者赞同谢晖的观点，亦认为法律的读者是全方位的，人的生活被大量的规则结构，规则面向的自然也是芸芸众生。因此即使"视为"的主语被省略，我们也应明确这种"视为"是普泛大众的"视为"，是民主立法模式下大众的思维方式之共识凝聚。也就是说，一切法律读者，都应如此之"视为"，法律的原初目的方能取效。"视为"规范的主语之省略，体现的正是民主立法模式下的立法技艺，这种技艺，是从"视为"规范的语法之维中体现出来的。

---

① ［美］富勒：《法律的道德性》，郑戈译，商务印书馆2005年版，第158页。
② 谢晖：《法律的读者》，载《政治与法律》2002年第6期。
③ 吴学斌：《我国刑法分则中的注意规定与法定拟制》，载《法商研究》2004年第5期。

规范所需的沟通理性需要我们审视规范的语法维度，而规范的语法之维需要我们借助规范语言的维度审视具体的规范构造。事实上，立法语言不是一种独立的语言种类，它体现的还是最基本的一般共同语的词汇和语法规则，但它使用的必须是经立法主体在现实实践中创新、演进并被公众认可进而固定下来的语言。① 语言作为人际信息交流之载体，其普遍意义在于对语言表述章法的约定俗成，正如维特根斯坦所说："在语言的这一图画中，我们找到了下面这种观念的根源：每个词都有一个意义。这一意义与该词相关联。词所代表的乃是对象。"② 语法的普遍性就在于面向普世大众的日常交流之域。当语法被规则结构时，语法的普遍性与语法的特殊性在其中得到了融合。前面谈及的周赟所说的立法语言的严谨、专属、直接等特性涉及的是规范的语法之维中体现的语法的特性。在"视为"规范中，被动句式的表述和省略"视为"主语的表述指向了立法者对事物本质的价值取向和对法律的普世性面向之推崇。语法之维下的"视为"规范，呈现出的是"视为"规范的另一番情状。

四、"视为"规范的修辞之维

对修辞的字面理解在于"言辞修饰"。而在前文提到的古希腊"三艺"教学之中，修辞学旨在通过言辞表述说服他人以取得某种交流的效果。效果取得之关键就在于言辞的应用技巧，当然，在亚里士多德看来，这也取决于内容的合乎逻辑与修辞主体本人的人格。西方先贤们对"修辞"的态度是多元的，如柏拉图在《斐德诺篇》中认为，修辞只关心怎样说服他人却不关心问题的实质、修辞的谋篇布局缺乏逻辑支撑、忽视了听者的心灵世界。西塞罗的《论修辞发明》《布鲁特斯》和《论演说者》等著作都强调作为言谈修辞的雄辩应当想方设法打动听众的内心。图尔敏的修辞学更侧重于对事物论证的正当性的拷问，他认为要"通过对照现实中进行的议论评价来试验我们

---

① 郭育艳：《立法语言规则之辨析》，载《河南师范大学学报（哲学社会科学版）》2014年第5期。
② ［奥］维特根斯坦：《语言哲学》，李步楼译，商务印书馆2000年版，第3页。

的想法"。① 比利时学者佩雷尔曼的修辞学被称为"新修辞学",其强调站在作为修辞对象的听者的角度审视修辞的正当性,他说:"从修辞的目的来定义,(听众是)那些说话者希望用论证影响的群体。"② 在中国的学者中,对"修辞"也有不少是从"说服"的意义上理解的,如《周易·乾》有云:"修辞立其诚,所以居业也。"武宏志认为修辞学的开创者们"在将修辞学提升为一种独立学科方面功不可没,但也存在这样一种危险:政治和公民决策不是通过对政策的理性论证,而是仅仅凭借演说者的说服技巧"。③ 舒国滢认为,这个"不断地遗留给我们的世界"不仅存在着第一性真理(知识),而且也充斥着纷呈的意见、意见冲突,甚至谬误。在此情形下,人类只有通过作为"言说的技艺"(the art of speaking)的修辞学来展现这些意见、意见冲突和谬误,进而找到相互理解和沟通的可能之途。④ 焦宝乾则从法律的层面来探讨修辞的意义,他说:"法律修辞是一种运用修辞手段和修辞方法进行说服或劝服的行为,是法律人通过有意识、有目的的思维建构,影响受众并达到法治目标的思维活动。"⑤ 而上述关于修辞的观点都是从"功用"的角度揭示的,即从"修辞"的说服功能揭示对修辞的意义的。事物的功用是事物产生的目的所在,其重要性不言而喻,但对事物的本体性理解应当努力揭示事物的内涵。如笔者之前提及的,对言辞的修饰是修辞的含义。又如谢晖在《论法律制度的修辞之维》中认为制度的修辞性在于制度"需表达人类在冲突事实面前的价值选择"。⑥ 这种人类价值性诉求的本能性外露才是与修辞相伴相生的意义,修辞的产生之源本就是对人的利益的结构。当然这种利益诉求的"外露"是需要结合不同语境下的言辞修饰技巧的。所以,修辞应当理解为借助言辞修饰技巧表述利益诉求,并以满足这种利益诉求为目的的言说。

---

① Stephen E. Toulmin, *The Use of Argument*, Cambridge University Press, 2003, p. 10.
② Chaïm Perelman, *Justice, Law and Argument: Essays on Moral and Legal Reasoning*, D. Reidel Publishing Company, 1980, p. 19.
③ 武宏志、张海燕:《论式:修辞学、辩证法和逻辑学的关系纽结》,载《山东大学学报(哲学社会科学版)》2011年第5期。
④ 舒国滢:《西方古代修辞学:辞源、主旨与技术》,载《中国政法大学学报》2011年第4期。
⑤ 焦宝乾等:《法律修辞学:理论与应用研究》,法律出版社2015年版,第18页。
⑥ 谢晖:《论法律制度的修辞之维》,载《政法论坛》2012年第5期。

修辞一定是建立在主体间性当中，因为言辞的表露只有在主体-主体的结构中才有意义。

规范的修辞之维就在于从规范的修辞向度上理解规范的存在。问题在于，规范的修辞性存在长期以来不被接受。在西方法律传统中，法学学科的独立使得法律自身的逻辑自洽性被法学家广泛推崇，注释法学派、规范法学派等法学流派无一不关注法律的逻辑严密，潘德克顿体系的建构更是使得大陆法系的法典即使流传至今依然具有研究价值。在中国当下沸沸扬扬的法教义学和社科法学之争中，前者秉持的也正是法律的逻辑圆融性，强调法律的自我闭合系统。正如雷磊所言，法教义学并非不关注经验知识和价值判断，而是致力于将它们"教义化"和"类型化"，以至于当今后的司法裁判再次遇到类似问题时只需"中立地"适用教义即可。① 类型化是为了司法活动中"找法"的便捷，类型化遵循的必然是逻辑，只有符合逻辑规律的分类才是有效的分类。周详在探讨刑法教义学的时候强调，教义刑法学的根本属性——学术性——可归纳为逻辑性，理由有三：①学术必须是一种以逻辑推理为方法的精神活动（说理、论证、批判与反批判），"学术自身的规律"特指合乎逻辑规则。②学术必须在整体上形成一个合乎逻辑的知识体系。③在西方学术中，"理性"的代名词就是"逻辑性"……教义性、学术性、逻辑性这三个词在本书的特定语境中可以等同视之、相互替换。② "教义"的英文 doctrine 本也有"教条"之义，而"教条"强调对某一准则的顶礼膜拜，这一准则，自然也包含逻辑在内。后者之所以会与前者产生观点抵牾，就在于后者不认为法律是逻辑自洽的体系，相反，其根源在于社会经验之事实。社科法学认为法律不是在真空中运行的，而是要受到各种各样的现实制约，从不同的角度可以看到不同的制约，如社会结构、运行成本、文化和生活样式、执法组织和个人、执法对象等。③ 其强调的是法律运行受到的实际社会因素的影响，主张法学的研究应在经验性的实证中展开，强调突破法教义学固守的法体系，以社会的实际需求为根本。所以它强调法相关知识的开放性，不固守单一的

---

① 雷磊：《法教义学的基本立场》，载《中外法学》2015 年第 1 期。
② 周详：《教义刑法学的概念及其价值》，载《环球法律评论》2011 年第 6 期。
③ 陈柏峰：《社科法学及其功用》，载《法商研究》2014 年第 5 期。

法律研究方法，而是注重社会学、经济学、人类学、心理学，以及社会生物学、认知科学等在内的多学科方法。[①] 事实上，整合两种学说争议的关键在于法律的修辞之维。法律的逻辑之维已在前文论述过，即法律具有探究事物之真的维度，这种探究，又必然需要借助共识性的思维规律，所以它体现在法教义学的观点中。问题在于这种思维规律的原初目的在于人的具体利益，逻辑的运作必然是服务于人的利益需求的。逻辑思维方式的"共识性"，本就是一种修辞。演绎推理的大前提是人的共识性意见的达成，归纳推理的结论的得出更是彰显一种言辞的决断而非科学的客观。人们对法律的遵从，在很大情形下，并不是因为法律是理性，也不是因为法律符合逻辑，而是一方面，法律符合人们的某种精神信仰……另一方面，是人们服从法律能够带给其方便、利益甚至快乐，并因为这种方便、利益和快乐，让人们最终接受法律。[②] 法学的归属是社会科学，法律运行和法学研究的基点在于人类的主观需要，法律的逻辑性不能在法律的每一个角落里都能被证成，但法律的修辞必然关照规范的表述，因为法律出乎人类之手，探寻的是人类的物质和精神愿望。因而法教义学中的"教义"是法律运行的手段，社科法学中的"社科"才是法律的本质。事实上，法教义学理论中也不是固守法律的概念，其也否弃所谓"法条主义"理论。雷磊的法教义学观点也认为规范的意义受到既有的语言使用规则的制约，也受到许多其他因素的影响，从而多少显现出某些不确定的面相……规范有时存在空缺、矛盾、言不及义、言过其义等缺失，都需要我们根据某些方法对其进行发展、修正与改造。[③] 吕玉赞也从修辞的意义上理解法教义学，认为法教义学热衷的那些概念在本质上是一种修辞，他认为，"把法律作为修辞"理论致力于按照法律至上原则构造法律话语主导的思维方式，试图通过法律概念、规范、原理和方法等构成的教义学语言或教义学话语证立所有的判决。[④] 因此，法教义学与社科法学在法对人类利益的勾连方面走向了"合流"，这种利益的表述又是法律修辞维度的重

[①] 侯猛：《社科法学的传统与挑战》，载《法商研究》2014年第5期。
[②] 谢晖：《论法律制度的修辞之维》，载《政法论坛》2012年第5期。
[③] 雷磊：《法教义学的基本立场》，载《中外法学》2015年第1期。
[④] 吕玉赞：《论"把法律作为修辞"理论的合理性》，载《法学论坛》2015年第2期。

要体现。武宏志认为传统的逻辑在法律适用上会遇到瓶颈,他说:"传统上,我们注意到法律推理的(形式的)演绎和归纳的模型,而没有充分有效地处理那种对法律而言最为基本的推理类型。这就是可废止推理(defeasible reasoning)——一个有例外的规则或概括被应用于一个案件,产生一个似真推论,该推论可能在某些情形下失败,也可能为支持一个结论提供证据。"①而事实上,在自然法学、法社会学、现实主义法学这些流派当中,法早已从逻辑之网中逃逸出去,通向了修辞之境。其实法一直与修辞相生相伴,只不过,注释法学和规范法学只将目光聚焦在法的逻辑自洽上罢了,凯尔森的"纯粹法学"理论中的"基础规范",也属于脱离逻辑束缚的修辞艺术。

对"视为"规范而言,它的修辞维度就在于"视为"规范的施事句的内容在于要求法律的阅读者释放主体性的维度,赋予客观事实某种主观上的想象。这种"赋予"溢出了客观世界的定在,背后的推手则在于利益。谢晖从制度修辞的角度上提出法的本质不在于对客观世界的复写,他说:"法律主要是一种诗性思维的结果,而不完全是什么'神学理性'的结果;它需要更多的论辩、诠释和证明,而并非因循天理、严丝合缝、毋庸置疑的既成结论;因此,它往往是一种基于灵感的诗性预设,而不完全是基于理性的科学证成。"② 这一观点揭示的是规范修辞的机理,"神学理性"自然指的是逻辑,论辩、诠释、证明和灵感都勾连着人对规则的产生倾注的期待,这种期待契合了人性中近乎本能的利益诉求。"视为"规范的修辞之维体现的是"视为"规范的价值理性,它将体现在规范的内容如何架构起人类的诗性向往实现"视为"规则价值理性的通途,从而使人们在"视为"规范的表述中收获某种价值享验。

"视为"规范的修辞之维的第一个层面在于"视为"规范的拟制。刘风景认为:"制定法中的'视为',是立法者基于特定的目的,针对微观层次的社会关系,所使用的具有特定外部标志的,有意地将明知为不同者等同视之的立法技术。"③法学界对于"拟制"的观点众说纷纭,英国法学家梅因在

---

① 武宏志:《法律逻辑和论证逻辑的互动》,载《法商研究》2006年第5期。
② 谢晖:《论法律拟制、法律虚拟与制度修辞》,载《现代法学》2016年第5期。
③ 刘风景:《"视为"的法理与创制》,载《中外法学》2010年第2期。

《古代法》中说:"'拟制'(fictio)在旧罗马法中,恰当地讲,是一个辩诉的名词,表示原告一方的虚伪证言是不准被告反驳的……但我现在应用'法律拟制'这一个用语,是要以表示掩盖,或目的在掩盖一条法律规定已经发生变化这事实的任何假定,其时法律的文字并没有被改变,但其运用则发生了变化。"① 其是为了弥合立法与社会变动之间的差距以使现有的法律能够回应社会,但法律本身的权威不能受到挑战,所以司法者采用了置换法律文字含义的方式处理具体案件。美国法学家庞德在考察19世纪的法律时提出拟制是"著名人士为了满足具体案件中的明确要求而刻意创制的"② 然而,这两种观点只是从拟制的功能上认知拟制,而没有触及拟制的内涵。卡尔·拉伦茨对"拟制"的理解显然更为到位,他说:"法学上的拟制是:有意地将明知为不同者,等同视之。"③ 国内的郑玉波亦抱此见解:"视为属于一种拟制,乃明知该事实为甲,但因法的政策上之需要,乃以之为乙而处理之是也。"④ 但这两种观点并没有阐明本体和拟体之间的关系。考夫曼试图从"相似性"意义上说明之:"拟制的本质是一种类推:在一个已证明为重要的观点之下,对不同事物相同处理,或者我们也可以说,是在一个以某种关系为标准的相同性中(关系相同性,关系统一性),对不同事物相同处理。"⑤ 其实,我们不妨从考夫曼所说的"某种关系"入手以厘清拟制的内涵。"某种关系"应指向规范的实质目的,一种大众的利益需求的规范表达。正是这种利益需求才使得人们借助"视为"这一虚词把客观的事物拟制成其他事物。将相似事物同一化,本是背离逻辑事实的,其体现的是立法者自身的主观视角而非客观事实的原貌,所以,把事物A拟制成事物B,是立法者的主观上认为二者可由异变同,所以,"视为"作为法律修辞语被用来表示法律拟制,是被广泛应用的立法技术。《民法典》第159条规定:"附条件的民事法律行为,当事人为自己的利益不正当地阻止条件成就的,视为条件已成就;不正当地促

---

① [英]梅因:《古代法》,沈景一译,商务印书馆1959年版,第18页。
② [美]罗斯科·庞德:《法律史解释》,邓正来译,商务印书馆2013年版,第175页。
③ [德]卡尔·拉伦茨:《法学方法论》,陈爱娥译,商务印书馆2004年版,第142页。
④ 郑玉波:《法谚(一)》,法律出版社2007年版,第39页。
⑤ [德]亚图·考夫曼:《类推与"事物本质"》,吴从周译,学林文化事业有限公司1999年版,第59页。

成条件成就的，视为条件不成就。"将"不正当地阻止/促成条件成就的"情形拟制为"条件已成就/不成就"，但事实上，这两种情形在逻辑上完全没有同一性，其出自立法者在附条件的合同中对恶意改变合同条件的当事人的制裁，但立法者采取的制裁方式乃是将条件的变化拟制为条件未变化以阻止当事人的利益的实现，从拟制的效果看，"条件已成就/不成就"并非立法者新增的概念，只是通过附条件合同中条件变化的两种可能以实现法律的取效，立法者免去了重新寻求民事责任的设立之负担，立法的普遍性而非对特殊情形的罗列与回应也得到了体现。因此拟制是道德哲学视野下的利益选择的推动形成的修辞。因为"不正当地"是一种否定性评价，而后者也借助这种否定性表达出对"阻止"与"促成"的否定。应然与实然之间不能画等号，"视为"的修辞维度使得人们的主观需求在"视为"规范的制定中外化，而法律的阅读者也应当如此"视为"以实现立法利益修辞的取效。

"视为"规范的修辞之维的第二个方面在于"视为"规范的虚拟。上述刘风景的观点把"视为"规范仅仅认定为一种拟制失之偏颇。因为拟制是把某种"确定的"事实看成其他事实，但"视为"规范的应用不仅在于这种确定事物之间的目光迁移，其也着眼于对含混不清的事物的清晰化处理。这即是法律虚拟，其主要建立在法律调整之便捷的利益取向上，而非对事物真实性的映射，因而也属于法律的修辞范畴。在学界，"法律虚拟"和"法律拟制"存在过用语上的混同。杨奕华曾说："在日常生活经验里，除了具象可见的事物，可用人的五官去感觉去认识之外，还有许许多多心智认识的对象。法律虚拟即是属于这种有赖人以抽象思维去认识的事物。"[①] 但从这样的解释来看，法律虚拟似乎与法律拟制没有差别，因为法律拟制也是将"具象"的事物用心智认知为另一种事物。温晓莉则认为，法治的实现，首先是人类自己思想中创造出的一个"法律思维空间"——先"虚拟"出一个空间，然后把它转化为"现实空间"——达到"虚拟"，实现"虚拟"的结果。[②] 她对法律虚拟的理解相对接近笔者对法律虚拟的界定，因为这里的"虚拟"含有

---

① 杨奕华：《法律虚拟与法学研究》，载葛洪义主编：《法律思维与法律方法》，中国政法大学出版社 2002 年版，第 111 页。
② 温晓莉：《法律范式的转换与法律虚拟》，载《东方法学》2012 年第 2 期。

创造的意味在里面。但她也撰文说过:"'法律虚拟'不仅包含了'法律拟制'的内容,而且包含了'法律假定'和'法律推定',包含了法律思维、法律中介系统、法律实存空间三个方面的法律认知与创造问题。"① 温晓莉的法律虚拟包含了法律拟制,但事实上二者的修辞维度并不一致,前者是模糊→清晰的想象,后者是此事物→彼事物的替换。当然,也许相关学者受制于对 Legal Fiction 的翻译带来的困惑,毕竟单词"fiction"既能翻译为虚拟又能翻译为拟制。然而概念的厘定是必要的,从虚拟和拟制的内涵比较上看二者并不能相容。所以,笔者赞同谢晖从狭义上对法律虚拟的理解,他说:"法律虚拟毋宁是对人类交往秩序的一种诗性描述和修辞预设,是一种立法者或司法者近乎首创的虚构的命名和规范。"② 这样,法律虚拟和法律拟制在逻辑上形成并列关系,二者完全区分开来。"视为"规范表达法律虚拟的含义时,"视"的宾语是难以确定的概念,立法者期待法律读者把它看作某个确定的事物。如《专利法》(2020 修正)第 37 条规定:"国务院专利行政部门对发明专利申请进行实质审查后,认为不符合本法规定的,应当通知申请人,要求其在指定的期限内陈述意见,或者对其申请进行修改;无正当理由逾期不答复的,该申请即被视为撤回。"而"逾期不答复"导致我们无法确认申请人的真实意思表示是"申请"还是"不申请",出自法律的取效性使命和效率利益,我们用"视为"的修辞虚拟出"撤回申请"的法律效果。这就是"视为"规范的虚拟功能,其当然归属于法律的修辞之维,因为"视为"规范对真伪不明的事实的探究并不是借助推理实现逻辑上的求"真",而是用"视为"表达出立法者的幻象,当然,这种幻象并不是完全的臆想,它背后承载着的,依然是人类的利益。这也正符合规范的修辞之维的原初使命。

李晟对法律领域中的修辞的传统观点是:"观察传统社会中的修辞可以发现,修辞在发挥政法功能时,其文学性表现得非常突出,积极修辞的多种辞格,都能够在诸多涉及法律的修辞文本中获得发现,无论是政治演说、诉

---

① 温晓莉:《论法律虚拟与法律拟制之区别》,载《北大法律评论》编辑委员会编:《北大法律评论》,北京大学出版社 2007 年版,第 238～239 页。
② 谢晖:《论法律拟制、法律虚拟与制度修辞》,载《现代法学》2016 年第 5 期。

讼演说还是典礼演说。"① 但规范修辞的感染力不仅在于规范应用中的文学性表述，也在于规范自身的表述在人们内心深处根植的对规则的认同感。应当说，"视为"规范的修辞之维将人的需求凌驾于客观存在，将人类的主观性释放于字里行间，在某种程度上消解了法律冷冰冰的科学性。因此，"视为"规范的修辞之维勾勒出了人文关怀的画境，把规则的表述接引到人文关怀之域。当规则的普世性价值结构在规则的修辞之维中时，规则的取效路径将更为广阔，因为正如谢晖所说："所谓价值'普世'或'普适'，在我看来，至少有两个层面，第一个层面是被人们在心理层面上认同并接受；第二个层面是一种价值在人们交往层面一视同仁地得到贯彻落实。"② 既然"视为"规范的修辞之维彰显的是价值理性，我们自然应从价值意义上寻求"视为"的幻境是如何渗透到人性中的愿景之中的，而不去纠结于幻境对真实的叛离。

五、"视为"规范三重维度的相谐：规范之"真""善""美"的释放

"视为"规范的三重维度表现在逻辑的工具理性、语法的沟通理性和修辞的价值理性方面，对三重维度的分解终究要面向实践中"视为"规范的应用。规范的三重维度也蕴含着规范的三重理性，立体化理性关照下的实践，将有效推进"视为"规范的理性化运作。当然，前提在于"视为"规范的三重维度之间的协同而鸣奏出的和谐韵律。"视为"规范三重维度的和谐，则是本书的实践指向。

首先，作为工具理性的逻辑，"视为"规范应着眼于对事物的真实的探求，以实现"视为"规范的认知功能。那么，在立法上，"视为"规范的起草应当真切地反映立法者的"视为"思路。一方面秉持现行《立法法》（2023修正）规定中的民主立法程序，切实实现正式文本形成之前的立法参与人的广泛意见交融，而对于法案起草过程中较强的主观性问题，应努力在文本中借助"视为"这一虚词的表述，把"主观意见"客观化为文字，使得立法的主观性被逻辑的客观定在所结构。另一方面在借助"视为"规范表述

---

① 李晟：《社会变迁中的法律修辞变化》，载《法学家》2013年第1期。
② 谢晖：《论法律制度的修辞之维》，载《政法论坛》2012年第5期。

注意规定的时候，切实把握原规定与注意规定之间的概念上、意义上的一致性，使法律的体系化自洽在"视为"的语境中得以维系。而在法律的应用中，"视为"规范的逻辑之维也必然要求法律的适用者以逻辑的方式对待之，考量立法者的主观视域，并以体系化的思维探究"视为"作为注意规定的标志性语词时前后相关法条的关系，以"同一律"的思维规则导向出发实现"视为"规范对事实的理性涵摄，从而使涉案人对"视为"规则的实质内容能够清晰地认知。而这正像英国法学家边沁所说："只有通过像数学那般严格，而且无法比拟地更为复杂和广泛的探究，才会发现那构成政治和道德科学之基础的真理。"[1] 法律科学与政治科学、道德科学相比更为强调形式理性的作用，规范的逻辑之维自然也更应有用武之地。

其次，"视为"规范的语法之维在应用过程中应突显语言的沟通理性。对宾语的省略强调"视为"主体的普世化，被动语态的应用表明立法者从语言上对客观存在之事物的尊崇。这正是当下的"视为"规范的语法之维所显现的沟通理性。既然理性沟通的民主化立法已然固定在现行的"视为"规范中，那么未来的"视为"规范的创设也应继续遵循这一语法的维度，即用主语省略的被动句表露立法者沟通的真诚和对大众理性预期的建构。而法律适用中对"视为"规范的应用也应当把握"视为"规范的语法之维中的沟通理性，实现"视为"规范的语法构造在个案中的取效。而法律适用的文书写作也应当参考"视为"规范的语法之维，尤其当法律适用需要采用"视为"的表述时，主体的省略和被动语态的应用也应体现在里面，从而彰显法律适用者的沟通之"诚"，以实现个案裁断的社会效果和法律效果的统一。这时的文字就如德里达在《论文字学》所说的那样："文字，可感知的物质和人为的外在性：一种'外衣'。"[2] 并且这种"可感知"，也正勾连着语法美学视野下的沟通理性。这也正是"视为"规范的语法之维呈现的意义世界。

再次，"视为"规范的修辞之维揭示的价值理性对我们的启示在于，我们在现实的法律制定和法律应用中不得不考量规范修辞技艺对人类价值的外

---

[1] [英]边沁：《道德与立法原理导论》，时殷弘译，商务印书馆2000年版，第57页。
[2] [法]雅克·德里达《论文字学》，汪堂家译，上海译文出版社1999年版，第47页。

化。就"视为"规范的修辞而言,拟制性"视为"规范中的本体和拟体的对接应当为大众所接受,而法律接受的推手就在于它对人类利益的契合,既包括认知理性产生的预期,也包括实体意义上的价值取向。对虚拟性"视为"规范而言也是如此,因为虚拟意味对模糊事实的虚构,这种虚构也同样应契合大众的利益。因为拟制和虚拟作为制度上的修辞,其对事物的认知方式无法从客观意义上的逻辑上证成,唯有主观化的利益取向方能解释拟制和虚拟的路径。那么,将这种利益正当化就成为拟制和虚拟正当化的关键。"视为"规范的制定考量的修辞之维也应落足于这种利益需求,立法者应认真审视两个宾语之间的视域转化是否符合这种价值,只有符合时,"视为"这一虚词才有介入的必要。法律适用中的"视为"的表述也同样如此,当"视为"用来表述拟制和虚拟的意义时,法律适用者同样在使用"视为"之前要详加思考其背后的利益所指与利益能指,在价值取舍中实现"视为"句的修辞应用,从而实现"视为"修辞的说服性功能。

最后,"视为"规范的三重维度在各自保持独立关系的同时,三重维度之间的关系也对"视为"规范的理性运作发生作用。事实上,从上述对规范的三维之定在来看,三重维度各自释放出不同的理性推动人类的物质与精神福祉之实现,而这也是法治成为人类共同体必然选择的治式的原因所在。问题在于,"视为"规范的三重维度之间是否会产生纠葛?或怎样避免这种"维度缠绕"?关键还在于探析这三重维度的本质所在。逻辑维度的"视为"规范表明的是对立法现实的拷问和对规范体系的尊重,那么它就应当归属于求"真"的范畴;语法维度的"视为"规范体现的是对语言美学的吸纳,通过省略主语与被动语态的表述实现规范交流对心灵的触动,是求"美"的思维范畴;修辞维度的"视为"规范昭示的是人类赋予规范的价值意义,借助"视为"的宾语转换使规范促成人类主观性利益的实现,是求"善"的思维范畴。当前者和中者在个案中相遇时,用语法维度的"美"去表述逻辑维度的"真",前者是形式,后者是内容;当中者和后者在个案中相遇时,用语法维度的"美"去表述修辞维度的"善",前者是形式,后者是内容;当前者和后者在个案中相遇时,"视为"规范的工具理性——承载"视为"规范的内在理性只需要面向规范本体的逻辑自洽,"视为"规范的价值理性——

支撑"视为"规范调整实体的外在修辞亦只需要面向规范之外的事物以实现修辞的正当性,二者应在"视为"规范的一内一外的双层结构下,发挥各自的作用。

因此,"视为"的三重维度各自的独立性和维度之间的协作性使得"视为"规范的三重价值能够形成作用于人类福祉的合力。三重维度的和谐关系将成为我们对"视为"规范的完善目标,这种和谐关系也为"视为"虚词在法律实践中的应用提供有益启示。在其中,法的"真""善""美"三重价值亦将推进人类社会日趋"真""善""美"理想之境,"视为"规范与人类立法的主体性张扬和人类从法律规范的表述中寄予的愿景密切相关,"视为"规范的三重维度也必将在现实世界中释放出仁爱的情怀与思维的缜密。

"视为"规范呈现的不是普罗透斯式变化多端的脸,即便其融合了幻境与现实,却也仅仅是一种三维的定在。但对三重维度的揭橥与透视已然将"视为"规范对人类文明的理性调控之面相描摹出来。"视为"规范的三重维度的理论架构在一定意义上破解了"视为"规范的深层符码,使得"视为"规范呈现出了立体化的意蕴。马里兰大学的中国留学生的演讲引发了争议,大量媒体以"辱华"为关键词作为事件的新闻标题,对于"辱华"与否的争论或是针对演讲内容的真实性,或是留学生的措辞,或是马里兰大学与情报部门的利益纠葛。毕竟,语言文字结构我们的情感,指引我们的人生。海德格尔的经典名言"语言是存在之家"昭示了语言对人之生存与发展的决定性作用。法律规范以语言作为承载,规范的制定指向了人类的文明理想,因而法律规范的语言更是面向人类的诸方面。尽管"视为"规范只是无数规范类型中的一种,但"视为"规范的三重维度对"视为"规范的全面照拂,尽显立法的制定技术与法律文明的走向,而这,又何尝不能成为一切规范研究的新路径呢?

第四章

法学研究的心理学视角

第一节　论未成年犯社区矫正中军训营项目的引入

梁启超先生在《少年中国说》中写道："今日之责任，不在他人，而全在我少年。少年智则国智，少年富则国富，少年强则国强，少年独立则国独立，少年自由则国自由，少年进步则国进步，少年胜于欧洲，则国胜于欧洲，少年雄于地球，则国雄于地球。"的确，自古英雄出少年，青少年的成长与国家的繁荣富强密切相关。他们是祖国未来的建设者，是中国特色社会主义事业的接班人。青少年的各方面素质直接关系到中华民族的整体素质，而法律素质是做人的基本素质，守法是做人的底线。因此，青少年法律素质的培养是我们必须深入研究的课题。然而在当今社会，未成年人的法律意识不容乐观，我国的犯罪呈现出低龄化的态势。互联网等高科技覆盖了千万家庭，学校教育让未成年人在升学的压力下逐渐忽视了自身的法律意识和道德修养，生长在单亲家庭的未成年人缺乏父母的关爱，简单粗暴的家庭教育方式依然存在……这些社会问题无一不是诱发未成年人犯罪的因素。面对这一难题，各界人士都在寻觅良策，司法部门在实践中针对未成年犯的特点坚决贯彻"教育为主，惩罚为辅"的方针，立法部门也在近几年颁布了一些防治未成年人犯罪的法律，学界在如何对待未成年犯这一问题上形成了百家争鸣的局面。社区矫正是我国新兴的罪犯改造体系，事实上从司法实践上看，该制度在改造未成年犯方面取得了显著的效果。所以，我们有必要在肯定这一伟大"工程"的同时完善这项制度从而让更多的未成年犯"浪子回头"。而笔者认为，在未成年犯社区矫正中引入军训营项目能够让该制度较大程度地发挥其功效。

一、军训营项目概述

（一）军训营项目的内涵

所谓社区矫正中的军训营项目，是指让社区矫正的对象在军营中学习、生活一段时间，并对之实施军事化或准军事化的管理。他们必须从事一定量的军事训练，养成像军人一样的生活作风，在各方面都必须严格服从教官的命令。不同于一般的军训，这是一种刑罚的执行方式，它具有刑罚的一切特点。同时，它与监狱内的军事化管理也有区别，前者的功能是"训练"，它旨在帮教感化社区矫正的对象，而后者的功能是"管理"，它旨在改造在监狱中服刑的罪犯。未成年犯社区矫正中引入军训营项目，就意味着将军训营项目当作是未成年社区矫正项目的一部分，让未成年犯在社区矫正中必须由专门的军事教官，以连或排为单位，参加与之身心状况相适应的军事训练，并且要力求在各方面对他们像军人一样严格，以此作为一种刑罚。这一项目早在20世纪80年代的美国就付诸实施，但它与社区矫正并没有太多联系。1990年国会立法允许联邦使用军训营，联邦监狱局的称法是"联邦军训营项目"。联邦监狱的程序是：罪犯先到军训营服刑，然后到"中途之家"服刑，再到"家庭监禁"，最后释放。在路易斯安那州，军训营项目将行刑分为两个阶段：第一阶段是在军训营关押阶段，在这一阶段，罪犯将被要求参加体育、军事训练与重体力劳动，同时接受禁毒教育、群体咨询、教育项目、发泄矫治、释前教育与军事训练官员交流。第一阶段为90天至180天。第二阶段是在社区的强制监督。罪犯出狱的法律形式是假释。在美国，最早是乔治亚州与俄克拉荷马州于1983年和1984年开始使用军训营的。1987年时有7个州使用，1993年26个州使用军训营。目前，26个州运作了57个军训营，接受了8880名罪犯。从各州规定来看，罪犯在军训营接受强化监禁时间从30天到最高的240天。大多数的项目时间在90小时至120小时。罪犯劳动项目有：清扫路面、修路、维护城墙、设施保养等。组织方面，军训营编有班、排与队。①

（二）军训营项目和其他矫正项目的区别

在中国，社区矫正项目大致可分为以下三大类。一是社区服务。在该项目下，矫正对象须在社区参加一定量的公益劳动，如照顾老人、打扫小区、植树栽花等。以杭州为例，杭州市上城区探索总结出了"一主三辅"的公益劳动组织方式，即以集中式为主，自助式、包干式、特长式为辅。集中式就是由乡镇（街道）或社区为单位集中组织矫正对象到公益劳动基地劳动，通常以社区利用业余时间组织的小集中为主，乡镇（街道）组织的大集中每月不超过一次；自助式就是矫正对象自己到劳动基地完成基地负责人布置的劳动任务；特长式就是根据矫正对象的一技之长，安排特定的劳动任务和时间；包干式就是立足矫正对象的工作岗位或便于矫正对象劳动的场所，规定劳动的质量标准，矫正对象利用休息时间完成公益劳动任务。② 二是心理矫治，即通过对矫治对象进行心理疏导，使之能够更加透彻地认识到过去所犯罪行，在促使他们形成悔罪心理的同时该项目还必须帮助矫正对象形成正确的人生观和价值观，让他们在今后的生活、学习与工作中用健康的身心、顽强的意志去憧憬美好的事物。从实践上看，这是一种帮助矫正对象尽快融入社会的有效方法。2008年6月29日，镇江市矫正办、市司法局组织对第一批社区矫正心理矫治志愿者进行了相关知识集中培训学习，并对《镇江市社区矫正心理矫治志愿服务暂行办法》进行了阐述；同年9月27日，举行了社区矫正心理矫治志愿服务颁证仪式，首批40余名心理矫治志愿者领取了志愿服务证。2009年，镇江市又分别召开两次座谈会，交流对矫正对象进行个案心理咨询或团体心理辅导的成功案例，进一步推动心理矫治工作的开展。通过近三年的努力，该市社区矫正心理矫治志愿活动走过了一个从无到有、逐步发展的路程，心理矫治在帮助矫正对象走过消沉、回归社会中发挥了积极作用。③ 三是帮困解难，如果说心理矫治是对矫正对象进行精神上的帮助的话，帮困解难项

---

① 翟中东：《刑罚问题的社会学思考》，法律出版社2010年版，第69~70页。
② 胡虎林主编：《社区矫正实务》，浙江大学出版社2007年版，第96页。
③ 卫红：《镇江社区矫正心理矫治活动成效初显》，载 http://www.legaldaily.com.cn/dfjzz/content/2010 - 10/31/content_2335030.htm? node = 7091，2011年3月4日访问。

目则是解决物质上的问题,即通过对矫正对象进行各方面的业务培训,使之能有一技之长,在重新迈向社会之后能够将所学的技能转化为谋生的手段,同时也能为社会做贡献而不致再度走向犯罪,毕竟,大部分的犯罪动机都是源于对丰富的物质生活的欲望。在我国,各试点地区先后建立和落实了33个社区矫正对象就业安置基地。同时,把社区矫正的职业技能培训教育逐步纳入了地方再就业培训体系,着力提高社区矫正对象的就业技能。在农村地区主要通过帮助社区矫正对象落实责任田、乡镇企业安置等方法和途径,解决农村籍社区矫正对象的生活和就业问题。[1]

军训营项目和以上三种矫正项目既有密切的联系,又有其独特之处。它具备其他三个项目的优势,它和社区服务项目一样能够充实未成年犯的矫正生活,培养他们对他人的关爱精神。同样地,它与心理矫治项目都能够美化未成年犯的内心世界,帮助他们净化思想。同时,严格的军事训练能大大提高未成年犯的意志力,这会成为提高他们学习、工作能力的基础,这与帮困解难项目的目的不无关系。它的独特之处体现在以下几个方面。在运行方式上看,另三种矫正项目更显多元化,各矫正单位可以以多种方式相对灵活地进行,但军训营项目运行方式没有过多可裁量的空间。首先,该项目的实施主体仅限于军队。其次,适宜未成年犯的军事训练项目很单一。这就意味着实施该项目比较容易做到统一化,成本也相对较低。从实施目的上看,军训营项目的重心在于对矫正对象的自我控制能力与纪律性的培养,旨在让矫正对象形成一种对规则的敬畏感,而另三种矫正项目与之相比忽视了这一点。因此,引入军训营项目能弥补其他矫正项目的不足,以达到矫正目的。

(三) 军训营项目与社区矫正模式的关系

在国外,社区矫正形式有三种:一是作为独立刑种的社区服务令;二是作为刑罚执行方式的社区矫正;三是刑事诉讼替代方式的社区矫正包括替代检控与替代审判。[2] 我国的社区矫正模式属于刑罚的执行方式,具体说来,人民法院依法严格履行量刑职能,为社区矫正打好基础;依法履行人民法院

---

[1] 胡虎林主编:《社区矫正实务》,浙江大学出版社2007年版,第98页。
[2] 佟丽华主编:《未成年人法学·司法保护卷》,法律出版社2007年版,第212页。

对管制、缓刑、假释等所规定的义务的矫正对象表现突出的,可以裁定予以减刑并缩短考验期;对具有违法违规行为的矫正对象,可以裁定撤销相应的非监禁刑,将其收监执行刑罚,积极配合社区矫正组织做好矫正对象的转化挽救工作。社区矫正的主体则是各级政府成立的社区矫正领导小组,具体实施单位是设在各级领导司法行政机关的社区矫正领导小组办公室。① 我国社区矫正的模式是由公安机关担任执行主体,检察院承担监督职能,省市政法委、司法局、监狱管理局、劳动和社会保障局以及教育、财政、妇联、工会、共青团等部门各尽其责、共同参与的模式,近几年有不少大学生志愿者也参与其中。但各地在围绕这一总框架的同时在社区矫正的各方面积极地探索新的模式。在2008年,湖北省枝江市司法局积极探索"6+1"社区矫正管理模式,该市制定了"三会""两书""一查"制度。"三会":对每个矫正对象召开一次"会诊会",针对矫正对象具体情况共同制定矫正方案;每半年召集一次汇报会,小组成员汇报各自的工作,矫正对象也要参加会议,汇报改造情况,听取工作人员意见建议;在矫正对象解除矫正前召开一次总结会,对矫正工作进行总结,对是否解除矫正提出建议。"两书":由司法局给志愿者颁发聘书;各镇社区矫正领导小组与志愿者签订帮教协议书,与监护人签订监护协议书。"一查":由监管小组长定期不定期对每个监管小组成员履行职责情况进行检查,肯定成绩,指出不足,督促工作,并将检查记录交社区矫正办存档备查。② 总之,我国的社区矫正模式要求各单位积极参与,全力配合司法机关。国家也鼓励能有更多的组织甚至是个人加入社区矫正,尤其是未成年犯社区矫正中来。而从目前的情形来看,军队还没有在社区矫正中发挥作用,因此笔者认为,引入军训营项目不仅对现有的社区矫正模式没有影响,还能促进现有社区矫正模式发挥积极作用。

事实上,军队与其他组织、军训营项目与其他项目基本是独立平行的关系,军队不会影响到其他组织和个人在社区矫正中发挥其应有的作用。同时,让军队参与到社区矫正中来,能够发挥其特有的优势,使社区矫正的效果更

---

① 邹川宁:《少年刑事审判若干程序问题研究》,法律出版社2007年版,第209页。
② 枝江市司法局:《探索社区矫正"6+1"模式》,载 http://ctdsb.cnhubei.com/html/sxwb/20081106/sxwb535283.html,2011年3月4日访问。

上一层楼。

(四) 军训营项目的意义

将军训营项目引入未成年犯社区矫正制度的意义体现在两方面,一方面是最主要的,即在于它能够在改造未成年犯方面取得显著的效果。综上所述,军训营项目有其自身的特色与优势。由于我国未成年人走向犯罪道路的原因大多是由于其自我控制能力不强以及法律意识淡薄,在利益面前无法把持自己,于是走上了犯罪的道路,而军训营项目恰好可以针对未成年犯的这一特点有的放矢。《孙子兵法·军争篇》中说:"其疾如风,其徐如林,侵掠如火,不动如山,难知如阴,动如雷震。"[1] 军队自古以来都是一个纪律性很强的团体,让未成年犯在军纪严明的集体中改造完全可以大大增加其遵纪守法的意识,使之对规则形成惯性遵守。同时军训营项目对未成年犯的意志也是一种很好的考验,如"站军姿"等,这些项目能够最大限度地锻炼人的自我控制能力,自控能力的培养不仅在遏制自身犯罪的问题上起到积极作用,也为未成年犯今后在事业上的成功增加砝码。如"走正步""齐步走"这样的项目能够锻炼未成年犯的团结合作精神,这些都能使其形成积极向上的人生观和价值观而不致再度走向歧途,从而能有一个光明的未来。对于社会整体而言,未成年犯在军训营项目的改造下得以健康地回归社会,则能够继续有望成为国家的栋梁,至少能令他们懂得如何关爱社会与他人,这是构建和谐社会的重要体现。另一方面,这一比较新颖的观点还能为未成年犯改造理论体系提供更多的研究价值,我们能够通过军训营项目进一步发掘对未成年犯"教育为主,惩罚为辅"这一原则的内涵,这对解决完善未成年犯改造体系的问题是一个重要的启示。

二、引入军训营项目的必要性

(一) 军训营项目丰富社区矫正项目的类型

众所周知,我国的未成年人社区矫正制度较之发达国家起步较晚,1876

---

[1] 陈才俊主编:《孙子兵法全集》,海潮出版社2007年版,第183页。

年美国纽约州制定了世界上第一个有关社区矫正制度的立法,① 我国则在2003年才由上海市长宁区人民法院首次对未成年人刑事案件试行"社会服务令"制度,因此我国社区矫正制度在各方面都处于较为落后的阶段,尤其是社区矫正的项目非常单一。我国目前有三十多个省(区、市)开展社区矫正试点工作,其中的矫正项目仅有汇报工作、限制权利、公益劳动、心理矫治等,甚至有的项目实施时仅流于形式。英国的一些未成年犯在20世纪70年代被适用社区服务令,即在一年的期限内完成40小时至120小时的社区工作。荷兰法官倾向于对未成年人科处监管令,由聘有社会工作者的家庭监护协会执行。日本根据未成年犯的不同情况,将未成年人矫正机构分为初级、中级、特殊类型和医疗机构,每个机构的目的都是改造未成年人,并且每个机构就每天的生活、教育、工作培训和必要的医疗提供指导,这些机构所设计的项目都是为了使未成年人能够作好回归社会的准备。② 美国的未成年犯社区矫正项目更为发达,其中仅"转换项目"一项就包括了矫正的教育家庭、小组的家庭、社区毒品的治疗、离家出走的项目、生存的项目、持续治疗的项目等。③

社区矫正项目的类型单一,意味着我们无法针对接受社区矫正的未成年犯各自的特点展开工作,且社区矫正容易流于形式,因此丰富社区矫正的类型是完善该制度的关键。引入军训营项目虽不能一步到位使社区矫正项目达到多样化的理想状态,但基于我国目前社区矫正起步晚的背景,军训营项目的引入可以成为丰富社区矫正项目的类型的关键的一步。目前已实施的其他社区矫正项目都能提高未成年犯各方面的素质,包括身体素质、心理素质、道德品质等。军训营项目具备这些项目的优势,因此这样即便其他的项目无法顺利实施抑或本身就存在缺陷亦无妨,再加上军训营项目拥有其他项目所不具备的自身特点,它的严苛能够起到强化未成年犯规则意识的作用,能够

---

① 邹川宁:《少年刑事审判若干程序问题研究》,法律出版社2007年版,第227页。
② 徐美君:《未成年人刑事诉讼特别程序研究——基于实证和比较的分析》,法律出版社2007年版,第231~232页。
③ 刘乐:《美国对犯罪青少年的社区矫正项目》,载《北京大学学报(哲学社会科学版)》2003年第S1期。

坚定未成年犯的意志，增强未成年犯的信心，而规则意识的缺失和意志薄弱正是未成年人走向犯罪的原因。而且军训营项目的实施处于透明化的状态，全阶段都便于监督，能够摆脱"形式主义"的困境。

(二) 军训营项目符合未成年犯的身心特点

在我国，未成年犯的身心特点较为复杂。改革开放四十余年，中国各方面都发生了翻天覆地的变化，青少年的精神和物质需求已经在很大程度上得到了满足，以网络为主要载体的传媒文化深深地影响着未成年人的成长，但其中却不乏带有色情、暴力等因素的文化糟粕。有些未成年人之所以会误入歧途就是因为这些外在因素的作用，但是这仅仅是一方面，未成年犯的家庭教育问题也是社会难题，家庭是一个人生活和成长的第一课堂，父母是孩子的第一任老师，失败的家庭教育养成孩子好逸恶劳、自私任性、骄纵霸道等性格。[1] 学校教育的缺失也是"造就"未成年犯的罪魁祸首，"唯分数论"的升学教育使得一些未成年人只重视知识的积累却忽视了对自己人格的塑造，没有形成对法律意识的培养，法律观念淡泊的他们不知遵纪守法，故走上犯罪道路。还有的未成年犯因贫困等多种原因未能接受正规教育，所以文化层次较低。综上所述，我国未成年犯具有容易受外界不良因素干扰、过于以自我为中心、道德法律意识缺失的特点。因此，我们急需在未成年犯社区矫正中构建并完善一种能针对未成年犯这些特点的项目。

笔者认为，军训营项目是最佳的"诊治"方法。孟子曰："天将降大任于斯人也，必先苦其心志，劳其筋骨。"军训营项目的确是能够起到"苦其心志，劳其筋骨"的作用，我们虽不能把未成年犯改造成为承担天下大任的人，但至少，该项目能大幅度地提升广大未成年犯的各方面素质，尤其对于从小生活在长辈的溺爱中骄横跋扈的未成年犯。首先，它有助于塑造未成年犯健康的身心。未成年犯势必会在军事训练中与真正的军人打交道，军事训练官能带给他们一种魄力，鼓舞他们的士气，他们必然在各种军事训练中找到自信与底气，这为他们今后的改造与迈向新的生活打下了心理基础。与此

---

[1] 薄来喜：《我区未成年人犯罪的特点成因及对策》，载 http://www.ahjcy.gov.cn/jcy-news/newsinfo.jsp?id=8656，2011年3月8日访问。

同时，严苛的军事训练会带给他们强健的体魄，而身体的健壮必然能带动内心的舒畅，他们一方面能以健康的状态迎接新的生活，另一方面他们在挥汗如雨的训练中能够寻找到一种发自内心的快乐。未成年犯身心健康，我们就能更加容易地叩开他们的心扉，改造就将更加顺利。

其次，军训营项目能培养未成年犯的为他人为国家着想的品质。军队是一个团结而有向心力的集体，未成年犯在这样的环境中训练生活，能够培养集体荣誉感，能够在今后的生活中多一分集体意识，学会为他人、为社会、为国家考虑问题，而这恰恰是大量以自我为中心，不考虑他人和社会、国家的青少年走向歧途的原因。另外军训营项目本身也包含了国防教育，在国防教育中未成年犯的爱国主义情怀也会被逐渐激发。

再次，就是对未成年犯法律意识的培养。中国历史上的一大学说——"刑起于兵""兵刑合一"说是中国古代先秦时期流传的关于法律起源最有影响的一种观点。"刑起于兵"，即法律起源于古代的氏族战争。"兵刑合一"是说，战争和刑法、刑罚是一回事。[1] 这就是说，法律本身就起源于军营，军纪的严明程度甚至大于法律，所以说，军营中军训营项目一定能让未成年犯产生对纪律的敬畏，在军营里能够军纪严明，自然也就知道了在社会中应遵纪守法。犯罪多是源于法律意识的淡泊，未成年犯对法律则更是知之甚少，军事训练与军队生活对其法律素养的提升大有好处，我们不一定能通过军训营项目使被矫正的未成年人产生所谓对法律的信仰，即一种内在的对法律的感情，但至少，军营中的严格训练会令他们形成遵纪守法的好习惯。

自控能力的培养也是一个至关重要的方面。基于未成年犯自控能力较弱的特点，军事训练对自控制能力提出了最高的的要求，只有在严苛的军事训练当中才能锻造出最强的意志力，坚定的意志是取得成就的前提，未成年犯的意志坚定了，才能有高尚的理想和信念可言，自然不会再度误入歧途。总之，军训营项目在对未成年犯的行为矫正和思想矫正方面都能起到良好的效果。

---

[1] 曾宪义主编：《中国法制史》，中国人民大学出版社2009年版，第18页。

三、军训营项目的可行性

(一) 军训营项目域外实践

我国的司法实践在这方面还未能有所突破,在社区矫正的项目中我们未能看到军训营项目的身影。但在美国,军训营项目的实施情况与改造效果为其他国家留下了宝贵的经验。

美国的军训营项目并不是社区矫正项目的一部分,更不是只针对未成年犯而设,它是一种量刑手段,是一种比普通刑轻而比保护观察重的刑罚,适用于非暴力的、年轻的、第一次犯罪的、没有重罪的人。自 1983 年乔治亚州首次使用该项目以来,军训营项目的优势逐渐展现出来。在纽约使用军训营比使用监狱平均少支出 19000 美元。到 1991 年 9 月 30 日,纽约估计在运作中已经节省了 8360 美元。进而言之,同期节约了监狱建筑的费用 9370 万美元。在乔治亚州 1991 年 1 月估计,每个军训营的罪犯平均每年费用是 5294 美元,而监狱中服刑的罪犯是每人每年 7913~19861 美元。[1] 实践证明,军训营项目的成本并不高,是一项较为实惠的司法制度。从改造效果上看,明尼苏达州于 1992 年推行的军训营项目经研究显示:参加军训营项目的罪犯因犯重罪而被定罪的比未参加军训营项目的罪犯因犯重罪而被定罪的比例少 32%,因犯监禁罪而被定罪的比例少 35%。而且,将军训营项目与社区矫正相结合则效果会达到最佳。美国学者本塔曾于 20 世纪 90 年代做了一项实验,在通过对两组年龄、种族、犯罪类型居住地方面相同的人进行与军训营项目有关的实验后得出结论:在军训营中使用矫正项目可以降低重新犯罪率。[2]

美国的司法实践经验表明,军训营项目,尤其是与社区矫正相结合的军训营项目能够以低成本的实施状况达到较为理想的改造效果。虽然中国尚未开始实施该项目,美国的司法实践使得我们完全有理由相信,将军训营项目纳入未成年犯社区矫正制度中定能跨出构建完美改造体系的关键一步。

---

[1] 翟中东:《刑罚问题的社会学思考》,法律出版社 2010 年版,第 72 页。
[2] 翟中东:《刑罚问题的社会学思考》,法律出版社 2010 年版,第 74 页。

(二) 军训营项目资源丰富

在我国，能够促使军训项目顺利实施的社会资源并不缺乏，大量军事基地都可成为未来军训营项目的场所。位于南京栖霞区水田村的十月军校就是一例，十月军校是一所集军事训练、国防教育、爱国主义教育、法制教育、生产劳动实践、心理拓展培训等多项教育培训活动为一体的综合性的青少年素质教育基地，内有可供1500人训练的场地以及可供1500人食宿的营房、餐厅，外加1500平方米的室内综合训练馆，[1] 非常适宜军训营项目的开展，内部的设施也大多和青少年有关。在西部，成都市锦江区在2008年都已经成立了第二批少年军校，成立挂牌仪式在盐道街小学得胜分校隆重举行，有关领导提出希望通过少年军校这一形式，培养军校学员艰苦奋斗、吃苦耐劳、乐于奉献、团结向上的精神，增强国防意识，了解基本的军事常识，使自己具有多方面才能、能应付未来社会各方面挑战、成为适应社会发展的复合型人才。[2] 其实，不一定非要利用现有的只针对未成年人的军训设施，利用我国的军事高校也能起到的效果。中国人民解放军石家庄陆军指挥学院占地面积83万平方米，建筑面积24万平方米，[3] 陆军装备训练场等与军事训练有关的场所一应俱全，非常适合军训营项目的开展。综观祖国大江南北，丰富的社会资源十分有利于在未成年犯社区矫正中设置军训营项目。且国内丰富的军训营项目资源也就意味着实施该项目能够保持其持续性，毕竟有了丰富的物质保障，再加上国内不乏优秀的军事训练官，因此军训营项目的运行会比其他项目更加顺畅。

所以，基于我国的客观情况，军训营项目的可行性不言而喻。只要能充分利用好这些社会资源，军训营项目就能顺利开展，而无须花费过高的成本。

---

[1] 南京十月军校：《南京十月军校学校简介》，载 http://www.njsyjx.com/about.asp，2011年5月24日访问。

[2] 锦江区信息办：《第二批"少年军校"昨成立》，载 http://www.chengdu.gov.cn/special/lianghui2008/detail.jsp? ID=224719，2011年5月8日访问。

[3] 陕西招生信息网：《中国人民解放军石家庄陆军指挥学院简介》，载 http://blog.sina.com.cn/s/blog_4d2fd76b010008fb.html，2011年5月24日访问。

四、中国军训营项目的建构路径

（一）借鉴国外经验

国际上，美国能够把军事训练与刑罚有机结合得相对较好，美国的军训营项目不是针对未成年人，而是针对一切非暴力的、年轻的、第一次犯罪的、没有犯重罪的、没有实施暴力犯罪倾向的罪犯，在程序上他们必须先在军训营中服刑。[①] 笔者认为，最值得我们借鉴的正是程序问题，即让军训营项目作为社区矫正的先置程序，因为军训营项目的设置意在培养未成年犯的纪律感、意志力等，而这些是实施其他矫正项目的基础，只有先通过军训营项目培养出良好的精神状态才能为这之后的改造做足准备。而荷兰的监管令虽表面上与军训营项目关系不大，但它里面包括了这样一项内容——法官在有证据证明监护人未履行监护职责时可判决剥夺其监护权，转交监护协会对未成年犯进行监督。[②] 笔者认为，这项制度也是可以在军训营中被借鉴的，即在未成年犯接受军训营项目期间，负责军训的基地必须承担和未成年人的法定监护人同样的责任。在英国的未成年人社区矫正中有专门的缓刑官，他们须经过专门的培训并考试合格后才有从业资格，因此，笔者认为，要想真正体现军训营项目在未成年人社区矫正中的价值，军事训练官也应参加相应的培训并考试合格。

（二）完善相关的法律规定

1. 完善相关的实体法规定

我国目前关于社区矫正的法律不多，法律位阶也不高，2003年最高人民法院、最高人民检察院、公安部、司法部联合下发了《关于开展社区矫正试点工作的通知》（已失效），2004年7月1日《司法行政机关社区矫正工作暂行办法》（已失效）生效。[③] 2019年12月28日，《社区矫正法》公布，但其中并未专门提及未成年犯的军训营项目。但笔者认为，军训营项目可以在现

[①] 翟中东：《刑罚问题的社会学思考》，法律出版社2010年版，第69页。
[②] 徐美君：《未成年人刑事诉讼特别程序研究——基于实证和比较的分析》，法律出版社2007年版，第226页。
[③] 邹川宁：《少年刑事审判若干程序问题研究》，法律出版社2007年版，第240~241页。

有的规定中体现出来,且军训营项目的基本模式完全可以在全国范围内作统一化的规定。如可以出台相关文件作出规定:军训营项目的实施主体规定为少年军校的正规部队或是其他有条件实施的军营,服刑地的基层检察院承担监督职能,其他社会团体也都享有监督的权利,适用对象限定为未被判处监禁刑的身体健康的未成年人,他们必须接受基本的军训项目,如走队列、接受爱国主义教育等,食宿都要安排在军营内,各地也可自行调整但必须以此为基础。另外还应引入考核制度,各地根据不同情况设定考核标准,考核结果作为是否缩短社区矫正期的依据,表现优异者,以"积极参与社会活动"的形式记入档案,这样有利于未成年人今后融入社会,在就业竞争中增加砝码。

2. 完善相关的程序法规定

程序上的立法亦不容忽视。笔者认为,军训营项目的实施在时间上应优先于其他社区矫正项目,军训营项目是实施其他社区矫正项目的基础,有必要作为社区矫正项目中的先置项目。时间长度为至少七天,各地可根据实际情况有所增加。空间上看,采取便利原则,选择离服刑地最近的军营,军训营项目的实施状况要求以日志等书面形式表现出来,便于检察机关以及其他社会团体的监督。为保护未成年人,对参加军训营项目未成年犯采取前科封存制度。如果未成年人在军训营项目期间有犯罪行为,须由中级以上人民法院组成合议庭对之进行审理,如确认对该未成年犯不宜适用社区矫正则根据犯罪性质、情节严重程度重新判处刑罚。如未成年犯仅仅是违反军训营中的规定,那么只需由军营内部采取惩罚措施,但必须上报当地的基层检察院,由检察院对惩罚措施进行监督,不当之处予以纠正。考核的主体是承担该项目的部门,但检察院也应对考核进行监督。

(三) 利用现有的社会资源

依据前文所述,我国具有丰富的军训营场所。各地的少年军校以及其他可用于实施该项目的军营数不胜数。因此我们没有必要专门为此构建场地,关键是将现有的社会资源利用起来。而且就现有的军训营场所的设备来看,将这些资源利用起来能够更好地发挥军训营项目的功效,不管是训练场所还是生活环境对未成年犯的改造都有好处,且不需要花费过高的成本。即便仅仅是利用上述场地闲置下来的空间，也足以令军训营项目达到改造未成年犯的效果。社会法学派代表罗斯科·庞德认为，对司法的评判尺度在于考察它是否能对社会产生有益的效果。利用现有的社会资源来实施军训营项目正是司法低投入高回报的重要体现，其良好的社会效果不言自明。如此优越的矫正项目，我们应尽快建立起来。

五、结语

笔者在研究未成年人的刑事审判制度这一课题时提出了一个比较新颖的观点：在未成年犯社区矫正中引入军训营项目。笔者希望该项目能够进一步地完善未成年犯的改造体系，让未成年犯在更加完备的社区矫正制度中健康成长，能够形成正确的人生观和价值观，尽快融入社会。暂时的误入歧途终是过往云烟，笔者始终坚信正确的引导能够令广大未成年犯成为祖国的栋梁，而司法制度的完善是引导未成年犯的关键。然而，笔者初涉该领域，许多观点还不够成熟，故本课题的研究还存在许多问题。笔者希望能有更多的学者完善该设想，为未成年犯的健康成长保驾护航。

第二节　司法场域的"法感情"研究
——以司法功用为视角

"法感情"是具有法律价值和社会价值的概念，它关涉人们基于对法的理解所形成的心理状态。问题在于，人们对法的理解是一种多元的理解，论及人的心理状态就更加复杂。这使得我们对"法感情"的界定具有复杂性。值得关注的是，"法感情"本身是法之外的事物，但同时又会对司法进程形成或积极或消极的影响——当然，对任何事物的情感，都会对认知事物以及推动事物对人之利益的满足产生影响。就如赵汀阳所说："生活中的情感或价值虽然在逻辑上无足轻重，但是却真正决定着生活的方向和行为选择，是生活的意义之所在。"① 在"江秋莲诉刘暖曦生命权纠纷案"中，法官撰写判决书时融入了对江歌的不幸遭遇的同情与对刘暖曦见危不救的愤怒之情。②这就使得我们有必要研究对"法感情"司法功用，亦即揭示"法感情"的法理具有必要性。笔者的研究视角是法学的视角，意味着通过对"法感情"的合法性与正当性分析，实现正当制度对其的型塑，并且，这种法学的视角指向的是对"法感情"的内涵和意义重构，使得我们对"法感情"在司法场域的运用形成新的路径。

一、司法场域的"法感情"内涵解析

（一）"法感情"的利益本质

从汉语语法结构上看，"法感情"指的是人对"法"的情感之综合。拥有对"法"之感情的主体可以是任何主体。在当下，由于法律注重社会主体的权利和自由的保障，法律在社会控制体系中的地位较高，人们对法律也就易于产生亲近感、依赖感和信任感。③ 那么，应如何界定"情感"呢？"情感"的本质在于情绪的自然生发。《说文解字》中的"心部"中说："情，人之阴气有欲者。"段玉裁对之作了注解，引董仲舒曰："情者，人之欲也。人欲谓之情，情非制度不节"；引《礼记》曰："何谓人情？喜怒哀乐俱爱恶欲。七者不学而能"；引《左传》曰："民有好恶喜怒哀乐，生于六气"；《孝经》援神契曰："性生于阳以理执，情生于阴以念念。"④ 情，乃是人的本性所指。梁治平指出了法律与人情之间不可分割的联系：

"中国文化的精神特质，整包括了缘情设教这一项。法律自然也不应与

---

① 赵汀阳：《心事哲学（之一）》，载《读书》2001 年第 3 期，第 134 页。
② 参见山东省青岛市城阳区人民法院民事判决书，(2019) 鲁 0214 民初 9592 号，判决书内容如下："需要指出的是，江歌作为一名在异国求学的女学生，对于身陷困境的同胞施以援手，给予了真诚的关心和帮助，并因此受到不法侵害而失去生命，其无私帮助他人的行为，体现了中华民族传统美德，与社会主义核心价值观和公序良俗相契合，应予褒扬，其受到不法侵害，理应得到法律救济""刘暖曦作为江歌的好友和被救助者，在事发之后，非但没有心怀感恩并对逝者亲属给予体恤和安慰，反而以不当言辞相激，进一步加重了他人的伤痛，其行为有违常理人情，应予谴责"。
③ 刘旺洪：《法律意识论》，法律出版社 2001 年版，第 131 页。
④ （清）段玉裁注：《说文解字注》（十篇下·心部），上海古籍出版社 1981 年版，第 502 页。

人情相悖。"①

梁治平所说的"人情"是指人伦之情，是发生在人与人之间的情感，当然，这种"情感"也属于情绪的生发，是基于血缘、地缘等因素形成的联结人与人之间关系的情绪。但对于"法感情"，我们不能仅从情绪的生发机制角度予以研究，同时也要意识到，它对法本身的运行具有重要意义。哈特在论述法的外在观点与内在观点时曾说：

"当一个社会群体有着某些行为规范时，这个事实让人们得以表达许多紧密相关但却属于不同种类的说法；因为针对规则，人们可以站在观察者的角度，而本身并不接受规则，或者人们可以站在群体成员的角度，而接受并使用这些规则作为行为的指引。我们可以将此二者分别称为'外在观点'和'内在观点'。"②

可见，人们对于规则的看法，会形成各自的视角。这时候，不同视角的选取意味着其会在不觉间释放出对规则的情感。问题在于，是什么导致人对规则的情感生发的呢？耶林直面"法情感"这一概念本身，试图从权利的角度强调"情感"与法律之间的关联：

"之于他，之于个人，权利意味着什么，然后是，权利本身是什么，在这一内在因素中产生出的对权利的真正意义和真正本质的激情和直接感受，比起长期未受干扰的对权利的享受，表现得更加强烈……不是理解，唯有情感，才可能为我们回答那个问题，为何语言把一切权利的心理学源泉正确地称为是非感——权利意识、权利信念是民众不了解的学术概念——权利的力量，完全犹如爱的力量，存在于情感之中，理解不能替代尚欠缺的情感。"③

可见，对情感的理解能切入对"权利"本质的揭示上，而权利，是法的重要组成部分。作为利益法学派的代表学者，耶林对"法感情"的论述主要集中在他的代表作品《为权利而斗争》上，他在里面指出，权利所关涉的"利益"是民众对法之所以形成情感的切点，包括其从反面对"不法"引发

---

① 梁治平：《法意与人情》，载梁治平：《法意与人情》，广西师范大学出版社2021年版，第168页。
② [英] H. L. A. 哈特：《法律的概念》，许嘉馨、李冠宜译，法律出版社2011年版，第81页。
③ [德] 耶林：《为权利而斗争》，郑永流译，商务印书馆2018年版，第27~28页。

的对法感情的破坏也论证了这一点:"每一个看见不法盛行或者不法猖獗就感到愤慨和在道德上激愤的人,都具有这种思想,因为相对于因侵权引发的那种情感源于自己人格的损害,这种情感的根据是关于人类的道德理念的力量。"① 亦即,通过法的利益维度,人对法产生了情感。刘旺洪对法律意识的阐释也涉及法感情问题:"法律意识是属于社会意识的一种,它是指人们对法和法律这种特殊社会现象的观点、看法、情感、意志、态度和信念等各种主观心理因素总和。"② 他对于法律"情感"的论述是从人的心理机制层面论证的。他在立法层面强调:"法律意识的立法评价功能直接关系到人们对立法机关所制定的法律的态度和感情,直接关系到法律是否能够得到社会主体在心理上的认同。"③ 这一角度则体现了人-法的关系。而这一关系反映了法感情与人的认知活动意义。其中,情感的生理学意义在于,人作为高等生物基于大脑内侧的杏仁和基底核的生理作用所形成的大脑对人或事物的反应,这种反应会外化为具体的语言、表情或动作。情感是人的"精神性"体现,其具体的内容是很难用逻辑推演的方式证成的,因为不同主体对同一个事物、同一主体对不同事物所流露的情感会有所不同——本质在于人的精神世界是多元的、流变的。在道德领域,这种情感与理性之间的距离已经被休谟所论证:"道德上的善恶确实是被我们的情绪,而不是被我们的理性所区别出来的。"④ 情感态度表现为以个体、群体社会的观点来确定已有或将来的意义。⑤ 而无论是个体还是群体社会的观点,都关涉着人的利益取向,所以对"法感情"的研究需要从法律所指向的利益关系与人们看待这些利益关系所采用的视角来切入。前者涉及的是立法的原理,指的是法律的制定者需要考量的问题在于如何通过规范、通过怎样的规范以表达整合利益问题。

具体而言,立法者基于对人性的调控理念——对人性指向的正当利益的满足与对非正当利益的摒弃,利用法律的权力、权利、义务、责任机制实现

---

① [德] 耶林:《为权利而斗争》,郑永流译,商务印书馆2018年版,第36页。
② 刘旺洪:《法律意识论》,法律出版社2001年版,第49页。
③ 刘旺洪:《法律意识论》,法律出版社2001年版,第106页。
④ [英] 大卫·休谟:《人性论》,关文运译,商务印书馆2018年版,第628页。
⑤ [俄] B. B. 拉扎列夫主编:《法与国家的一般理论》,王哲等译,法律出版社1999年版,第104页。

对利益的整合。由于法律面向的"利益"乃是人的利益——即便对野生动物、森林、大气等自然资源的治理的环境保护类法律,表面上指向的是自然界,但也最终面向的是人类的生存利益——通过对自然的保护以推动对人类利益的维护。所以无论是法律为了整合利益所采用的语言形式还是法律在实质内容层面形成的可能整合效果,都会或多或少地触发人们的具体利益,且因对这些利益的期望而与"法感情"关联起来。这就涉及后者所说的人们对利益的关注度问题,对于人而言,由于其时时要和利益发生关联,利益也就不可避免地成为人们认知的"视域"。伽达默尔曾说:"我们为了能把自身置入一个处境里,我们总是必须已经具有一种视域。"[1] 当人们看待法律时,所置身的处境是一种需要审视规范如何对利益予以调整的处境。在这种处境下,基于利益所关联的视域,人在对法律的认知过程中生发了一种情感。"法感情"内涵的双向性结构由之而形成,具体如下所示:

法律的利益性→人对法的感情←人的利益"视域"

(二)"法感情"中的"法"和"感情"

唐丰鹤对德语单词法感情(Rechtsgefühl)的意义作了系统研究,指出其有时被翻译为正义感,指的是人们在作出是非判断时内心涌现出的感情。[2] 因为单词 Recht 不仅指法,还指正义、公正,因而唐丰鹤从德语"法感情"的意义——超越了"法"本体的意义——出发提出,其对"法感情"的理解是超越了实在法的,从而认为只要涉及对是非问题的判断,都属于"法感情"的范畴。他对"法感情"的界定与耶林的利益角度和刘旺洪的心理角度是具有一致性的,因为"是非判断"是基于其所面对的利益的正当与否所形成的判断,"内心涌现"也更加说明了"法感情"的心理学意义。但笔者认为,在语法层面,对"法感情"的理解所站的角度应立足于汉语词组的语言结构——"法"为定语、"感情"为中心词的偏正结构。但结合"法"的汉语意义,我们对汉语的"法"并不能像对德语 Recht 那样解读出正义、公正

---

[1] [德]伽达默尔:《真理与方法——哲学诠释学的基本特征》,洪汉鼎译,上海译文出版社1999年版,第391页。

[2] 唐丰鹤:《司法过程中的法感情——基于心理学情绪理论的分析》,载《四川大学学报(哲学社会科学版)》2021年第5期,第183~184页。

之意,这也就意味着,只要是在汉语语境下理解"法感情",那就只能解读出基于中国语境下的"法"本身所形成的感情。

学界就人对法的情感探究往往要引介其他领域的知识。上述的耶林是以利益为中介将人与法关联起来,以探求人对法的情感,刘旺洪通过对心理机制的研究实现了人-法关系的构造以关照法的情感。而从这两个角度切入对"法感情"的揭示上,已经全面呈现出"法感情"的内涵。并且要强调"法感情"是针对"实在法"所形成的感情,对利益的指向也是指实在法规定范围内的利益。由之,我们形成了对"法感情"的定义:它是指基于法的利益属性而形成的对法的心理作用所生发的情感。

在司法场域考察"法感情",意味着我们的研究视角是司法的视角,是专门针对法律适用于具体案件的过程所引发的情感问题予以研究,这其中的"情感主体"也同样可以是任何主体,因为任何主体都或会接触到司法——哪怕这种接触只是一种间接的接触——从而对司法形成情感流露。基于上述对"法感情"概念的重构,司法场域的"法感情"概念也能清晰化,而相应的意义,也需要基于上述"法感情"的概念重构而形成一种重构。

二、司法场域的"法感情"意义解析

(一)"法感情"之于裁判活动本身的意义

司法场域下的"法感情"指涉的是人们对司法这一特定时空场域内所适用的法律形成的情感,结合笔者之前界定的"法感情"的概念,可知其指的是基于司法所适用的法所关联的利益而生发的对法的心理作用从而形成的情感。这就意味着我们的研究视角必须转向司法的法理。由于司法的核心问题是如何将立法应用于个案裁判以确定纠纷双方权利义务的问题,因而如果脱离纠纷的语境走向去探究"法感情",就意味着对司法本性的背离。并且,在该场域下,人们对法律的情感是基于纠纷情节以及纠纷情节的发展走向的,所以人们在关注纠纷时,情感活动往往是剧烈的,毕竟纠纷的前提是存在利益冲突,冲突就表明了人在回应他者利益诉求时呈现出自身对利益问题产生的情感波动。这表明,当事人和诉讼代理人会因利益关系的纠葛与利益的最终归属而对处理纠纷的法形成期待、认同或恐惧、厌恶,法官会因需要适用法律以处理纠纷而对法律条文所关涉的利益关系形成判断,判断的过程又会不可避免地融入对法律的情感,其他了解案件审理状况的民众会因与当事人之间的"共情"而同样对利益所关联的法律形成情感,也会因外界对司法活动的宣传而产生"法感情"。当我们在字面意义上理解司法场域的"法感情"时,应意识到其并不是专门指涉拥有这种"法感情"的某个特定主体,而是涵括了与司法活动相关联的多元主体的,即只要是在司法层面形成的对法的"感情",都属于本书的研究范畴。

无论是作为起诉方的当事人还是作为答辩方的当事人,在提起诉讼或是提出抗辩的时候,都是在表达利益诉求。如在牛某、马某离婚纠纷民事一审民事判决书中,原告提出"被告脾气暴躁,具有酗酒等恶习,经常酒后在家闹事,而且被告没有上进心,原告均因念及孩子年幼对被告的恶习百般忍让,被告不但不知悔改反而变本加厉"。[1] 可见原告通过表达对被告的"愤恨情感"以表达离婚诉求。又如在某买卖合同纠纷民事一审民事判决书中,原告提出其食用被告太朴公司的菜籽油产品之后,发现其与普通产品并无区别,被告太朴公司在产品宣传册上宣传菜籽油具有一定的软化血管、延缓衰老的功效,菜籽油是最好的减少更年期症状的良药之一。[2] 这里,原告也表达出的是对因菜籽油功能没有达到预期而产生的愤怒感。所以,在表达过程中,当事人会流露出基于特定法律依据所展现的情感。甚或说,如果没有情感作为前提,就无法形成利益诉求,也正是因为人们对利益有一种向往,才有"情感"可言,这种"向往"是一种自发的情感,对诉求的表达,在本质上也是一种"愿望"的表达,是一种渴望诉诸法院审判以获得利益救济的"愿望"。罗素指出:"当我们断言这个或那个具有'价值'时,我们是在表达我们自己的感情,而不是在表达一个即使我们个人的感情各不相同但却仍然是可靠的事实。"[3] 对价值的表达不能脱离事实——价值是依托于事实的,但其肯定融入了表达者的情感。表达正向的价值,意味着对积极情感之表达;表达负向的价值,意味着对消极情感之表达。富勒在分析"愿望

---

[1] 甘肃省康乐县人民法院民事判决书,(2021)甘 2922 民初 2000 号。
[2] 辽宁省凌源市人民法院民事判决书,(2018)辽 1382 民初 486 号。
[3] [英] 罗素:《宗教与科学》,徐奕春、林国夫译,商务印书馆 2010 年版,第 136 页。

的道德"时指出，它是"善的生活的道德、卓越的道德以及充分实现人之力量的道德"。[①]"愿望"的呈现意味着主体对于事物爱憎的表达——愿望的本质即是人的趋利避害性外化的主张。就如爱泼斯坦所说："每一个个体都有需要，都想得到适当的满足，而且，想要更多的一些东西。"[②] 边沁提出的"功利主义法学"思想更是将这种"趋利避害"的人性落足于法律语境。[③] 法律在当事人眼中更多表现出的是实现这种"趋利避害"的工具，因而这种情感的呈现很容易转化成对法律的情感之呈现。

（二）"法感情"之于不同诉讼参与人的意义

对法官而言，其在司法场域的职责是作出裁判，而裁判的本质在于，司法主体对案件事实和所适用的法律形成的判断——这也是司法之所以需要独立的原因，因为只有独立作出的结论才能称得上是"判断"。[④] 判断过程和结果的输出意味着一种"精神产品"的输出，也意味着主体独立自主的形成对事物的看法，既然是一种"看法"，就难免会涉及情感的流露。因为法官对判断的作出是基于案件事实的查明和案件所关联的法律。另外，裁判的形成还要基于对当事人的诉讼请求的听取，并对这些诉讼请求作出法律意义上的评价，以形成对当事人的主张是否合法的判断。而对合法与否的评判，在本质上就是一种情感的表达——因为只要涉及评价问题，就意味着评价主体的价值取向的外化，对行为合法与否的评判也是价值取向之一。对于合乎法律的评判，法官的情感是正向的，而对于不合乎法律的评判，法官的情感是负向的。同时，"情感"会指引法官寻找需要适用的法律。如"泸州遗赠案"中的法官基于对蒋伦芳的"正向情感"和对张学英的"负向情感"，选择适用《民法通则》（已失效）第7条的"公序良俗"原则作出裁判。规范的选择，本身也意味着法官对该规范的"法感情"。更何况，在诸如现实主义法

---

① ［美］富勒：《法律的道德性》，郑戈译，商务印书馆2005年版，第7页。
② ［美］理查德·A.爱泼斯坦：《简约法律的力量》，刘星译，中国政法大学出版社2004年版，第103页。
③ ［英］边沁：《道德与立法原理导论》，时殷弘译，商务印书馆2000年版，第235～248页。
④ 孙笑侠：《程序的法理》，商务印书馆2005年版，第119～124页；［德］拉德布鲁赫：《法学导论》，米健、朱林译，中国大百科全书出版社1997年版，第100页。

学这样的法学流派看来，法律之外的因素也会影响法官的"法感情"，甚至会影响最后的裁判。①

对其他法律受众而言，"法感情"的关键在于"共情"。"共情"意味着主体自觉地趋向他者的情感世界，换句话说，"共情"的前提在于情感的转移。斯洛特指出了移情能力的与生俱来及其重要性："人类天生的移情能力是道德宇宙的粘合剂。"② 尽管这一措辞夸大了移情的功能，但至少说明，人的道德水准在很大程度上与移情的能力大小具有一定的相关性。移情能力强意味着能够站在他人角度看问题并理解体谅他人，移情能力弱意味着难以通过他人的角度理解体谅他人。斯密对"共情"的内涵作出了阐述："通过想象，我们设身处地地想到自己忍受着所有同样的痛苦，我们似乎进入了他的躯体，在一定程度上同他像是一个人，因而形成关于他的感觉的某些想法。"③ 这种想象意味着把自己拟制成他者，④ 从而当看见他者进入纠纷场域时，也想象成自身也置身于纠纷的语境，而力求通过法律实现"利益修复"，也就必然会对司法活动所援引的法律也会形成情感，因为这时的法律也被看成基于共情心理所形成的"利益修复"制度，尽管这一"利益"在客观上并不存在，只是其他未涉案的民众拟制了当事人的境况罢了。但这种"共情"能力，是人作为精神性主体必备的能力，也是文明社会的人际关系的重要基础。在司法层面，人们的"共情"能力同样型塑了司法场域的法感情，司法之外的因素则会强化这种能力。司法的效应往往会通过媒体向受众传播，媒体对于受众的"法感情"会形成引导。信仰是精神层面的范畴，人对某个事物形成了信仰意味着对该事物的感情形成高度升华，⑤ 而媒介又具有向公众输送正向价值的使命，因而对司法的传播需要融入这种通向法律信仰的

---

① Benjamin Nathan Cardozo, *The Nature of Judicial Process*, Yale University Press, 1921, p. 21.
② Michael Slote, *Moral Sentimentalism*, Oxford University Press, 2010, p. 62.
③ ［英］亚当·斯密：《道德情操论》，蒋自强等译，商务印书馆2014年版，第6页。
④ "拟制"是一个法学上的概念。《牛津法律大辞典》对法律拟制的定义是：将甲案件假定为是乙案件，并在法律上如同它是乙案件的实例一样加以对待。参见［英］戴维·M. 沃克：《牛津法律大辞典》，邓正来等译，光明日报出版社1988年版，第335页。同样地，这里的"拟制"是把他人"视为"自己。
⑤ 法律信仰本身是一个综合性的概念，它是社会主体对社会法律现象的知识、情感、意志、心理等各种心理因素按照某种结构而形成的对法律的极度尊敬和崇奉。参见刘旺洪：《法律意识论》，法律出版社2001年版，第210页。

情感。① 这使得这种融入不可避免地将受众的"法感情"体现在其中。

法律依据与案件事实的交织，是司法活动的重要特点，亦即，我们既要通过规则的构成，探究其对案件事实如何评价，也要通过案件事实的形态寻求与之对应的规范。孙笑侠在论述司法哲学问题时强调，中国人需要自己的司法哲学，以此把握和处理司法过程中规则与事实的关系。② 和立法相比，这种"交织"会使得法感情问题更为突出，因为前者向大众呈现出的仅仅是抽象的规范，大众未必能将其严丝合缝地与自身的具体利益对接起来，而后者意味着规范对事实－利益关系的推动，而事实－利益的走向更能触发大众对规范的情感③——尽管前者也面向的是大众的利益问题，但因为后者意味着人们会接触到具体的情境，也就更能通过代入情境的方式感同身受地体察利益的所指。因而，以司法为视角探究法感情，将司法的原理与法感情结合起来，是实现对法感情的意义之挖掘的有效路径。这就进一步引发了我们对司法场域下的"法感情"的功用的思考，而对这种"功用"的分析，包含了两个方面：对司法理性之理论强化与其对司法实践的推动，并且我们应侧重于后者。

三、"法感情"之司法功用及对其的检省

（一）"法感情"能落足于司法功用

"法感情"在司法场域需要推动司法的实际功用，正如成伯清所说："社会建设不仅仅是制度层面的，更应该是主观维度的。"④ 司法产出对案件的判

---

① 但需要警惕的是，舆论特别关注当事人具体的身份，对当事人的性别、阶层、亲属以及社会关系网络等个人信息抱有强烈的探寻欲望，并对事件的发生总是倾向于从身份信息上去寻找答案，并对任何司法判决都赋予身份解释的意义。参见周安平：《涉诉舆论的面相与本相：十大经典案例分析》，载《中国法学》2013 年第 1 期，第 162 页。所以对有的舆论报道要注意甄别身份信息和司法需要着眼的案件事实所适用的法律。

② 孙笑侠：《基于规则与事实的司法哲学范畴》，载《中国社会科学》2016 年第 7 期，第 128 页。

③ 但并不是说纯粹的立法就与"法感情"完全无涉。事实上，没有立法者的完美的立法构思。没有立法者的明确的立法目的，就没有法律制度的诞生，就没有立法价值取向的选择，也就不可能产生任何新的法律。参见刘旺洪：《法律意识论》，法律出版社 2001 年版，第 179 页。这里的"立法目的"和"立法价值取向"，无疑都表现出立法者对所立之法的情感。笔者旨在强调的是，相对而言，大众的法感情更容易从事实语境，亦即司法场域中呈现。

④ 成伯清：《社会建设的情感维度——从社群主义的观点看》，载《南京社会科学》2011 年第 1 期，第 70 ~ 76 页。

断实现对纠纷的处理，也属于社会建设的一部分，"情感"的主观维度，推动了这种社会产出。因此"法感情"的司法功用，是需要通过基于上述对"法感情"的解析实现，对这种功用的证成需要面向"法感情"的内涵和意义。在学界，唐丰鹤对"法感情"作了深入的分析，他批评了把法感情与理性剥离开的做法，指出："情感活动本身就是一种包含认知和评价的活动，因此，它也是一种包含理性的活动，这是因为，从科学角度而言，理性活动仅仅是指认知、分析和评估等运用理性能力的活动，理性与正确性并没有必然联系……正确是另外一个评价维度，即指认知、分析、评估是否与客观事实相符或是否合理。"[1] 这种"认知""分析""评估"等活动将司法功用的本质——对案件的法律评判——体现出来了，因为评判案件就是建立在"认知""分析""评估"等主观活动上的。问题关键在于，对"理性"应如何作出界定，因为这是我们看待"情感"与"理性"关系的前提。唐丰鹤意识到了研究这个问题的必要性，指出"从科学角度而言，理性活动仅仅是指认知、分析和评估等运用理性能力的活动，理性与正确性并没有必然联系，并不是说一个活动是理性的就意味着它一定是正确的"[2]。由此唐丰鹤认为，情感活动包含了上述认知和评价活动，所以情感包含了理性活动。问题的本质在于，如果在司法场域界定"理性"，那么上述界定是否准确呢？这是关涉"法感情"能否实现司法功用的核心问题，因为推动司法功用的前提就是面向司法理性。

理性是有多重维度的，唐丰鹤只是站在科学的维度对之作了界定。[3] 我们对"法感情"的认知应面向司法的功用，那就意味着要探究法律层面的"认知"，问题就在于，法律层面的认知是否属于科学意义上的认知？至少就

---

[1] 唐丰鹤：《司法过程中的法感情——基于心理学情绪理论的分析》，载《四川大学学报（哲学社会科学版）》2021年第5期，第187页。

[2] 唐丰鹤：《司法过程中的法感情——基于心理学情绪理论的分析》，载《四川大学学报（哲学社会科学版）》2021年第5期，第187页。

[3] 柏拉图认为的理性在于智慧、勇敢兼及节制。在卢梭看来"公意"是理性。康德主张的人的理性是受道德法则约束的。参见［古希腊］柏拉图：《理想国》，常维夫译，西苑出版社2009年版，第171~179页；［法］卢梭：《社会契约论》，何兆武译，商务印书馆2008年版，第19~21页；［德］康德：《法的形而上学原理》，沈叔平译，商务印书馆2008年版，第30页。可见，"科学"只是理性的表现之一，而不能涵盖全部的"理性"。

本书探究的司法场域而言,这种认知是有异于科学认知的。因为只有通过正当程序的司法才是理性的司法,而司法所遵循的正当程序是基于伦理方能形成的。科学层面的认识并不需要依托这种"程序的伦理"。并且,司法层面的认知具有有限性,其中对事实的认知是基于证据规则所指向的事实,对事实背后的规则的认知是基于规则的构成要件与事实的构造之间的对接。概言之,司法的认知理性是否实现的关键在于法官是否运用了以及在何种程度上运用了法律思维。对"法感情"而言,它通过释放出对案件事实的评价与对适用何种规范的看法,呈现出司法的理性,将司法输出裁判的社会功效体现出来。

(二)"法感情"的司法功用检省

基由以上对"理性"与"情感"的关系界定,我们应检省对"法感情"的司法功用问题。唐丰鹤指出"法感情的导向作用遍及司法裁判的全过程"。[①] 并且他分析了,在法律发现、法律解释、事实认定与判决过程中,法感情都发挥了导向作用。[②] 这就涉及法感情的司法功用问题。不可否认的是,上述司法活动都需要人的直觉、好恶等主观性作用,也不可否认,这些主观性能够通过"情感"的视角加以解释。但如果在司法语境下看待这种主观性,其属于法律思维的范畴。我们只能说,法律思维与法感情在这里形成的是一种耦合,但并不意味着,法感情这个概念是独立于传统司法之外的,事实上,这个时候对"法感情"的分析在本质上依然是对法律思维的分析。杨贝针对法律人的情感思维指出,情感是法律的底层逻辑,情感思维是价值判断的依据,情感思维是取得良好社会效果的众妙之门。[③] 在她看来,情感是包含在法律思维之中的。这一界定也是笔者所赞同的。毕竟,思维活动在本质上是人的大脑活动,对事物的情感,也是基于事物在大脑中形成的印象,因此,价值判断、对社会效果的考量等也都是司法所涉的主体的大脑活动对法律和事实的作用,是法律思维的重要组成部分,而在法律人

---

① 唐丰鹤:《司法过程中的法感情——基于心理学情绪理论的分析》,载《四川大学学报(哲学社会科学版)》2021年第5期,第188页。
② 唐丰鹤:《司法过程中的法感情——基于心理学情绪理论的分析》,载《四川大学学报(哲学社会科学版)》2021年第5期,第188~190页。
③ 杨贝:《论法律人的情感思维》,载《浙江社会科学》2021年第11期,第64~65页。

动用法律思维考量法律和案件事实的时候，对法律的情感思维其实也被运用起来了。反之，脱离情感运用法律思维的说法在逻辑上是难以成立的。

"法感情"的功用本质在于司法参与者的情感机制，唐丰鹤对"法感情"的具体分析落足于这种生理机制，他从不同的法律方法角度作了分析，在法律发现过程中，他指出，"一般来说，法官接触到案件事实，会受到事实的刺激或启发，这种刺激或启发会激活大脑中的法律记忆库，帮助法官提取出相应的法律条文。在这一过程中，法感情也会油然而生，大脑会自动对事实进行评价，生发出或愉悦或义愤或不满等正义情感，随后，这些正义情感将会成为信息，通过情感启发式，直接参与大脑的认知加工过程，影响法官的法律发现"。[1] 对于法律解释活动的情感性，他认为，"法感情本身就是一种基于认知、评价的倾向，法感情的感情所向，就是法律解释或法律理解的方向。假设真的存在若干种解释方法，到底采取哪种解释方法或解释到哪里停止，在背后起作用的就是法感情"。[2] 对事实认定而言，他指出"任何一个故事加工者都想增强自己观点的说服力，都想打动别人（法官想增强自己判决的说服力）……但故事要打动人，都必须诉诸普通人的法感情来完成，从这个意义上，法感情也在遥控着法律事实的建构"。[3] 对于司法判决而言，他提出"如果法官已经提前判定事件为不义，并产生义愤或不满……显然，只有期望之中的判决才能平复义愤，带来愉悦或满足；相反，如果法官已经提前判定事件为正义，并产生愉悦或满足……只有期望之中的判决才能维持这份满足感或快感"。[4] 唐丰鹤结合司法的过程，全面探究法感情在司法中的融入。从他的上述界定来看，正义的情感启发法官的大脑以实现法律数据库的定位，意味着以案件的合法性评价所导向的"正义"为出发点寻求与案件对

---

[1] 唐丰鹤：《司法过程中的法感情——基于心理学情绪理论的分析》，载《四川大学学报（哲学社会科学版）》2021年第5期，第188页。

[2] 唐丰鹤：《司法过程中的法感情——基于心理学情绪理论的分析》，载《四川大学学报（哲学社会科学版）》2021年第5期，第189页。

[3] 唐丰鹤：《司法过程中的法感情——基于心理学情绪理论的分析》，载《四川大学学报（哲学社会科学版）》2021年第5期，第189页。

[4] 唐丰鹤：《司法过程中的法感情——基于心理学情绪理论的分析》，载《四川大学学报（哲学社会科学版）》2021年第5期，第190页。

应的规范。在寻求法律解释的方向上，情感的推动也并没有离开"法律解释"本身——寻求司法推理的大前提。司法场域中，事实认定的主体主要应是法官，法官对事实的剪裁是基于事实与规范构成的对接，是源自法官职业本身，尽管这种"剪裁"也会与普罗大众的"法感情"解读形成耦合关系。司法判决所实现的对"正义感"的满足，同样是面向合法性判断的正义。杨贝就疑难案件与法律情感的关系指出，面对疑难案件时，法律人往往需要一些想象和创造。这样的能力非逻辑推理所能给予，却可能由情感思维带来。① 可问题真的是这样吗？的确，疑难案件意味着规范与事实不能形成直接涵摄。但这时候依然是诉诸法律思维，并通过法律方法解决。所以，唐丰鹤对"法感情"的解读，事实上指向的还是契合司法理性的法律思维。但司法场域的"法感情"概念体现的是独特的司法视角，对司法功能发挥着不可替代的作用，而如果对"法感情"问题的论证没有超过法律思维的范畴，那"法感情"的司法功用不能体现出来，换句话说，在这种情况下我们不需要使用"法感情"的概念，而以法律思维为出发点展开论述即可。正如经典的"奥卡姆剃刀"定律所描述的那样，"如无必要，勿增实体"。② 如果"法律思维"能够解释相应问题我们也没有必要增加新的概念，不只是思维成本的问题，也会扰乱原有词项的内涵。而"法律思维"，是基于法律职业人的工作方法（法律方法）形成的思维方式，③ 因而基于法律思维形成的法律规则是司法活动必然遵循的准则，法律思维本身就能够体现司法的正当性。另外，杨贝就法律人的情感思维指出，如果说以规范与逻辑为主导的法律思维型塑了法律人的态度，那么强调共情的情感思维则赋予法律人以温度。情感并非法律人的阿喀琉斯之踵，反而可能是法律人洞察世界的第三只眼。④ 所以，我们尽管不可否认"逻辑"是法律思维的维度之一，但同时也要认同"情感"也同样是通向法律思维的门。唐丰鹤专门从"法感情"入手探究司法只

---

① 杨贝：《论法律人的情感思维》，载《浙江社会科学》2021 年第 11 期，第 68 页。
② 魏治勋：《奥卡姆的自由意志思想及其启蒙价值》，载《社会科学研究》2011 年第 6 期，第 110 页。
③ 孙笑侠：《法律人思维的二元论——兼与苏力商榷》，载《中国法学》2013 年第 6 期，第 1110~1114 页。
④ 杨贝：《论法律人的情感思维》，载《浙江社会科学》2021 年第 11 期，第 68 页。

是落足于对传统司法法理的强调而已。

我们对司法过程的分析,自然不能离开司法的法理,对于司法裁判来说,法官首先必须根据事实真相辨别法感情的对错,而对法感情采取区别对待的态度——对正确的法感情要予以积极回应,而对错误的法感情则要坚决加以拒斥或修正,① 这一方面是对司法活动与情感的关联的肯定——正如休谟针对人性中天生的道德感所发表的观点:"自私是建立正义的原始动机:而对于公益的同情是那种德所引起的道德赞许的来源。"② 另一方面,这体现了法感情在司法场域的正当行使,彰显"法感情"对司法的应有价值的作用——司法对正义的维护需要正当的情感在司法中发挥作用,这种"正当的"情感在司法场域体现出道德感。从司法的层面来看,现代法治国家,正义只能是法律下的正义,即在法律的框架内追求正义。③ 上述观点表明,唐丰鹤对法感情的论述也是建立在司法的基本法理之上,并且他也意识到,从"法感情"本身出发,也能找到契合司法法理的成分,否则也不会提出要"辨别法感情的对错"④ 的主张。但恐怕,法感情当中不只是"契合司法法理"的成分,而是必然地会和司法法理形成大量的重合。唐丰鹤对"正确的法感情"的界定是:"所谓正确的法感情,指的是建立在正确认知和判断基础上的法感情。"⑤ 这里的"正确的认知和判断",与法律思维强调的对案件事实的理性认知、对事实所关联的法律关系的判断是相契合的。

"法感情"的司法功用是建立在凸显"法感情"的独特性的基础上的,在司法场域的情感流露,能转化成司法的输出。运用"法感情"实现司法应有的正义,关键在于发挥"法感情"的独特优势,而非用"法感情"侵犯本属于其他法律概念的领地,否则,无论是"法感情"自身还是其他法律概念

---

① 唐丰鹤:《司法过程中的法感情——基于心理学情绪理论的分析》,载《四川大学学报(哲学社会科学版)》2021年第5期,第190页。

② [英]大卫·休谟:《人性论》,关文运译,商务印书馆2018年版,第536页。

③ 唐丰鹤:《司法过程中的法感情——基于心理学情绪理论的分析》,载《四川大学学报(哲学社会科学版)》2021年第5期,第190页。

④ 唐丰鹤:《司法过程中的法感情——基于心理学情绪理论的分析》,载《四川大学学报(哲学社会科学版)》2021年第5期,第190~191页。

⑤ 唐丰鹤:《司法过程中的法感情——基于心理学情绪理论的分析》,载《四川大学学报(哲学社会科学版)》2021年第5期,第190页。

本来的意义都会被破坏。所以，尊重"法感情"本身的内涵和意义是定位"法感情"的司法功用的前提，并且"法感情"在发挥其司法功用时，也应充分围绕"法感情"本身的内涵和意义。

四、结语：司法场域的"法感情"之治理走向

司法场域下的"法感情"的未来走向在于在尊重法律思维规律的前提，释放出的情感应指向法律规范与案件事实的相互型塑，而这也是法治对司法的基本要求。基于此，司法场域的"法感情"的释放应遵循以下进路。

首先，在规范涵摄的范围内寻求规范对案件的评价点。通过规范评价事实所形成的"法感情"，一定要建立在规范的构成要件与案件事实的相互联系上，不能偏离这种基于"相互的联系"所形成的规范—事实网络。而只要契合这种规范—事实流转的思维，就应在论证活动中表现这种情感。亦即，对"法感情"的运用要以法律思维的运用为中心，而只要是契合法律思维"法感情"，法官就要将其充分表现出来。

其次，在评价案件事实的法律规范本身存在病灶的时候，意味着需要通过法律方法的运用实现裁判。这时候，通过正当的法感情以实现法律方法的理性使用是必要的，这表明，法官要审视法感情对法律规范病灶的修补，将法感情融入法律的适用技术上，站在当事人的视角将法应当明确但并未明确表达的正当利益提炼出来，从而形成判决所援引的规则。[①] 当然，这种利益为核心的法律方法为何能够弥合法律的病灶、切实发挥出解决纠纷的功能，需要法官将其体现在裁判文书的制作中。

再次，"法感情"在司法场域的运用不能背离司法援引的规范渊源的顺序。司法优先适用的规则应当是国家法，所以对于法官的思维而言，对国家法要具有相较于其他规范——政策、法理、习惯——更强的亲和力，这种"相对更强"的亲和力本身就表明了一种情感——忠实于国家法、期望用国家法评判个案的情感，而这种"情感"也是基于司法理性所需要的规范适用

[①] 法律方法也是一种规则，不仅是法官裁判案件的思维路径和方式，并且一旦运用到司法中就具有法律效力。因而谢晖将法律方法称之为法律、习惯和学理之外的"第四规则"。参见谢晖：《法律方法论：文化·社会·规范》，法律出版社2020年版，第346~347页。

准则，因而，法情感的运用要切实尊重规范渊源。

最后，对"法感情"的界定要在逻辑上注意其和基于法律思维产生的其他概念之间的关系。"法感情"并非必然地独立于法律思维，它们相互之间存在交叉关系。这表明，在司法功用的问题上，发挥作用的如果是与法感情部分重合的法律思维，则不应强化法感情的作用，而要回归到法律思维上。而如果是独立于法律思维的"法感情"问题，要谨慎看待，要维护法律思维在司法活动中的正统地位，不能让外在于法律思维的"法感情"破坏法律思维的正常运行。

总之，司法场域下的"法感情"之运用要契合司法理性，在法律思维的指引下寻求"法感情"的运用路径。只有不背离司法基本原理，"法感情"的司法功用才是契合法治理念的，也因之才能切实推动法治。

谢晖在论述"令"的法律地位时说："人类史上的所有法律，归根结底，都是因人并为人而制定的。因人而定，意味着法律需要因应人性。但人性又是复杂的，最基本的情形是，人既有个体自处、自我决断的自由要求，也有追求安全、寻求合作的秩序要求。"[①] 无论是法律的自由价值还是法律的秩序价值，都反映了人们努力通过立法实现一种愿望。确定法律价值、实现法律价值的前提在于，我们必定在其中融入了对法的情感。发挥"法感情"的应有作用，是司法必须面对的问题，也是推动法治建设的必经之路。对"法感情"在司法语境的研究，学界还需要进一步深入化、系统化。本书只是揭示了司法场域下的"法感情"的一隅，该领域还有很多需要挖掘之处，亟待学界的共同努力。

[①] 谢晖：《例外状态 令尊于法——世界各国应对新冠肺炎疫情"令"的法哲学省思》，载《学术论坛》2021年第3期，第31页。

第五章

法学研究的制度诠释和方法体系

第一节　制度的诠释与应用：第十六届全国法律方法论坛述评

由宁波大学、宁波市立法研究院、浙江省重点智库宁波大学东海研究院主办，宁波大学法学院承办的"第十六届全国法律方法论坛"于2021年6月19日和6月20日上午在浙江宁波召开。本次会议紧扣法律方法的母题，议题覆盖面广，探究力度深。专家们的热烈探讨实现了法律方法探究的更上层楼，也全方位促进了法律方法的实践。

一、法律方法对制度的诠释

（一）法律方法对制度的逻辑诠释

洪汉鼎从诠释学的历史角度提出，"说明"一词是近代随着自然科学的发展以及随之而来的启蒙运动而被使用的解释概念。他揭示了康德的《判断力批判》中的"反思判断力"的意义——当我们面对特殊的东西而找不到先天的原则进行推导时，我们就力求在经验中寻找一个普遍的规则，从而按此规则把此特殊东西推导出来。在自然科学兴起的年代，对事物的"说明"更多体现为对事物的逻辑性揭示。[①] 张恒山对权利的结构和载体的分析也是立足于权利在规范中的表现形式，因而是站在形式逻辑的角度展开论证的。陈金钊就价值入法的前提——价值与法律对立（分离命题）的论证也是凸显了

---

① 洪汉鼎：《论哲学诠释学的阐释概念》，载《中国社会科学》2021年第7期，第119~120页。

法律与逻辑之间的关联,因为分离命题为法律推理提供了逻辑前提,使得捍卫法治的思维方式可以贯彻到底。①魏治勋认为反对解释的基本思路是基于法律规范的逻辑结构基础上的,反对解释成立与否,根本上就取决于行为条件与法律后果之间的逻辑关系。陈绍松在分析对隐性法律规范冲突的解决法理时强调,法律体系既是一个认知的融贯性整体,也是一个建构的融贯性整体。张洪新认为"法理"中的"理"具有客观规律之义,②因而与逻辑有关。他们的观点意味着,对法律的逻辑诠释具有重要意义,因为法律的形成本身就是以逻辑构造为基本前提的。法律方法则能够推动这种逻辑诠释,因为法律方法本身也是在一定意义上遵循逻辑的。

上述观点是从抽象的法理层面展开的。落实到具体的部门法上,法律方法体现的逻辑诠释意义也很重要。徐国栋对历史和当下的各国民法典中的遗产信托制度的考察是建立在对制度的逻辑解读基础上的。王星分析了让·多玛的著作《自然秩序中的民法》,她认为在多玛手中,罗马法素材的体系化是以自然法为体系化动力的,法律的体系性逻辑与自然法思想也密切相关。胡桥在论证民法典的新生与法学方法兴起的关系时,也指出切实维护法律规则的稳定性,既是坚持"法典化"道路的必然要求,也是逻辑规范实证主义者的最高理想。薛波认为民法典需要通过理性建构形成和谐统一的体系。余地分析了我国《民法典》中的习惯条款,他以《民法典》第10条与其他具体的习惯规范的关系为出发点,从逻辑体系上诠释了习惯规范的整体性。谭佐财从我国《民法典》自身的逻辑结构出发明确《民法典》的公法功能。张勇认为刑法教义学以经验分析和描述归纳为基础,以此抽象出普遍稳定的理论和体系,并且基由刑法教义学形成的立法反思是一种体系内的反思。③王文军对我国《民法典》中的供用电合同的研究,是建立在《民法典》与其他法律法规中的供用电规定逻辑自洽的基础上的。李声高提出的人格权的救济

---

① 陈金钊:《价值入法的逻辑前提及方法》,载《扬州大学学报(人文社会科学版)》2021年第3期,第42~44页。
② 张洪新:《法律方法的自我探知》,法律出版社2020年版,第117~118页。
③ 张勇:《刑法教义学的源流、体系与功能》,载《四川大学学报(哲学社会科学版)》2021年第5期,第167~168页。

在执行环节应遵循双层救济体系,而对这种救济体系的解读是通过对《民法典》和《民事诉讼法》的相应权利规定的逻辑体系解读实现的。可以看到的是,学者们在相应的法律规范问题上力图以逻辑的方式实现精准、明晰的诠释。

法律方法对制度的逻辑诠释不仅面向国家法制度,还面向了习惯法和政策等其他社会规范。徐晓光分析了传统的"赔命价"习惯的结构,提出赔命价习惯需要根据本民族生活逻辑和生存智慧进行整体设计考量和逻辑结构上的安排。武飞提出行政惯例是行政机关长期统一一致的行为,也就是行政惯例在行政机关实践中应具有逻辑上的同一性。季金华基于长江三角洲的发展政策之间的逻辑上的自洽,提出长三角生态绿色一体化发展示范区的法治协调。

法律方法包含了对逻辑的遵循,这与法律体系具有的逻辑结构相关。而法律方法的逻辑维度也立足于法律本身的逻辑体系。学者们立足于法律的逻辑层面实现对法律的意义诠释。

(二)法律方法对制度的修辞诠释

法律方法对制度诠释的贡献还包括修辞。不同于逻辑的是,修辞角度的诠释旨在揭示制度与人性利益的关联,探究制度的利益前提。修辞诠释体现的是法律方法的人性维度,而法律本身也是面向人类利益的规则系统。具体而言,以下观点是对这种诠释的修辞角度的分析。

对于制度与修辞的关系的梳理,洪汉鼎认为,虔诚的理解加上应用的理解,这就构成古代教义学诠释学关于阐释的本质特征,20世纪初,哲学诠释学重新启用"阐释"的概念,其中,狄尔泰、海德格尔和伽达默尔站在主体精神层面实现对事物的诠释。[1] 很多学者探究了制度的价值目标和制度的人性关照。陈金钊对价值入法的看法是,价值入法强调了包括道德在内的价值,对法治中国建设的重要性而言,其可促成法治与德治间的相互支撑、同向而行。对于社会要素间的关系思索,人们常用对立统一的思维方式。[2] 刘风景

---

[1] 洪汉鼎:《论哲学诠释学的阐释概念》,载《中国社会科学》2021年第7期,第121~122页。

[2] 陈金钊:《价值入法的逻辑前提及方法》,载《扬州大学学报(人文社会科学版)》2021年第3期,第39页。

批评了实证主义法学将价值、情感因素考虑排除在法理学科学研究的范围之外,把法理学的任务限定在分析实在法律制度或社会事实的范围之内的做法。法律体现了人的意志,要建立未然的社会关系。张洪新将法理本身作为一种修辞,即"法理"是从人对自然和自我的深切经验中展现出来的一种真实存在,并且是对"法外意"的追寻。① 王星在分析多玛的《自然秩序中的民法》时说,在多玛的文本当中,罗马法实际上是自然法与人类社会的中介,它"保存"了自然法。法律科学的原理既关乎头脑,又关乎心灵。吴昱萌在论证限制暴力滥用与法律道德品质时说,以伦理的视角审视法律规范性的来源,是基于这样一种观点:法的约束性效力最终都将追溯到一个伦理或道德的命题当中,法律规范的约束力取决于人的道德观念。唐丰鹤提出,"法感情"的作用机制是直觉性的,而司法裁判不仅不可避免地受到法感情的影响,而且,这种影响对于司法裁判来说也是有益的,乃至是必不可少的。② 李安在谈司法决策时说,关于人类意志行为序列结构的一般知识可以特征化为情境图式,这有助于依据法官所知觉的因果与意图关系来组织事件。陶文泰在论证性权问题时说,性信息应为一个广义的概念,除了其主要内容性经验史,还应包括个人的性倾向、性癖好(隐性的)、性教育史、召妓、对不确定对象的偶然性行为以及更为隐蔽的侵犯他人性权利或自身性权利受侵犯的种种与自身的性相关的信息。并且他从夫妻之间的契约层面上提出,在夫妻之间的私约中,对长久性的共同生活的规划以及对共同生活中互相忠诚的期望都是必然被列入婚姻计划中去的,且婚姻计划中的这些内容都是自觉性的存在。纪培福就刑事政策问题提出,对于惩治犯罪的量刑问题,一定要统一定罪量刑标准,防止刑事司法地方化,推行"当宽则宽,当严则严,宽以济严,严以济宽,宽严相济"的刑事政策。李涛就类案检索机制提出,类案检索机制作为推广应用法律大数据和人工智能背景下,用信息化手段控制裁判偏离、统一裁判尺度的改革要求,有必要先从它的价值初衷进行梳理,发掘其所追求的目标。李声高提出,《民法典》倚重人格权,注重对人格利益的实体保

---

① 张洪新:《法律方法的自我探知》,法律出版社2020年版,第122~145页。
② 唐丰鹤:《司法过程中的法感情——基于心理学情绪理论的分析》,载《四川大学学报(哲学社会科学版)》2021年第5期,第188~190页。

护。朱晖认为，"绿色原则"被视为重大立法突破，是现代民法的重要价值发展，其使得民法成为具有更多价值的社会化守则。韩振文在解读疑案的来源时，提出法律是偶联的与合目的性的动态系统，不仅包括行为规范还包括思维规则。它可以随社会结构性变迁，进行持续调试重构，同时识别整合法外因素融入教义化体系，以因应时代的利益冲突与价值之争，进而稳定现代社会人类的规范性预期。有的学者是从制度的语言表达上探究制度修辞的。张恒山在分析权利的结构时提出，权利主体是得到了主权者（或立法者）通过法律表示的"允许""赞同""认可"。胡桥认为从思想渊源来看，法学方法论的确是哲学解释学发展的结果。法学方法相对于民法典而言，就是一种角度，一种立场。有的学者从制度编纂角度探究制度的修辞性。余地在分析我国《民法典》中的习惯规范时，结合第10条的习惯原则和下面具体的习惯规则，从修辞的角度提出适用习惯的规则属于注意规定。徐梦醒从可能发生而非必然发生的情境出发，提出反事实思维在法律论证中的重要性。季金华分析了《长三角区域落实大气污染防治行动计划实施细则》，认为其确立了区域立法协作"协商统筹、责任共担、信息共享、联防联控"的五大原则，并开创性提出了统一制定示范性条款文本＋各地差异化实施的立法协作模式，随后三省一市陆续通过"大气污染防治条例"，作为立法协作的重大成果。这也是长三角第一次进行实质意义上的立法协作，对包括一体化示范区法治融合具有重要的经验启示。陈绍松就法律的隐形冲突提出，在社会生活的客观环境中，由于社会本身的变化，也由于法律本身的改变，一些社会生活事实处于与法律规范不适配的状态，一方面法律规定是一回事，另一方面社会生活以其固有方式自行运转。立法基于不同调整对象，对社会生活以不同的法律规范以规制，因此内在关联的社会生活被法律以不同的规范以涵盖，同一生活事实因而可能同时被多个法律规范规制。这多个规范在静态条件下即使有潜在的冲突，由于生活事实的宽容，并不会现实地表现出来。只在生活事实因参与人发生纠纷，诉求司法解决的时候，才需要对冲突的规范作出选择，体现为规范冲突。有的学者从制度的时空角度探究制度的可变性。徐晓光认为各民族"命价赔偿"制度是一个民族在特殊的时空中传统法文化积淀的产物。武飞从外在表征方面对行政惯例作了界定，认为其是行政机关长期统一一致的行为；行政惯例的内在方面，是行政机关成员的内部认同。康建设列举了几部甘肃省的地方法规，认为这几部法规涉及的领域均属于较细、较具体的领域，地方立法更能够突出地方实际。而且，地方立法所作出的的规定应符合人们对于社会秩序的期望。

无论是从国家法的正是制度来看，还是对习惯这样的非正式制度而言，制度的人性利益都是学者们关注的问题。以上观点表明，学者们通过对制度的修辞性诠释，面向制度适用者和制度受众的心灵世界，通过利益关系的揭示，实现人对制度的接受。但这种"揭示"又不只是一种对事物客观性的揭示，也是通过法律方法释放出诠释者自身的精神意义，实现对诠释主体、诠释对象（制度）和诠释受众之间的进一步融合，而这种融合性诠释，又因联结了制度受众和制度的制定者，强化了制度的契约性意义。这也是本次法律方法论坛的理论推动点。

二、法律方法对制度的应用

（一）法律方法对制度生成的应用

制度的形成需要方法论的指引，因为，就如上文所言，制度在形式上应具有逻辑性，在实质上应关联人的利益，而逻辑形式与利益实质的产生都需要遵循理性的路径。制度的形成需要方法论的指引，因为，就如上文所言，制度本身在形式上应具有逻辑性，在实质上应关联人的利益，而逻辑形式与利益实质的产生都需要遵循理性的路径。有的学者是从规范的言辞表达角度分析的。张恒山提出，为了真正表示对某种利益或某些利益的高度重视、并表示决心以社会和国家力量直接给予这些利益以保护或实现，我们对这些利益可以用另一个词汇加以概括、表达：法益。徐国栋讨论了我国《民法典》第 1133 条第 4 款规定的遗嘱信托的问题。吴昱萌在分析法律对暴力的限制时指出，通过为权力划定界限和确定其义务，法律确定权力能够支配的资源的范围，并借此指明权力施展其能力的方向。当法律试图传达某种价值时，权力也被要求通过权力的实施促进价值的实现。将法律的道德品质确定为限制暴力滥用时，等同于对权力提出了相同的要求。陈金钊主张通过法源思维的介入和体系思维实现价值入法。① 有的学者是从规范体系建构的角度分析的。孙光宁提出"律例合编"的优势所在，提出将指导性案例融入民法典中。王星通过对让·多玛的著作《自然秩序中的民法》的分析，旨在为罗马法走向民法典的道路提供一点注脚。余地通过对我国《民法典》的"习惯"规范的分析，凸显"民间法"围绕习惯的立法实现对法典制定的体系性。谭佐财肯定了民法典中的公法规范，指出在民法典中嵌入大量的公法规范，并借由公法规范对行政主体赋予行政权力和行政义务，这与我国强行政权力的行政法治特点密切相关，这同时形成了我国民事法律体系的特色。翟勇对环境法的立法问题提出了看法，认为法学方法论是环境立法方法论的基础，法学方法论的研究方法影响环境方法论的研究、环境立法方法论的研究基础和目的。张勇认为刑法教义学对刑事立法有促进和推动作用，部分内容甚至可以直接转化为制定法，并且要通过现有规范的批判反思推进立法。② 陈绍松认为我们可以通过立法消除隐性规范的冲突，但也指出立法的举措存在弊端。郭靖祎从内外部义务主体共同配合形成程序启动合力、启动时机判断标准依主体不同而异、启动义务兼具前期准备、后期配合等多项内容入手，提出破产程序启动义务的具体构建方案。环境立法方法论要注重自然逻辑、行为逻辑、法律结构逻辑、法律语言逻辑，包括法律基本概念。范进学对宪法解释的程序机制之构造形成了方案，包含了三个基本要件，其中之一是法律方法对制度运行的应用这种解释案以常委会会议的形式通过了"决定"并予以正式公布。季金华指出长江生态绿色一体化发展示范区当下的法治完善方向在于明确执委会的法律定位和职责，充分运用社会力量共建共治，同时要解决一体化与高质量两个原则的关系，在此基础上，还要拓展功能区间的法治互动机制。有的学者是从人类生存和发展规律的角度探究制度生成方向的。徐晓光研究了"赔命价"问题并指出，"赔命价"能够为废除死刑的国家立法提供启示。刘风景就"规律"对立法的启示指出，法律要受规律的制约，但立法

---

① 陈金钊：《价值入法的逻辑前提及方法》，载《扬州大学学报（人文社会科学版）》2021年第3期，第49~50页。

② 张勇：《刑法教义学的源流、体系与功能》，载《四川大学学报（哲学社会科学版）》2021年第5期，第167~168页。

者在规律所许可的范围内仍有很大的主观能动性。社会规律给立法者所提供的往往是由多种可能性组成的活动空间。在这一范围内，究竟哪一种可能性可得以实现，则取决于立法者的自觉活动和主动选择。立法者可以表现出巨大的主观能动性和创造性，发挥出无穷无尽的创造力和智慧。因而，人们不能只将精密、严谨的条款规定看作良法，而排斥其他的可能形式。李涛对于类案检索提出了改良措施，认为需要对启动、比对、运用 3 个阶段作出具体规定，从而实现司法的便利。康建胜就地方立法问题指出，稳定而权威的地方立法形成新的"规矩"，从而尽量减少行政官员个人意志的随意性，限制其利用权力恣意妄为，这是社会主义法治建设的一个基本趋势。李声高提出对人格权的救济要在执行治理上实现实体人格利益让渡执行威慑程序的规则适用，而前提在于双层救济体系的设置。第一层救济体系是以执行威慑程序的实施标准为主线；第二层救济体系是以被执行人的救济权利体系为主线。

制度的生成既要遵循制度自身的形式逻辑，也要推动制度对人的正当利益的满足。而上述法律方法的运用，也是从这两个维度出发的。从本届法律方法论坛的发言来看，制度的形式逻辑与制度的利益之间的隔阂正逐步走向消除，亦即，专家们的发言在论及形式上的制度生成问题时，也是围绕着制度所结构的利益的，而在论及制度的生成所指向的利益关系时，学者们的观点没有离开制度的生成所需要的架构。制度的形式之维与制度的利益之维相互交织。因而，学者们就制度生成的法律方法问题的看法凸显了法律方法具有的桥梁作用，实现了制度的形式构造与实质利益的联结。

（二）法律方法对制度实践的指引

法律方法对制度的实践确定了路径，这在本次法律方法会议上也充分地体现出来。学者们的观点有很多指向的是制度的具体运作需要遵循的框架。具体而言，有的学者从制度权限范围的角度作出了分析。陈金钊提出有效力的法律意义只能由一个主体做出，这也是独断的意思。并不是说主体不能发挥主体的能动性，但是这种能动性的发挥应当受到抑制。范进学提出了宪法解释的具体实践：全国人大常委会以常委会会议的形式通过有关宪法条款内容解释的"决定"，这种"决定"本身就是全国人大常委会行使"解释宪法"的职权而作出的典型的宪法解释案。

但更多的学者是从规范的适用技术上说的。这其中，有的学者侧重于对制度的解释，如徐国栋对《民法典》第1133条第4款的遗产信托适用问题提出了看法：遗产信托可以是公益性的，也可以是私益性的，也可以是其特定的财产组合。余地就《民法典》的习惯规范适用问题提出了看法，认为适用习惯之前应通过具体的规范阐明其适用习惯的场域，而同时也要援引第十条的规定。强调因为法律原则的作用和法典的体系性，使得即使是未明确说明适用习惯问题的民事行为也存在适用习惯的可能。公序良俗的多元化理解和不同习惯的冲突之化解需要借助程序的作用。武飞就行政惯例的适用提出，对法官来讲，大多数情况下把行政惯例作为一种事实来看待或者是认定事实的依据。另外，从实践来看大多数法官都认可行政惯例对行政行为是有约束力的，可以作为行政行为的依据。当法官判断一个具体行政行为的合法性的时候会把行政惯例作为重要的考量，有点类似其他规范性文件对行政行为的规范性作用。谭佐财提出要使《民法典》发挥公法功能的解释论，要规范行政主体的职权、强化行政主体的义务、建构公法规范的教义。李安认为裁判过程的许多方面影响着法官对判决结果的确信程度：已经证实的案件叙事被判断为是最具有完整性与一致性的，但是完整性与一致性的程度会影响法官的确信程度；依据解释内容人们对证据的覆盖范围或保险程度还是比较敏感的；如果案件的叙事缺乏唯一性，也就是说，还存在其他完整的叙事可能，那么关于任何一种解释的确定性都会下降；最后，已接受的案件叙事与最合适的裁判类别是否具有良好的吻合也会影响裁判结论的信心。朱晖论述了"绿色原则"的司法实践，表现在：要准确理解"绿色原则"的内涵、明确"绿色原则"的应用方向、平衡法律原则和法律规则的关系、法官把握行使自由裁量权。陈绍松建议通过体系与个案式（类型化）的模式解决隐性规范冲突的问题。基于既有司法实践的探寻，距离+分离的裁判规则是隐性法律规范冲突解决的论证模式。王文军就电力直接交易背景下《民法典》中的供用电合同认为，供电人有强制缔约义务，在供电人无正当理由拒绝订约时，用电人有权要求供电人作出订约的意思表示并要求给付本身。当用电人逾期支付电费和违约金且经催告在合理期限内仍不支付时，供电人在履行通知义务后可中止供电,中止供电并非解除合同,而是同时履行抗辩权的行使。郭靖祎从义务主体、适用时机和具体内容三部分展开对破产程序启动义务的具体构建。康建胜通过对甘肃省地方立法的考察,区分了适用地方立法时的"依据"和"参照"适用,明确了地方立法的司法适用范围,指出了地方立法适用的方法和存在的风险。

有学者对法律的续造提出了看法,孙光宁认为民法典条文之后可以链接相关的多个指导性案例及其裁判要点,从而全面地反映特定条文在司法实践中的使用情况。陶文泰就夫妻忠诚协议和性权的可诉性问题提出,在夫妻忠诚协议中虽然关于人身法律关系的约定无法被执行,但财产法律关系的给付是可以被执行的。性权在最低限度内精确地、直接地、即刻地可诉,但如果将性权的概念缩小至性私权,则它的可诉性就变得复杂起来。有的学者从制度的社会效应角度考察制度的适用,徐晓光认为赔命价能够在充分考虑被害人家属的经济状况并能得到其谅解,同时加害人确有从轻或减轻情节,并决心悔过自新的前提下,在司法上是可以限制使用的,且实际上,在我国的司法实践中已经这样做了。刘风景提出法律的影响在法律的运作方面体现在执法的因应、司法的调适和守法的变化方面。唐丰鹤认为,司法要回应正确的法感情,同样对于大众的正确情绪也应作出回应。[1] 徐梦醒认为反事实推论会影响我们对因果关系的判断,在司法场域下关于反事实的规范考量要注意,确保反事实推论是更加容易想象,更贴近于理想结果的想象;使听众相信这种替代性的假设方案或者假想是能改变整个事件走向的;论者要确保这种反事实假设导向的结果跟听者预期的论辩意图是一致的;情绪反馈的边界应受到规制。吕曰东提出,判决书要回应当事人的诉求、回应当事人的主张,包括事实主张和法律主张,判决书的说理模式是正确的采信、事实认定和裁判结论的得出。纪培福就社会风险的应对问题指出,司法调控体系集成能切实挑担起社会风险安全阀、过滤器的作用,重大社会风险进入司法领域以后应以案件类型为基础,应以案件事由、风险度为抓手,集成决策、履职、应付

---

[1] 唐丰鹤:《司法过程中的法感情——基于心理学情绪理论的分析》,载《四川大学学报(哲学社会科学版)》2021年第5期,第188页。

的风险管控体系，应以风险案源主体为主角，集成主体利益、秩序的风险多元化解体系，应以案件承办法官为重点集成分案、确权、共担、追责的动态监督防御体系，切断法院成为危险源的素路径。应以案件风险发生环境为平台，集成类型化、深层次、多视角的风险防控整改和救济体系。季金华就一体化示范区法制协调的完善方向提出的方案是，明确示范区执委会地位，厘清与政府权责分工、把握一体化和高质量的关系，明晰法规审查原则、实现社会力量的有序参与，确保政社良性互动、拓宽功能区间互动渠道，预留经验推广空间。李瑜青对"马锡五审判方式"进行研究得出的结论是，要把法律变成我们的生活信条，从纸面上的法落实为生活实践的法，法律不再是少数精英的专利，而是真正实现法治的人民的事业。李声高分析了实体人格利益让渡执行威慑程序的适用规则，确立尊严型人格权让渡失信名单的前置主体条件和双向法律责任，并确立自由型人格权限制的严重失信标准和由民到刑的过渡条件。分析了分级制威慑下的人格权修复规则的适用，指出了民法和民诉法的落脚点在于重述让渡规则的正当程序。

有的学者侧重于对司法便捷价值的强调，如李涛针对类案检索制度指出，要建立统一的类案检索典型案例库，筛选出思路更加清晰、说理更加有说服力、价值更加实用的典型案例进行智能分析、归类、识别等精加工，归纳关键事实、争议点、法律关系、争议法律问题等特征点，注重对裁判规则的提炼与观点归纳，构建完善的法律知识图谱，加强对典型案例的来源、级别、效力的管理，对典型案例的审判流程、效力状态、关联程序等标注明晰。张勇提出了刑法教义学的司法适用功能：个案适用功能和类案协调功能。[①] 熊明辉则区分了法律人工智能和人工智能法律，他强调他研究的是前者，是人工智能技术在法律中的应用。赵玉增针对人工智能与法律发现发表了观点，认为需要法律渊源的数据库建构，并需要案件事实的计算机语言建构，也需要法律规范变成计算机语言提出智慧法院是对人工智能新技术在司法裁判领域的深度融合应用，更好地赋能司法实践。

---

① 张勇：《刑法教义学的源流、体系与功能》，载《四川大学学报（哲学社会科学版）》2021年第5期，第167~168页。

有的学者综合运用各种法律方法以推动制度的运行。尚海涛从法律解释、漏洞补充、利益衡量和将平台规则还作为事实认定的方法以实现平台规则的适用。韩振文针对疑难案件的适用问题指出，要站在依法裁判的立场上，坚定捍卫法律教义性规则在疑难案件中起的决定作用，要尽可能整合既有法律的效果，解决体系内的裁判疑难案件。也要看到中国的司法改革面对疑难案件的解决可能会出现背离法律规定、法官造法的情况，这主要是为了填补法律漏洞，更好地回归到既有法律体系中。法律论证中回应性论证的一个论据是司法系统也保持着对外部环境、法律之外因素的认识性的开放，会把道德、政治等法律之外的因素转化为后果考量、价值判断等要素纳入法内评审体系中来。

综上所述，学者们站在各自的视野上，从中央立法、地方立法和其他社会制度的层面入手，通过法律方法的运用推动了制度的适用。这些适用问题落足于现实中出现的适用难题，在制度运用的法理框架内，为制度运行的实践提供了合理的方案。

三、法律方法诠释与应用制度的未来走向

对法律方法的诠释与应用，学者们形成了制度生成与运作的方案。而透过这些方案，我们能够洞察法律方法运用于具体制度的未来走向。通过本次会议的发言，可以看出诠释与应用的未来走向可从规则传统和新兴科技两个维度着眼。

（一）法律方法应坚守的规则传统

法律方法的应用不能离开文字的表达。洪汉鼎的阐释理论就强调了这点，他提出，文字的现实化总是要求一种在阐释着的理解意义上的解释。一个法律条文要现实化，一定要在阐释的意义上进行解释。[1] 张恒山对权利的载体——语词"可以"也作了细致的分析。孙光宁从《民法典》的律文、条例阐释了《民法典》的结构。余地针对《民法典》第10条的法律虚词"可以"的表达探求对习惯规范的定位。谭佐财对《民法典》公法功能的提炼是通过

---

[1] 洪汉鼎：《论哲学诠释学的阐释概念》，载《中国社会科学》2021年第7期，第130页。

对《民法典》相应条文的解读得出的。刘风景研究法律影响也是通过相应法律语词的语义着手的。张洪新通过对"法""理"的语义分析了"法理学"的所指。① 张勇对法教义学的解读回溯到对"教义"的语义分析上。② 法律方法指向的法律哲学问题离不开人类社会的文化意蕴，严存生思考了和《民法典》的制定相关的若干问题，认为其应当以中国话语为依托，追溯到中国法治建设和君治的联系上。范进学对宪法解释程序的研究落足于中国现有的宪法解释模式上。武飞对行政惯例的适用问题的研究也立足于现有的行政惯例的适用情况。徐晓光研究的"赔命价"问题始终围绕着相应族群的文化。唐丰鹤对法感情的研究也考量了中国当下的民意。③ 吴昱萌对规范的分析回归到限制暴力的自然法传统上。陶文泰对夫妻忠诚协议的解读落足到情感和道德方面。法律方法也离不开法律本身的结构，张恒山就权利的结构问题提出对权利的理解。传统的法律方法也要围绕法律的价值取向，陈金钊就指出法律的阐释需要阐释者对法治信仰的融入。胡桥认为法学方法和《民法典》的结合将建立新的价值判别标准。翟勇通过对法学方法和环境立法的结合，探究了环境立法方法论为立法教学服务，指导立法实务工作，建立立法的规则秩序，保障科学立法的目的。季金华对长三角的法治协调理论的分析指向了共建共享共管共赢的理念。李瑜青对"马锡五审判"的研究着眼于司法审判与民意的联系。法律方法与逻辑的紧密联系也一直被强调，陈金钊也指出了体系逻辑对法律解释的重要意义。④ 王星对让·多玛的自然秩序的分析旨在推动《民法典》的体系性。余地也强调了《民法典》的习惯原则和习惯规则之间的体系圆融。翟勇认为环境立法方法论要遵循自然、行为、法律结构和法律语言逻辑。徐梦醒对反事实论证的探究是从充分条件假言命题逻辑的角度考量事实的假定发生所产生的后果的。李安对法律方法的分析也

---

① 张洪新：《法律方法的自我探知》，法律出版社2020年版，第127~145页。
② 张勇：《刑法教义学的源流、体系与功能》，载《四川大学学报（哲学社会科学版）》2021年第5期，第158~159页。
③ 唐丰鹤：《司法过程中的法感情——基于心理学情绪理论的分析》，载《四川大学学报（哲学社会科学版）》2021年第5期，第189页。
④ 陈金钊：《价值入法的逻辑前提及方法》，载《扬州大学学报（人文社会科学版）》2021年第3期，第51~52页。

是充分考量了规范和事实之间对接的逻辑。吕曰东考察了判决书应有的逻辑结构。朱晖研究的《民法典》中的"绿色原则"问题是从《民法典》的逻辑体系入手的。陈绍松对隐性规范冲突的解决方案是通过规范体系逻辑展开的。王文军对供用电合同性质的分析是通过与其他合同制度的逻辑关系展开的。郭靖祎对债权人公司破产程序启动义务的分析考量了法律的体系化和融贯性。传统的法律方法也强调结合典型案例的分析,徐国栋通过分析遗产信托第一案,解释了《民法典》关于遗产信托的规定。孙光宁提出要将案例指导制度引入《民法典》。尚海涛对电商平台规则与法律之间的关系的研究是通过考察以往关于电商平台的案例展开的。纪培福分析司法对社会风险的防范、李涛对类案检索机制的思考都是基于对已有案例的思考进行的。康建胜通过分析以往的甘肃省地方立法在司法中的援引情况探究地方立法的司法适用问题。李声高通过对过去执行难问题的研究切入执行治理路径的研究上。

传统法律方法的运用在本次会议上再度被强调,这是法律方法的研究基础所在,上述学者通过对法律方法的基本原理的探究,实现了法律方法原理的重申和法律方法的理性运用。

(二)科技发展下法律方法的革新

在人工智能和大数据时代,科技的迅猛发展对法律方法的应用提出了新的要求。本次会议也有很多学者针对法律方法与科技发展的关系问题作了发言。在法律方法的"科技革新"原理上,洪汉鼎指出了"阐释"概念的重新启用问题,使解释概念发生创造性的革命,旧的事物可以释放新的意义。陈金钊在论证价值入法的意义时,强调了社科法学和法教义学的融合。孙光宁指出要将指导性案例(主要是其裁判要点)与民法典相应条文进行合编处理,并通过动态调整指导性案例数据库形成数字化、智能化的民法典版本。针对司法方法上的科技革新,尚海涛针对电商的特点,提出国家司法对于平台规则的认可和补充、国家司法对于平台规则的修正和反对,并提出具体的针对电商平台的平台规则解释方法、平台规则对规范漏洞的填补、平台规则作为利益衡量基础、平台规则对案件事实认定的助力。熊明辉通过追溯法律人工智能的发展,提出在20世纪八九十年代,该领域关涉的问题是怎么样利用人工智能技术提升法治效能。李涛通过对网络借贷平台案例的分析，提出类案检索制度的科学性。赵玉增指出了法律发现和人工智能的关系，通过探究数据库的建构实现人工智能对法律发现的应有作用。韩振文指出，在智慧法院建设方面未来社会，如果达到强人工智能阶段，在网络技术驱动下，算法代码或会成为新的法律渊源的表现形式，会丰富法律渊源，使人工智能新技术在司法裁判领域深度融合应用，更好地赋能司法实践。但也指出正在进行的数字治理时代从宏观上来看肯定会深刻地塑造司法权运行机制，尽管其不会改变我国目前的司法权结构。

本次会议就科技发展对法律方法的影响方面讨论数量不多，但都很有见地。这些探讨结合科技发展与司法实践的实际情况，目的在于推动制度对科技运转的理性调控，以及科技语境下制度的理性重构。

法律方法的研究核心在于法律技术的运用，但法律技术的理性也不能离开观念的理性和社会需求的理性。纵观本次会议的发言情况，法律方法背后的修辞性和逻辑性得以进一步挖掘，法律技术运用的正当性路径也因而显现出来。在法律方法的理念上，本次会议更多地从人类整体的利益上寻求法律方法的理想，所以法律方法的应用更多的是在社会整体语境下展开的。在法律方法与社会需求的关联上，学者们的探究也更加立足于对社会本身的全面认知，对利益问题的把握与现实情况高度契合。谢晖认为"如何通过更加符合技巧或者符合社会艺术的方式，把法律代入公共生活中？如何让法官在处理社会纠纷时更加充分理性地说理？如何让法官的说理获得两造和其他社会主体的广泛接受？如何通过法律方法的运用和有效裁判的功能，使人们的交往和生活越来越倚赖于法律的规制？这种种问题，都让法律方法研究获得了非常大的学术空间。"[①] 本次法律方法会议的讨论全面深入地回应了上述问题，因而在思想深度和实践指引方面都充分体现了法律方法研究的使命，从而为今后的法律方法研究奠定了更深厚的基础，也实现了法律方法对当今制度完善的推动作用。

---

① 谢晖：《法律方法论：文化、社会、规范》，法律出版社2020年版，第391页。

第二节　社会科学方法体系及其法学意义

社会科学的众多研究方法在法学研究的视域中显现出两种不同的方法走向。一是主张法教义学的法学流派主张法学应努力保持自身的自洽性，即应当坚守纯粹的法学研究方法以实现法学研究的独立。一是主张社科法学的法学流派主张法学研究应包容、采纳、融合其他社会科学的研究方法，实现法学方法的多元化与对之的多元评价标准，从而实现法学研究的社会效果的推进。前者在德国形成，在19世纪逐渐成为法学主流，潘德克顿体系的严密、普赫塔和萨维尼等法学家对法学概念的逻辑建构使得法教义学在德国法学界兴起，并迅速成为法学主流，在美国，以兰德尔为代表的法学家也奉行法律的自足体系结构。但到了20世纪，美国经济曾出现动荡，社会运动不断兴起，反越战游行和女权主义运动的风起云涌，大规模的社会改革需要回应整个美国社会的现实，因此，当时在美国实用主义、功能主义、行为主义、现实主义等社会学流派的影响下，法学与其他社会科学之间的交叉成为法学界推崇的研究方式，而之前的法教义学则因过于僵化于变动不居的现实则不再像19世纪那样被重视。具体说来，20世纪的美国法学界对19世纪兰德尔的案例教学法强调的法学科学化的模式提出了质疑，认为法律的不确定性是无法克服的。这在20世纪30年代，Clark任校长的耶鲁大学盛行的现实主义法学派看来尤为如此，现实主义法学中的统计分析方法和批判法学都是法学研究的方法论维度上的。20世纪20~30年代，美国出现经济大萧条，芝加哥大学则在这样的背景下将法律与经济结合起来研究，即用经济分析方法看待法学问题。从而形成了法学界的跨学科派别——法经济学，在20世纪60年代，美国伯克利法与社会中心成立，法与社会学期刊《法与社会评论》(*Law Society Review*) 也开始发行。在法学研究学派上，法经济学也在这一时期滥觞于美国。而在20世纪70年代与80年代，法批判学也在美国兴起。纵观这些法学流派，其共同之处就在于在研究方法上都遵循法学借鉴其他社会科学的研究模式，而这种借鉴，也为当下法学研究方法提供了借鉴与启示，同时，结合法教义学和社科法学之间的学派辩论，这种方法也值得法学研究者加以反思。

一、方法描述：社会科学研究大致的方法体系

社会科学，顾名思义是以研究社会现象从而得出社会结论并以此促进社会的完善的学科群，它包含社会学、政治学、经济学、伦理学、人类学、犯罪学等诸多学科。而任何学科的研究，必定要遵循一整套方法体系，因为只有将学科的研究定位在一定的方法层面，研究才能沿着理性的轨道前进，并形成独特的研究范式，这种独特也往往意味着独立。体系则表明在严密逻辑的整合之下事物之间形成了理性的联结，针对方法也是如此，即体系化理论也可以（甚至说也需要）整合研究方法从而形成一套逻辑严密的方法论体系。当然，基于个人视角的不同，逻辑的划分角度也可能会有所区别。笔者则以社会科学方法的运用出发点不同，结合实证、分析的视角，并将其置于伦理的框架下，将社会科学的研究方法加以归类并体系化，以实现社会科学方法的全面涵摄，从而形成本课题的研究基点。而笔者通过对众多社会科学方法的整理，以方法的路径为标准，将社会科学方法划分为实证型方法和分析型方法。

（一）实证型方法

实证型方法源自孔德的实证主义哲学，是一种经验分析方法。其强调对现实世界的全面深入的考察，即只有在观察、参与、访问、实验的基础上加工形成的知识才具有说服力。实证型方法的重心在于使研究主体置身于具体的情境当中并以客观的姿态描绘情境本身的叙事，从而为这之后的逻辑分析方法提供素材。笔者在这里将实证型方法分为纯粹的事实收集方法和实验法，前者在纯粹的现象世界中发现问题，后者则借助人为的比较方式得出社会科学结论，但这种比较的场景，又是基于实验者根据研究需要的变量设计的实验环境。

1. 事实收集方法

事实收集方法的目的在于对现实已发生的或正在发生的社会事实加以真实客观的揭示，这种方法要求研究者或以旁观者的身份观察某一社会现象，

或亲身参与到某项社会活动中去,或直接"明示"自己的调查者身份做访问或是问卷调查,从而在社会发展的现实面向中寻求某一社会现象的发展规律并从中得出某一结论。正如笔者之前所言,针对现实的调研可分为三类,一是观察,二是参与,三是调查访问。这三种不同的实证型方法,对于研究主体的要求也有所不同。

就观察法而言,其指的是研究者把研究对象作为纯粹的观察或考察的客体,观察变量的变化及相互关系。[1] 这种方法要求研究者必须以中立的立场看待并描述观察到的社会现象,是一种成本较低的研究方法。在具体操作上,研究者首先要明确观察的理论目标。其次,为了使观察资料具有更高的准确性和可信度,观察者在观察过程中,需要在控制观察环境和变量的同时,尽量避免影响被观察者的常规反应。否则,观察的结果即有可能出现偏差。[2]

参与法则需要研究主体参与到研究对象的生活和工作中,在参与的同时研究该对象的行为及变化。就如艾尔·巴比在《社会研究方法》中提到的那样:"在任何事件中,如果你们完全扮演参与者的角色,就要让人们视你们为参与者,而非研究者。"[3] 的确,参与法要求研究者的言谈必须完全与研究对象相融,只有这样,才能被研究对象接纳,也才能相对客观地观察到希望记录下的社会事实。

调查访问方法要求研究主体通过制作调查问卷请调查对象填写或是以口头方式向调查对象发问以获得调查对象对相关问题的看法。这就要求研究主体必须选择合适的问题形式,并预测调查问卷被及时回收的可能性。而在当面提问时要注意言谈和穿着。最重要的是,要客观真实地记录下受访者的回答。另外,相关的数据库整理出来后要查错。有学者总结出了调查访问法的一般步骤:确定调查总体—选择抽样方案—设计调查问卷—实施调查—汇总和录入数据—分析数据。[4]

---

[1] 朱景文:《法社会学》,中国人民大学出版社2013年5月第3版,第60页。
[2] 朱景文:《法社会学》,中国人民大学出版社2013年5月第3版,第60~61页。
[3] [美] 艾尔·巴比:《社会研究方法》,邱泽奇译,华夏出版社,2005年6月版,第279页。
[4] 朱景文:《法社会学》,中国人民大学出版社2013年5月第3版,第58页。

2. 实验法

作为社会科学研究方法的实验法主要在研究自变量和因变量之间的因果关系时采用。研究主体需要结合研究的目的设置实验组和对照组，在其他条件等同的情况下，为实验组施加一定的"刺激要素"，并观察实验组在"刺激要素"的作用下表现出与对照组的差异点，而对"刺激要素"和差异点之间的因果关系的探寻，就是实验的最终研究目的，这个"刺激要素"和实验结果的关系也就是自变量和因变量的关系。其中，实验组和控制组的划分和建立通常有两种方法：一是随机分组法，即将实验对象随机地分配到实验组和控制组之中；二是配对法，即根据变量相对应的原则，分别将实验对象一一分配在实验组和控制组。① 具体说来，就是在实验中，考察这些初选受试者的一个或多个特征，将一对相似的受试者，随机地分别分配到实验组和对照组。② 实验法也需要研究者以客观的姿态观察实验中发生的现象，并真实地将其记录下来。

（二）分析型方法

社会科学的研究方法需要借助思辨式的逻辑对收集到的事实加以整合，从而得出相对可靠的结论。分析型方法的核心就在于思辨逻辑的应用，即只有理性的思维加工收集到的社会事实后得出的结论才是可被接受的结论。

1. 测量法

对于已收集到的事实数据，我们应当以合理的方式予以测量，从而寻找出变量的特性、规律，从而为接下来结论的推导奠定数学基础。在测量之前需要对相关数据加以编码，这可能需要相关的电脑软件。艾尔·巴比的《社会研究方法》中结合变量的不同属性，分析了测量的不同层次：定性、定序、定距、定比。③ 测量的直接目标在于获得具有一定信度和效度的测量结果。当然这种研究方法的难度在于有时想要测量的变量没有单一的测量指标。许多概念有不同的解释方式，每一种解释都有多种可用指标。在这种情况下，

---

① 朱景文：《法社会学》，中国人民大学出版社2013年5月第3版，第59页。
② ［美］艾尔·巴比：《社会研究方法》，邱泽奇译，华夏出版社，2005年6月版，第220页。
③ ［美］艾尔·巴比：《社会研究方法》，邱泽奇译，华夏出版社，2005年6月版，第131页。

就要对变量做多重观察。① 这种观察即回归到事实收集的方法。测量统计的关键在于测量方法的正确运用,而这种运用又是建立在对已收集的事实的理性认知的基础上的。而同样的,对于结果的记录要忠实于测量的实际结果。

2. 计算方法

计算的本质是一种分析,即通过一定的数理逻辑加工已收集的数据,得出科学的结论。计算之前首先应当分析已收集的数据的特征,观察其在各项目中的分布规律,并结合不同的社会研究目的,计算其平均数、众数或者中位数。计算和测量一样,都需要借助精确的数理逻辑,并要求研究者如实记录下计算结果。并且在计算时,研究者所使用的公式也应当与研究所要达到的目的相匹配。必要时,要通过反复的验算以推进研究的信度和效度。

3. 推理方法

在社会科学方法中,推理也是必不可少的。从一般性的命题推出个别性的结论是演绎推理。在社会科学领域,演绎推理的大前提的确立是一个较为复杂的过程。艾尔·巴比对于演绎推理的步骤做过介绍,其认为第一步是详细说明主题,第二步是详细说明理论关注的现象范围,第三步详细说明主要概念和变量,第四步找出变量关系的既存知识,第五步从这些命题逻辑地推论至正在考察的特定主题上。② 这其中,前四步都是对演绎推理的大前提的确立,但这种确立本身又是一种推理而非借助绝对的真理的寻找。并且,这种方式确立的大前提是一种仅表明"可能存在"的大前提,而非绝对正确的客观真实。我们甚至可以认为,这种大前提的确立并非一种逻辑,而是一种修辞,正如谢晖教授所说:"对事实本身而言,一切判断不过是对它的修辞。这种修辞,以判断者认知的限度为界。"③ 而认知的限度,就在于人们如何利用社会科学方法得出结论性意见。小前提的确立也存在这样的问题,因为小前提也是一种事实,也需要基建于认知方法和路径,并且,大前提和小前提的关联性确立,就如艾尔·巴比上述的第五步一样,需要命题之间的推论。

---

① [美]艾尔·巴比:《社会研究方法》,邱泽奇译,华夏出版社,2005年6月版,第135页。
② [美]艾尔·巴比:《社会研究方法》,邱泽奇译,华夏出版社,2005年6月版,第52页。
③ 谢晖:《论法律制度的修辞之维》,载《政法论坛》2012年第5期。

归纳推理则是从特殊的情境中推导出一般理论的推理，又要建立在社会科学方法的研究基础上，需要研究者通过对一系列相同或客观事实的细致观察。结合研究的目的，研究者需准确把握相关事实，从中总结出共性，当然这要排除干扰性因素。我们不难发现的是，研究者在确立演绎推理的大前提的时候，采用的是归纳逻辑的方法，即通过对相关事实的共性的研究，形成某种结论性的意见，从而将其作为演绎推理的前提，然后再以此检验其要研究的问题的真实性。如，涂尔干在《自杀论》中就通过对欧洲国家无数自杀者的自杀原因的统计，归纳出四种自杀类型：利己主义自杀，利他主义自杀，失范型自杀，宿命型自杀。

（三）社会科学研究方法遵循的伦理

社会科学的研究不可避免地需要人与人之间的互动，在上述研究方法的介绍中，实证型方法都是需要研究主体和研究对象沟通的。而这种互动交往的过程则牵涉研究者的行为限度的遵循。而在分析型方法中，研究主体必须以严谨求实的姿态忠实于收集到的数据和事实。

1. 人性尊严的尊重

研究者在面对研究对象的时候，无疑要尊重研究对象的人格。即实验研究绝对不能伤害实验对象，不论他们是不是自愿参与。[1] 在研究之前，研究者就必须预判研究可能造成的对研究对象的不利后果并预防这些后果的发生。首先我们应当尊重研究对象的主观意愿，保证研究对象自愿参与到研究活动中来，除非某些特殊的研究需要研究主体隐瞒自己的身份参与到研究对象的活动中，这时候不存在研究者的"自愿参与"问题，除此之外的任何胁迫参与都是不被允许的。其次，研究者应履行承诺，在事先允诺的报酬方面，实验者必须在事后及时支付。再次，研究者应考量到研究对象的隐私、文化习俗等方面的精神利益，在调查、实验中尊重其尊严，在研究工作结束之后也要履行相关的保密义务。

2. 客观严谨的态度

研究者在对相关数据分析计算的时候，必须以严谨的姿态全面翔实地操

---

[1] ［美］艾尔·巴比：《社会研究方法》，邱泽奇译，华夏出版社，2005年6月版，第63页。

作。一方面，这是一种责任心的体现，计算的误差是不可避免的，但研究者应当严谨对待相关数据，要考虑到自己所做的研究事关整个社会的发展，粗枝大叶的计算可能会导致社会的失序。另一方面，这是研究者的科学立场问题。也就是说，研究者必须以中立之心和冷静客观的态度分析数据，而不得掺杂任何其他因素。反之，站到了名利的立场上，研究结论必将背离客观真实。当然，也并不是说研究者不应当以名利的目的从事研究，但名利只能作为最终研究成果的回报，而不能用名利遮蔽社会科学研究本身应遵循的步骤方法。

二、方法评价：社会科学方法的优与劣

在诸多社会科学的研究方法中，任何一种方法都能对某些社会现象的揭示提供严密的说服力，但任何一种方法也都存在自身的瑕疵，在应对社会事实的复杂性的时候，这些研究方法的弊端会在不经意间暴露出来，这就给研究结论的真实性平添了几分疑惑。

（一）实证型方法的优与劣

在事实收集法当中，观察法和参与法体现的是研究者的现场感。置身于现实生活的语境中，避免了闭门造车的自说自话。这种现场感，给研究的结论证成提供了现实性资源，也就为之后的决策提供了具有更强针对性的现实基础。观察法本身在成本上也并没有太多消耗。参与法虽不完全如此，但也许研究者的身份本就是该参与活动中的一员。

对于观察法而言，其可能的弊端首先在于对观察对象的选取，即观察对象与研究的课题之间的关联度问题值得商榷。其次，在于观察场域的确立，即观察的时间地点是否排除了其他环境的干扰？因为观察法的应用毕竟不同于理想的实验室环境。再次，被观察者的行为不一定按照研究的预设方向进行，当被观察者的某项行为发生中断或改变，而被中断或改变的行为又恰巧是研究的社会现象，那么，之前观察到的行为的意义还有多大？参与法同样如此，关联度的瑕疵、场域的干扰以及被研究者的行为"轨道"的偏离都会为研究带来影响。并且，在有的参与法的应用中，研究者隐瞒了自己的身份，那么，研究对象一旦识破了研究者的真实目的而其又不愿意接受研究的时候，

其有可能驱赶研究者或是刻意地改变原有的固化行为导致研究无法继续。

作为社会研究的调查访问法的优势在于成本较低，且调查产生的结果是直观的，也便于之后的统计。而它的缺陷也非常突出，首先在于对受访者的选择需要以抽样的方式确定，而抽样方法的确立并不那么科学，抽样的对象能否代表全体也是一个值得深思的问题。如概率抽样，要素都是用一个已知非零的概率从总体中随机抽取的。① 显然，这会产生误差，误差就在于这不一定能代表某一群体的全貌。其次在于问题的选择上，其是否使用了模糊性的提问方式导致问题的歧义？或者受访者是否能够胜任回答？倾向性的问题则有可能导致受访者的回答被研究者的观点干扰。再次，发放的调查表被回收的可能性有多少？若不能完全回收，则意味着有的数据没有被收集到。最后，访谈式调查面临的问题在于被访谈者对调查的配合率。

实验法作为实证型方法的重要方法，其优缺点也非常显著。正如艾尔·巴比所言，受控实验的主要优点在于把实验变量与它带来的实验影响分离开来。实验有一定的范围性质，省时、省钱，只需很少的受试者。② 而实验法的缺点在于，能在实验室内发生的社会过程，未必能在不那么理想的社会环境里发生。③

（二）分析型方法的优与劣

在分析型方法中，测量和计算法的优势在于其对数学方法的应用。数学方法的科学严谨能带来相对精确的结果，而数字本身又是一种量化而直观的表达。然而，定序或者定量的测量方式的选择是否得体，面对没有单一测量指标时有没有可能出现不同的测量结果都是测量方法可能产生的弊端。计算也同样如此，在对数据的分布描述的过程中，我们能否准确地挖掘其规律并找到合适的计算方法？

社会科学研究的逻辑推理方式采用的演绎推理的形式化结构亦能形成具有说服力的观点，但正如上文所言，在社会科学方法中，演绎推理的大前提

---

① ［美］艾尔·巴比：《社会研究方法》，邱泽奇译，华夏出版社，2005年6月版，第208页。
② ［美］艾尔·巴比：《社会研究方法》，邱泽奇译，华夏出版社，2005年6月版，第231页。
③ ［美］艾尔·巴比：《社会研究方法》，邱泽奇译，华夏出版社，2005年6月版，第231页。

是一种修辞,由于社会科学研究方法本身的局限性,加之个体在研究过程中的"前见"的代入,可能形成的前提仅仅是哈贝马斯的"同情理解"或是罗尔斯的"重叠共识",而非绝对逻辑上的真实。小前提作为事实的确立则会由于社会科学研究方法本身的弊端而导致确立的事实与客观真实之间存在差异,而它与大前提之间的关联性的确立也会由于社会科学方法本身的缺陷而无法无缝对接。倘若大小前提真实性存在可质疑的地方,那即使演绎推理的过程符合规则,结论亦是无效的。至于归纳推理形成的结论更是如此,归纳推理的问题显然在于研究者是否能够考察到相关社会现象的全部情形?是否存在有悖于整体情况的个例?事实上,研究者是无法保障不存在特殊情形的,而一例特殊情形,就会推翻整个结论。

三、学科结合:社会科学方法对法学的促进作用

法学研究也必须面向社会现实本身,这是法律对人类行为调整的特性决定的法学研究特质。而社会科学方法的庞杂体系也着眼于对社会现象的描述和分析,这就使得社会科学研究方法与法学研究之间产生了不可避免的勾连。

(一)对法律制定的理性化的促进

立法在某种程度上并非是一种创制,而是对现有社会规则的表达。英国经济学家、法学家哈耶克就曾说:"正当行为规则无须是刻意制定的,尽管人们渐渐学会了以刻意的方式改进或改变它们。"[1] 其观点就在于强调自生自发秩序是立法的重要渊源,而这种社会自生性秩序显然就在于用社会科学的方法获取经验事实后产生的某种立法的"灵感"。苏力先生指出:"在立法上,由于近代以来的西方中心主义,以西方的法律形式、分类和模式为标准进行立法,对我国的传统的商业习惯、民间习惯研究重视非常不够。"[2] 在他看来,立法应当有效地立足于社会现实本身。而对社会现实本身的理性认知,又必须借助科学理性的社会学研究方法。

---

[1] [英]弗里德里希·冯·哈耶克:《法律、立法与自由》(第一卷),邓正来译,中国大百科全书出版社2000年版,第198页。

[2] 苏力:《法治及其本土资源》,北京大学出版社1996年版,第12~13页。

从经验事实进入立法，存在民间叙事与官方叙事的二元结构的承接与错位，承接不消多说，其主要强调的就是社会实证语境下的经验事实进入法律制定的场域。而对错位的弥合关键在于对现象世界的理性认知。这种认知无疑也要借助实证的研究方法，因为实证的方法接近于社会运行最真实的一面，立法对社会真实的剪裁既回应了现实世界的需求，也促进了社会对于立法的信仰。事实的收集方法会在立法中被立法语言类型化处理，借助道义助词的联结，实现经验事实对于立法的进入。而实验法的结论指向的是某一社会事实在特定情形下的运作效果。因此，立法为了实现实体上的良善，也必须努力营造社会事实运行的文明环境。交通法律法规对于超速与否的规定、对于何种情况下系安全带的规定都是基于一系列安全实验的评估后得出的结论。

在分析型方法中，对相关数据的测量与计算得出的结论将被立法者视为某些社会事实良性运作的"规格"，从而将其作为相关行为的标准，如对于个人所得税的起征点的规定。逻辑分析方法则通过逻辑分析规则分析出某些社会事实的运作规律，法律当然也会认可这些规律，并将其作为自身的规则。《民法典》对于民事行为能力的年龄规定就是对诸多个例中人的成熟度的总结。

（二）对确证法律事实的客观性的促进

法律的适用过程是规则与事实相互对接的过程，因此，如何确立相关的法律事实是法律工作必不可少的环节。英国警察用 Google 软件绘制犯罪地图以表明某些时段的案发情况，为预防犯罪工作提供便利，而这种地图的绘制运用的就是观察法和测量法。测谎仪的发明目的就在于通过对犯罪嫌疑人说话的血压、心跳等影响确认其在某一事实上是否说谎。而其社会科学方法的机理就在于对人类说谎的生理特征的总结，是实验法的结论所在。西周时期的五听制度也是基于对人类言辞特征的总结，反映的是社会科学方法中的归纳推理法。而《刑事诉讼法》（2018 修正）第 135 条第 1 款规定："为了查明案情，在必要的时候，经公安机关负责人批准，可以进行侦查实验。"该条款表明，侦查实验的运作机理就在于通过对相应案件事实的条件模拟，检测出案件事实是否会发生。这则是一种社会科学方法的实验法原理。在美国发生的"芝宝制造公司诉罗杰斯进口有限公司"（Zippo Manufacturing Co. v. Rogers

Imports，Inc.）商标侵权纠纷案中，为了判断 Zippo 与 Rogers 打火机在外观上是否会造成消费者混淆，原告基于全国烟民的概率样本进行了三个独立调查，每个样本规模为 500 人。在第三项调查中，被访者被递给一个带有其全部标识的 Rogers 打火机，然后被要求回答其品牌。34.7% 被访者认为它是 Zippo 牌，只有 14.3% 的被访者认为是 Rogers 牌。不需要超过 50%，就可以认为原告已经证明 Zippo 和 Rogers 打火机会被混淆，而且已经实际发生。[①] 对于外观设计的混淆与否，可能需要借助社会科学方法当中的调查访问法才能确立，因为"容易混淆"这种含糊的标准需要大众的检验。类似的问题，还有经济法领域的市场份额和垄断情况的调查。

在法律适用中。法律推理方法主要是一种演绎法，其中大前提是法律规范，小前提是案件事实，而案件事实的确立往往并非单纯借助法律规范本身就能解决，而社会科学方法的原理提供的佐证又能够通向案件事实的清晰。

（三）对模糊法律的补救

司法中法官对法律的适用在本质上是规范对事实的涵射，然而不可避免的是，规范本身的不周延有可能导致这种涵射不能顺利进行，这时即需要借助法律方法的技巧应对规范本身的病灶。其中，对于法律语言的模糊，我们的应对方法是借助法律解释技巧澄清法律的含义。在法律解释方法的适用上，我们应当首先考虑的文字本身的意义，其次在考虑其在整体法律脉络中的含义，再次考虑历史目的解释，倘若以上方法都不能探寻法律的含义，则考虑客观目的解释，即"规范范围的事物结构"[②] 和"法秩序中的法律原则"。[③] 所以，客观目的解释的要义就在于结合调整的案件事实挖掘法律规则可能的制定目标。而这，就需要借助社会科学方法探寻。具体而言，可以通过社会调查的方式设置调查问卷，当然，这种方法的风险就在于以民意代替司法的判断。因此为避免民意审判，只需就事实可能的社会影响询问公众的意见，将相关意见回收之后，归纳分析其共性所在，然后在利用其共性结论联结法

[①] 侯猛：《司法中的社会科学判断》，载《中国法学》2015 年第 6 期。
[②] ［德］卡尔·拉伦茨：《法学方法论》，陈爱娥译，商务印书馆 2003 年版，第 221 页。
[③] ［德］卡尔·拉伦茨：《法学方法论》，陈爱娥译，商务印书馆 2003 年版，第 221 页。

律的原则，探寻规范的目的。陈云良先生的模糊数学理论对法的模糊性的探究也是一大进路，其将哲学上的"从量变到质变规律"数学化，主张亦此亦彼，认为两级之间存在无穷多个中间状态。① 这种对法的模糊问题的探究方法则应用了社会科学方法中的测量法和计算法。

（四）对法律续造的理性促进

法律续造作为一项法律方法是针对法律漏洞的填补而言的，这种法律方法是"法官不但穷尽了现行法律体系（正式法律渊源），而且穷尽了非正式法律渊源后，仍未找到合适的裁判当下案件的规则时，运用法官的基本良心、内心确信和娴熟经验，直接创制裁判规范据以裁判案件的法律方法，即'法官造法'（所谓司法能动）的法律方法"。② 但这种造法同样需要面向相关的案件事实，亦即需要法官对事实的理性认知。并且，法律续造是在整体法秩序内的造法而不是逾越规则涵射范围的恣意创制，这毕竟不同于立法者的立法。因此，当法官借助相应的社会科学方法确定法律续造的事实向度的时候，对于事实在社会中的效果的评估需要结合法秩序本身，而对社会事实的效果的评估就在于借助上述的实证方法搜集相关事实，在结合社会公众对相关事实的看法后及时借助分析法估测其在不同续造方案下产生的可能社会效果，这在很大程度上能促使法官的法律续造的理性化。

四、实践期待：法学对社会科学方法的反思——基于法教义学的"提醒"

法教义学和社科法学之间的争议在当代法律学界引起了轰动，其主要争点就在于我们应以怎样的姿态对待法学学科，前者强调对现有法律规则的描述、规则在体系化结构中的定位，以及这种规则体系在司法实践中的作用。雷磊指出"法教义学"的应有之义在于法学应以规范性为核心。③ 白斌就曾说："'法教义学'是和'法学'一起诞生的，因为法学在其诞生之初便确乎

---

① 陈云良：《法律的模糊问题研究》，载《法学家》2006年第6期。
② 谢晖：《论法律方法及其复杂适用的顺位》，载《山东大学学报（哲学社会科学版）》2015年第4期。
③ 雷磊：《什么是我们所认同的"法教义学"》，载《光明日报》2014年8月13日，第16版。

是教义性的。"① 的确，法学从神学、政治学中独立出来之后着眼于对法律规则的注释，即众所周知的意大利"注释法学派"，对规范的注释自然应当忠实于规则本身。对法律文本的坚守与对宗教教义的忠诚一样，也是某种程度的"教条性思维"的体现。所以，在语义层面，文本即是教义（doctrine）。"教义"一词来自希腊文的动词"dokein"（dokeimoi 意为使我明白，说服了我）。它指向的规则表明某种事物能够通过一定的方式得到阐明并且这一事物因此具有权威性。从法律实践出发，法教义学对规范体系的建构和对规范的描述将有助于减小法官的思维成本，即帮助法官尽快从浩如烟海的法律群中寻找到待适用的规则。社科法学可以追溯到 20 世纪 60 年代美国法学与其他学科的交叉，在中国则以苏力为代表强调送法下乡和法的本土资源，强调法学怎样促进法律与社会差距的弥合，在法学教育上着力培养能进行规范分析，同时具有全面智识、健全常识的法律人才。② 法教义学认为法学应当保持其自身的研究方法和研究对象的独立性，而反对社科法学中对法律自身的解构和外在于法律的社会因素对规则的冲击，正如周详通过《秋菊打官司》和《我不是潘金莲》两部电影的影评批判苏力的"本土资源"的虚无缥缈一般，认为这种"本土资源论"解构了法律的明确性。他本人的刑法教义学观点则强调，教义刑法学是指以刑法规范为根据或逻辑前提，主要运用逻辑推理的方法将法律概念、规范、原则、理论范畴组织起来，形成具有逻辑性最大化的知识体系。③ 即刑法教义学在于以规范为中心。其实，以此观点可以推及整个宏观的法律审视完整的法教义学体系，其中规范中心是法教义学的立足点。而社科法学认为法教义学会走向"法条主义"的教条，而真正的法学应当注重法的社会效果。在对二者的争议焦点的归纳上，谢海定教授做了详尽的总结，其认为二者之间的争议焦点在于对法的基本预设有所不同，对法学知识的科学性问题看法不同，对法学知识的自主性问题看法不同，对法治实践和道路有着不同的偏好。④ 二者的争锋各有道理，但多是从不同侧面展开，对于本

---

① 白斌：《论法教义学：源流、特征及其功能》，载《环球法律评论》2010 年第 3 期。
② 王启梁：《中国需要社科法学吗》，载《光明日报》2014 年 8 月 13 日，第 16 版。
③ 周详：《教义刑法学的概念及其价值》，载《环球法律评论》2011 年第 6 期。
④ 谢海定：《法学研究进路的分化与合作——基于社科法学与法教义学的考察》，载《法商研究》2014 年第 5 期。

书而言，法教义学对于规范自身的重视需要我们对社会科学方法在法学中的渗透保持一定的警醒。

(一) 社会科学方法在个案处理中的缺陷及法教义学的觉醒

社会科学方法的路径在于对社会事实的收集，并在此基础上借助科学的分析范式总结出其运行规律。问题就在于，科学方法自身一定能涵盖所有的社会个体吗？在法律运行领域，法学需要面对的是个体的情境，而个体的异质性，是否会颠覆某个社会科学的结论？而法律是否会做出应对呢？

在诸多社会科学方法当中，研究对象的选取问题，无论是概率抽样或者非概率抽样，都存在选择的范围确立是否得体的问题，即选样范围和研究主体的相关性，是否考虑到了所有应当考虑的因素。答案恐怕是否定的，正如上文所言，各种社会科学方法都有其不准确的一面。在司法实践当中，杜培武案的测谎仪就未能精确测量出这一案件情形中说谎与否的真实情况，因为测谎仪的运行原理探寻人的生理特征和说谎与否的相关关系，而这种相关关系就在于对现实经验的总结，对个案而言，这种关系的普世性难以弥合独特性作业。在美国证据规则的发展中，弗赖伊规则[①]到道伯特规则[②]的转化从侧面证明社会科学在司法的个案面向是存在困难的，必须合理谨慎地借助多层次多角度的社会科学研究结论佐证事实的真实性，这种多角度多层次被落实到纸面规则上之后，对事实的查明工作应按照法教义学的理路展开，即忠实于规则的字面意义。1999 年 9 月 10 日，《最高人民检察院关于 CPS 多道心理测试鉴定结论能否作为诉讼证据使用问题的批复》(高检发研字〔1999〕12号) 中明确指出："人民检察院办理案件，可以使用 CPS 多道心理测试鉴定结论帮助审查、判断证据，但不能将 CPS 多道心理测试鉴定结论作为证据使用。"云南的杜培武案也直观地表明了测谎仪的错误导致对事实认定的严重偏差。因此，法律已然认识到社会科学的缺陷并以规范形式回应这种缺陷，

---

① 其大致内容是：法庭将接受一个公认的科学理论或科学发现演绎出的专家证言，但做演绎推理的前提必须有足够根基并在其领域得到普遍承认。源自 Frye v. United States。

② 其大致内容是：法院对专家证言的考量需结合以下几点：(1) 争论中的理论或技术是否可以检验并受到过检验；(2) 该理论或技术是否已被同行评估过并公开出版过；(3) 在使用科学技术的案件中，已知的和潜在的错误率以及存在控制该技术操作的标准；(4) 普遍接受可以作为决定特定证据可采性的重要因素。源自 Daubert v. Merrell Dow Pharmaceuticals, Inc.。

倘若绕开法律规范而直接使用社会科学方法认定案件事实，也并不一定能起到社会科学的本来目标——对真实性的探寻。而法教义学在司法中基于其聚焦于法律规范本身的特定，力图实现法律视域上的认知，从而与司法理性更具有亲和力。正如阿列克西的法教义学观点表达的那样，法教义学的基本向度就在于描述实定法、实现对实定法的体系化以及借助实定法指导司法实践。这是一种"两害相权取其轻"的逻辑，因为两种方法都有可能导致客观真实的缺位，但借助法教义学，至少在形式理性上能够产生说服作用。事实上，法的产生也是基于民主程序而来，在很大程度上，这也是大众认知的结果，和社会科学方法中的调查法反映的原理是类似的。

（二）法律活动应当遵循正当程序的基本要求

法律程序是指法律行为必须遵循的时限和时序以及空间关系的规则。而程序的基本法理在于：消除法律运作的偏见、促进法律运行的效率以及实现法律的伦理向度。正当程序的基本导向之一在于使法律的运行不偏向任何利益主体，站在直观公正的角度平衡各方的利益。基本导向之二在于使法律的运行符合效率原则，而不是劳民伤财的拖沓，所谓"迟到的正义不是正义"反映的即程序的效率原则。基本导向之三在于程序本身是一种伦理，正当程序也是能够被基本的人类伦理所证成的程序。在证据规则当中，证据既要能够充分证明某个事实，对于证据的收集也必须符合一定的规范。

那么，社会科学方法在正当程序之中显然不能完全照搬，它将被程序的价值过滤。法律程序中的理性论辩原则要求程序中的各参与人对有争议的事实展开对话，由此形成哈贝马斯式的"沟通理性"，但这种理性产生的共识在哈贝马斯看来也仅仅是一种"同情理解"，并且这种共识还要结合居中者的裁断，由此产生的真实是程序过滤掉偏见之后的真实，而非社会科学方法探寻的事实之"真"。从中可以看出，社会科学方法在偏见消除的功能上无法如法律程序那样起到制度上的阻隔作用。同时社会科学的方法也不能像法律程序那样起到实现效率价值的作用，正如阿列克西的法律论证理论强调其不同于普遍实践论证理论，原因就在于法律程序要求做出某项法律论断必须在限定的时间内，而社会科学方法的应用不存在时间上的限制。社会科学的方法遵循的伦理与法律程序的伦理价值也不能完全重合，或者具体地说，法律程序的伦理具有比一般社会科学研究更高的要求。

当然，随着我国程序法的日趋完善，在法律文本中确立下的法律程序大多亦符合正当程序的大致价值取向，法教义学提出的规范本位理念自然也包括在法律运行中对程序规则的坚守，因此，对程序的坚守在某种程度上也是法教义学所推崇的。

（三）对规范的超越应以基本法秩序为导向

法律的适用应当严格遵循法律的形式理性，这是法治国家的要求所在。但倘若规则本身存在不周延的情形，就不得不溢出规则探寻法律的目的和社会现实本身。波斯纳的"超越法律"观阐释的就是这样的法律方法。但对规则的溢出不能逾越法秩序的基本射程范围，否则即背离了法律适用的形式理性。而法秩序的关键，一方面，在于相关法律原则折射出的法的价值取向。另一方面在于待调整的事实本身期待的规则效果。这两者，事实上都被结构在法律的内部，尽管我们在很多时候要通过对语词背后的含义的解读才能体会到。

上文提及的在案件中借助社会科学方法对法律所不能及的地方实现法律的续造同样也应当遵循法律自身原则和精神，这正如法教义学对法律自身的奉行一样。而且，在这种超越现行法律规范的方法的应用场域是建立在形式理性的规则的应用先在的基础上的，即我们适用法律必须率先考虑用规范本身的意义涵摄案件，正如现实主义法学家卡多佐所言："除非有某些足够的理由（通常是某些历史、习惯、政策或正义的考虑因素），我并不打算通过引入不一致、无关性和人为的例外来糟蹋法律结构的对称。"① 那么，社会科学的方法进入了司法的场域意味着一种实质理性的进路，这种实质理性应当在司法启动之初让渡给规则的形式理性，这也是法教义学的存在价值所在，而当我们不得已需要超越形式理性去探寻规则的实质时，法教义学也会要求我们不能忽视法秩序确定的基本方向。

（四）法教义学和社科法学的争议评析

在学界，法教义学和社科法学之间的争议迸发出激烈的火花。纵观两个

---

① ［美］本杰明·卡多佐：《司法过程的性质》，苏力译，商务印书馆1997年版，第17页。

学派之间的交锋,其主要关注点正如谢海定教授总结的那样,二者对法律的基本预设(前者认为法律与社会是分离的,后者认为法律存在于现实生活中)、对于法学知识的科学性问题(前者认为法学具有独立的学科特性,后者认为法学和经验事实相勾连)、法学知识自主性问题(前者认为法学有自主性,后者则否认)、对法治实践及道路的理解(前者关注合法和违法的判断,后者关注法律的社会实效)[①] 有所不同。但这种不同也仅仅体现在对法律的主观看法上,即以何种角度审视法学与其他学科之间的关系。具体说来,法教义学的视角在于对超脱于其他社会情形的实定法本身的描述,但在实际的法律运行当中,社科法学和法教义学各自发挥着不同的作用,二者并非针锋相对。在法律制定上,法律必须面向具体而复杂的社会事实,通过对社会事实的吸纳整合形成回应社会的法律,这是社科法学的体现。当法律制定完成之后,法律的实施阶段则强调教义法学的作用,因为在具体的执法和司法中,我们必须认真对待法律规范本身的内容,从规范中依照规范的位阶寻求解决方案。但倘若规范本身的局限性不足以应对具体的事实,我们应该在法秩序的范围内探寻规范的目的和社会事实的具体情形,即法教义学和社科法学的协同作用,但二者在关系上仍然是优先考量法教义学的规范理性,以此为基础再考量社科法学的实质理性。因此,从实践出发,法教义学和社科法学各自承担了不同的实践角色,二者的存在本不构成争议,所谓"争议",仅体现在视角上。

正如熊秉元教授所说:"社科是教义的基础,教义是社科的速记。"[②] 两者有各自存在的意义,并且,就如熊秉元的观点描述的那样,法教义学是事实提炼之后形成的规范,而社科法学体现为对事实的还原。林来梵教授在《宪法学讲义》中对党的领导权问题上升到哲学高度做出评价,在其看来,党的领导权是一种事实,而非法律意义上的权力。但党的领导也是依法领导、依宪领导,所以宪法法律在内容上融合了党的宗旨,宪法和法律的形成过程在中国也是共产党领导下的宪法法律制定过程。但宪法和法律本身不是党的

[①] 谢海定:《法学研究进路的分化与合作——基于社科法学与教义法学的考察》,载《法商研究》2014 年第 5 期。

[②] 熊秉元:《论社科法学与教义法学之争》,载《华东政法大学学报》2014 年第 6 期。

实然意志，而是社会的应然规范。① 因此，事实和规范的分野导致了社科法学和法教义学的争议不是站在同一平台上的。法律当然与现实世界紧密相关，但法律本身也不同于现实，在规范立场上看法律和还原法律在制定之初的社会意义形成了两种不同的学派。这种不同，仅仅意味从事物发展的不同阶段看待事物，其并非构成一种争议。

五、结语

社会科学方法为人类对社会的认知提供了相对理性的进路，通过对社会科学方法的疏释，我们不难看出作为体系的社会科学方法能够推动对社会事实的认知的理性化，但也不可否认的是，社会科学方法自身的不足以及法学的自身特性使得社会科学方法在法学研究上难免产生瓶颈。然而，理论是灰色的，生命之树常青，我们会在法学和社会科学的研究方法论层面继续探索，最终借助法学的理性和社会科学的理性努力实现两者尴尬境遇的弥合。所以，对于社会科学方法在法学世界中的地位以及法学自身理性的安顿的处置，应成为我们的核心论题。本书以一种全景视角描述了社会科学的方法体系以及其在法学各领域的关系定位。同时也力图实现法教义学和社科法学的理性融合。当然，理论尚有不能完全涵盖现实的地方，理论的空缺和笔者自身的认知限度使得本书的写作还有许多亟待完善的地方。这需要我们继续开拓视野、小心求证，以实现社会科学方法在法学当中的合理定位。

---

① 林来梵：《宪法学讲义》，清华大学出版社2018年版，第51页。